LINCHAMENTOS
A JUSTIÇA POPULAR NO BRASIL

Conselho Acadêmico
Ataliba Teixeira de Castilho
Carlos Eduardo Lins da Silva
Carlos Fico
Jaime Cordeiro
José Luiz Fiorin
Tania Regina de Luca

Proibida a reprodução total ou parcial em qualquer mídia
sem a autorização escrita da editora.
Os infratores estão sujeitos às penas da lei.

A Editora não é responsável pelo conteúdo deste livro.
O Autor conhece os fatos narrados, pelos quais é responsável,
assim como se responsabiliza pelos juízos emitidos.

Consulte nosso catálogo completo e últimos lançamentos em **www.editoracontexto.com.br**.

LINCHAMENTOS
A JUSTIÇA POPULAR NO BRASIL

José de Souza Martins

Copyright © 2015 do Autor

Todos os direitos desta edição reservados à
Editora Contexto (Editora Pinsky Ltda.)

Ilustração de capa
Linchamento de abolicionista
em Penha do Rio do Peixe, província de São Paulo.
Gravura de Angelo Agostini,
Revista Illustrada, n. 485, 18 fev. 1888.

Montagem de capa e diagramação
Gustavo S. Vilas Boas

Preparação de textos
Lilian Aquino

Revisão
Tomoe Moroizumi

Dados Internacionais de Catalogação na Publicação (CIP)
(Câmara Brasileira do Livro, SP, Brasil)

Martins, José de Souza
Linchamentos : justiça popular no Brasil / José de Souza
Martins. – 2. ed., 1ª reimpressão. – São Paulo : Contexto, 2024.

Bibliografia.
ISBN 978-85-7244-891-8

1. Linchamento – Brasil 2. Violência – Brasil 3. Violência –
Aspectos sociais I. Título.

14-11955   CDD-303.6981

Índices para catálogo sistemático:
1. Brasil : Linchamento : Violência : Sociologia 303.6981

2024

Editora Contexto
Diretor editorial: *Jaime Pinsky*

Rua Dr. José Elias, 520 – Alto da Lapa
05083-030 – São Paulo – SP
PABX: (11) 3832 5838
contato@editoracontexto.com.br
www.editoracontexto.com.br

*Para
Sergio Adorno,
aluno, amigo, mestre.*

Sumário

INTRODUÇÃO 9

PRIMEIRA PARTE:
A JUSTIÇA DO POVO

    O estudo sociológico dos linchamentos 21
    Linchamentos, a vida por um fio 45
    A recriação anômica da sociedade 63
    O lado sombrio da mente conservadora 71
    Entre a justiça cega e a justiça cética 91
    A justiça popular e os linchamentos 103
    A justiça supressiva nos crimes de sangue 111
    As lesões sociais do incesto 119
    Os meandros da barbárie 121
    Fúria coletiva 125
    A chacina das instituições 129

SEGUNDA PARTE:
REVELAÇÕES SOCIOLÓGICAS DA MORTE

    A cultura funerária no Brasil 135
    Tempo e espaço nos ritos fúnebres da roça 151
    A dialética do corpo no imaginário popular 165

TERCEIRA PARTE:
QUESTÃO DE MÉTODO

    A notícia de jornal na pesquisa sociológica
        sobre linchamentos 173

ANEXOS 199

O AUTOR 207

Introdução

A frequência dos linchamentos no Brasil pede que se conheça melhor a forma e a função do justiçamento popular, entre nós endêmico.[1] O que esta sociedade é também se expressa e se mostra por meio delas. A compreensível tendência da Sociologia é a de interessar-se primeiramente pela investigação e pela interpretação dos fenômenos sociais de superfície, aquilo que é concebido como realidade social. Isto é, os fenômenos que, em primeira instância, são acessíveis a alguma compreensão dos próprios agentes sociais, aqueles que podem narrar e explicar o que vivenciam, ainda que narrativa e explicação viesadas pelas deformações, bloqueios, omissões e limitações naturais da consciência individual. Cabe aí ao sociólogo, a partir das evidências nessa fonte obtidas, reconstituir o real para expor as insuficiências do senso comum, chegar aos fundamentos ocultos das relações e ações sociais, desvendar a estrutura a elas subjacente e a temporalidade menos visível dos processos sociais que as preside.

O justiçamento popular se desenrola num plano complexo. Há nele evidências da força do inconsciente coletivo e do que estou chamando aqui de estruturas sociais profundas, as quais permanecem como que adormecidas sob as referências de conduta social atuais e de algum modo presentes também no comportamento individual. As estruturas sociais profundas são as estruturas fundamentais remotas que, aparentemente vencidas pelo tempo histórico, permanecem como referência oculta de nossas ações e de nossas relações sociais. São estruturas supletivas de regeneração social, que se tornam visivelmente ativas quando a sociedade é ameaçada ou entra em crise e não dispõe de outra referência, acessível, para se reconstituir, fenômeno que se expressa nos linchamentos.[2] Nesse sentido, os linchamentos podem ser remetidos à concepção de violência fundadora, de René Girard, que de linchamentos tratou em várias de suas obras. Sendo o linchado, via de regra, o estranho ou o que, por seus atos, é socialmente estranhado, isto é, repelido e excluído, mesmo no átimo de sua execução, preenche a função de "quem vem de um outro lugar", do "estrangeiro", cumpre a função ritual e sacrificial do bode expiatório.[3]

Não é, portanto, estranho que encontremos nos linchamentos de hoje em dia formas de ação muito parecidas com aquelas já presentes nos primeiros linchamentos ocorridos no Brasil, ainda na Colônia.[4] Antes mesmo que essa palavra surgisse na América inglesa, no século XVIII, e aqui chegasse, no século XIX, na conjuntura de tensões e linchamentos da proximidade da abolição da escravatura, quando essa palavra se tornou, aqui, de uso corrente.[5] E ainda, não só as formas, mas também os significados que presidiram as condenações da Inquisição ao longo do período colonial. Os enforcamentos, sentença comum da Justiça brasileira até 1874, como aconteceu em outros lugares, tinha estrutura de espetáculo público, o que também acontecia nos autos de fé da Inquisição. Não lhes faltava nem mesmo a decapitação dos sentenciados e a decepação das mãos junto ao patíbulo, salgamento de cabeças e mãos e seu acondicionamento em caixas de madeira levadas, por capitães do mato, em excursões a lugares remotos das províncias para escarmento dos povos, como se dizia. Verdadeiro funeral de horror. Espetáculo ainda visível nos linchamentos de hoje, no açulamento de executores, como se fazia com o carrasco de antigamente, não só homens adultos coadjuvando os mais ativos na execução, mas também mulheres e crianças. Nos linchamentos, a presença de mulheres e de crianças, acolitando e até participando das execuções, aparentemente confirma o caráter ritual que os linchadores querem dar à punição.

A força da tradição, seja na própria concepção de linchamento, seja nos rituais de que se revestem, ganha sentido nos costumes funerários da sociedade brasileira, ainda fortes nas regiões rurais. São verdadeiras sobrevivências de arqueologia simbólica e imaterial que um dia dominaram, no Brasil, nossas concepções sobre a vida e a morte e o modo como se determinavam reciprocamente. Sem levar em conta a centralidade cultural da morte nas tradições da sociedade brasileira, perde-se o conteúdo sociológico essencial da prática do linchamento, que fica reduzida a mero ato de violência e limitada a uma compreensão semijurídica. Fiz, paralelamente à pesquisa sobre os linchamentos, uma pesquisa complementar e artesanal sobre a morte e o morto e sobre as crenças relativas ao corpo. Os três ensaios dela resultantes estão contidos na segunda parte do livro. Eles esclarecem as concepções subjacentes a certas práticas associadas aos linchamentos, especialmente relativas ao inconsciente coletivo e às estruturas sociais profundas. As questões propriamente metodológicas são analisadas na terceira e última parte do livro.

Há uma demora cultural na mentalidade que permanece, ainda que impregnada de disfarces de uma atualidade que não é a do novo, mas a do persistente. A Justiça formal e oficial deixou de aplicar a pena de morte, ainda no Império, abolida por lei, mas o povo continuou a adotá-la em sua mesma forma antiga através dos linchamentos. Trágica expressão do divórcio entre o legal e o real que historicamente preside os impasses da sociedade brasileira, divórcio entre o poder e o povo, entre o Estado e a sociedade. Os linchamentos, de certo modo, são manifestações de agravamento dessa tensão constitutiva do que somos. Crescem numericamente quando aumenta a insegurança em relação à proteção que a sociedade deve receber do Estado, quando as instituições não se mostram eficazes no cumprimento de suas funções, quando há medo em relação ao que a sociedade é e ao lugar que cada um nela ocupa.

Os linchamentos expressam uma crise de desagregação social. São, nesse sentido, muito mais do que um ato a mais de violência dentre tantos e cada vez mais frequentes episódios de violência entre nós. Expressam o tumultuado empenho da sociedade em "restabelecer" a ordem onde ela foi rompida por modalidades socialmente corrosivas de conduta social. É que o intuito regenerador da ordem, que os linchamentos pretendem, fracassaram, tanto quanto a República fracassou no afã de modernizar e de ordenar, de instituir o equilíbrio de que toda sociedade carece na legítima aspiração de paz social e de garantia dos direitos da pessoa. Quanto mais se lincha, maior a violência; quanto mais incisivo o discurso em defesa dos direitos humanos, mais violados eles são. A polarização que se expressa nesses abismos pede superação, o que depende da lucidez que nos está faltando.

Os dados que recolhi e examinei nesta pesquisa evidenciam que, nos últimos 60 anos, cerca de um milhão de brasileiros já participou de, pelo menos, um ato de linchamento ou de uma tentativa de linchamento. Em face do volume de casos ainda não incorporados ao banco de dados, eu me arriscaria a dizer que esse número pode chegar a um milhão e meio de participantes disseminados por quase todo o país. Esse número de participantes mostra que a crescente frequência dessas ocorrências já pode ser o resultado de um efeito multiplicador, o que se nota em municípios e bairros em que tendo ocorrido um linchamento, com facilidade ocorre outro. O veto da censura da consciência social ao justiçamento praticado pela multidão foi aparentemente levantado e sua prática está sendo incorporada como um fato natural na vida rotineira da sociedade, a justiça da rua disputando autoridade com a justiça dos tribunais. Esse número também confirma que o linchamento é hoje um componente da realidade social e vem perdendo sua eventual caracterização como fato anômalo e excepcional.

Nos cerca de 60 anos abrangidos pelos 2.028 casos que compõem o material desta pesquisa, 2.579 pessoas foram alcançadas por linchamentos consumados e tentativas de linchamento. Nestas, apenas 1.150 (44,6%) foram salvas, em mais de 90% dos casos pela polícia. Outras 1.221 (47,3%) foram de fato capturadas pela turba e alcançadas fisicamente nas agressões – feridas ou mortas –, espancadas, atacadas a pauladas, pedradas, pontapés e socos, nessa ordem e nessa progressão, até os casos extremos de extração dos olhos, castração, extirpação das orelhas e cremação da vítima ainda viva. Desse grupo, 64% (782) foram mortas (30,3% do total de vítimas) e 36% (439) foram feridas (17% do total de vítimas), salvando-se estas graças à chegada da polícia, que interrompeu o processo de sua execução. Ainda no conjunto dos linchamentos e tentativas, 8,1% das vítimas conseguiram escapar por seus próprios meios.

Os ensaios reunidos neste livro foram escritos, aos poucos, ao longo do tempo da própria pesquisa de que resultam. Constituem o preâmbulo de outro livro, ainda em preparo, de análise sistemática dos dados colhidos, com ênfase na dimensão propriamente ritual dos linchamentos. Foi um modo de organizar e interpretar provisoriamente, passo a passo, os dados que iam se acumulando, para definir as conexões de sentido dos casos que, ao se avolumarem e se diversificarem, acrescentavam novos e significativos elos à complexa trama de componentes dos linchamentos. Desse modo, o que era, inicialmente, apenas um tema de pesquisa exploratória, foi se encorpando como objeto de conhecimento ao longo de mais de 30 anos de observações e registros.

A ideia, neste momento, não é apenas expor resultados da investigação sobre um problema social, mas expor a arquitetura de uma pesquisa, a nervura do processo investigativo e a sequência de seus resultados parciais e acumulativos. É, também, a de expor o método da pesquisa, os passos do trabalho investigativo, como descrição progressiva e interpretativa, numa dinâmica de investigação-explicação-investigação. Um modo diferente do convencional no trato de questões sociais. Cada momento aparece no texto em sua inteireza provisória. Cada momento do processo não concluído já permite análise e interpretação. Mesmo que seja para correção, reformulação e atualização nos passos posteriores. São *insights* que foram dando andamento à pesquisa, preparando seus desdobramentos, multiplicando os campos de registro e de observação das ocorrências.

Estes textos não formam necessariamente uma sequência e nem sempre há coincidência nos números neles contidos, pois resultam de diferentes etapas de apuração dos dados. Onde coube, atualizei os dados numéricos, deixando de fazê-lo apenas em relação a temas e momentos em que há uma dimensão monográfica no episódio ou no momento analisado. Às vezes a linha da análise pediu que fossem preferencialmente adotados os números apurados até aquele momento. São os de quando a pesquisa chegou a um patamar de consistência suficiente para uma interpretação de meio de caminho que permitisse formular seus passos seguintes. Em cada um, o importante é o desvendamento progressivo das conexões de sentido da realidade observada. São os dados suficientes para tanto naquele momento considerado. São mantidos assim para destacar um aspecto importante do artesanato intelectual na Sociologia que é o da dinâmica da própria pesquisa e as decisivas conclusões parciais e, eventualmente, provisórias. É esse um meio de refinar os dados e preparar o estudo final sobre o tema. O conjunto dos capítulos tem uma inteireza própria e peculiar na medida em que se completam não como sequência explanativa, mas como conjunto de prospecções investigativas que se articulam. Há, portanto, neste livro o adicional de uma contribuição pedagógica não só em relação à observação sociológica, mas também ao modo de fazer a observação sociológica sobre um tema insólito como esse.

O que pretendo, aqui, é expor os momentos de uma investigação sobre justiçamento popular no Brasil, vários deles de monitoramento diário das ocorrências – linchamentos e tentativas de linchamento – através da reciclagem do noticiário jornalístico a respeito. A pesquisa teve, ainda, desdobramentos em três estudos de caso, realizados em trabalho de campo no oeste de Santa Catarina, no interior de São Paulo e no sertão da Bahia.[6] Três casos que foram escolhidos no conjunto dos registros já feitos, entre 58 selecionados em função de apresentarem em detalhe e de maneira mais completa o cumprimento do que foi se evidenciando como uma espécie de protocolo inconsciente de procedimentos punitivos contra acusados de crimes motivadores da ação coletiva, da suspeita à execução.

Em cada momento da coleta dos dados, a própria informação já colhida foi propondo modificações na estrutura do formulário de registro dos casos, adotado para agregar evidências que não haviam aparecido antes e classificá-las. Em cada alteração, os dados já colhidos foram revistos e transferidos para o formulário modificado.

Essas agregações geram ou suscitam novas variáveis, que resultam da combinação agora possível e da nova configuração dos dados empíricos. Trata-se de um procedimento incomum na tradição sociológica, o de que a pesquisa em seu próprio andamento propõe e impõe o formato das ferramentas nela utilizadas. Seja em consequência do incontornável tipo de fonte e de suas limitações, seja em consequência das alterações na perspectiva dos autores e dos divulgadores dos dados, seja como resultado da própria modificação do objeto da pesquisa devido ao maior volume de informações.[7] O acrescentamento do número de casos foi, ao longo da pesquisa, expondo elos minúsculos e insuspeitados entre as evidências maiores e mais repetidas, uma confirmação da relevância do excepcional em relação ao frequente e repetitivo. À medida que os linchamentos se tornaram mais frequentes, os jornais tenderam a padronizar as informações a eles relativas, mesmo que cada jornal definisse uma linha própria de tratamento do assunto. Foi o que levou o pesquisador a que não se conformasse com os dados contidos numa única fonte. As diferenças de modos de ver das diferentes fontes sugeriram que os dados fossem tratados na perspectiva de uma sociologia do conhecimento.

A pesquisa nasceu, aliás, artesanalmente, da reunião aleatória de informações que surgiam em conexão com outra pesquisa que o autor fazia sobre conflitos e tensões na região amazônica, na fronteira, na chamada frente de expansão.[8] Num certo momento, as informações acumuladas ao acaso, em blocos de recortes de jornais, começaram a indicar uma regularidade nas ocorrências e nas repetições, um padrão, uma evidência de que estavam referidas a um lado mal conhecido da estrutura e da dinâmica da sociedade brasileira. Um objeto de conhecimento sociológico se evidenciava como problema social. Ao mesmo tempo, propunha os termos de sua elaboração teórica inicial e dos decorrentes problemas de investigação e interpretação, que poderiam ser traduzidos num projeto de pesquisa.

Material comparativo sobre as mesmas ocorrências em outras sociedades e em outros momentos históricos foi localizado e lido, em bibliotecas daqui e do exterior. Do numeroso material bibliográfico examinado, apenas cerca de 20% foi encontrado em bibliotecas brasileiras. O restante foi localizado, lido e reproduzido em bibliotecas de outros países. Também aí entrou um procedimento artesanal para viabilizar a busca, o de pegar carona em outros compromissos. Em diferentes viagens de trabalho, para atender a outras solicitações, de motivos diversos dos desta pesquisa, recorri às bibliotecas de instituições europeias, como as da Universidade de Cambridge, na Inglaterra, e nela a University Library, a do Institute of Criminology e a Seeley Historical Library. E, também, à biblioteca da Fondazione Internazionale Lelio Basso, em Roma, Itália, e à biblioteca da Maison des Sciences de l'Homme, em Paris, França.

Na Inglaterra, foi decisivo para isso meu vínculo com a Universidade de Cambridge e nela com seu Center of Latin American Studies e com a Cátedra Simón Bolivar, que ocupei em 1993-1994, bem como o vínculo com Trinity Hall, de que me tornei *fellow* e que tem me acolhido nestes últimos 20 anos. Foi decisivo, também, o apoio que recebi de Linda Bimbi, na Itália, e de Alain Touraine, em Paris, que me acolheram e generosamente me ofereceram os meios institucionais para fazer ali a pesquisa bibliográfica e a leitura do material encontrado.

Os ensaios que foram resultando da observação realizada também refletem a progressiva acumulação de evidências, que deixa de ser puramente quantitativa para ser qualitativa. Conexões de sentido de números ínfimos de evidências, que se tornam visíveis com o crescimento do volume de dados, revelam conteúdos do objeto que de outro modo não chegariam à análise. O objeto que se propõe à análise e interpretação do pesquisador modifica-se ao longo da pesquisa, à medida que novas evidências indicam que é um objeto maior e diferente do que fora concebido num momento anterior à análise. Também aqui, trata-se de um procedimento incomum na Sociologia, cujas regras pressupõem que a análise sociológica incida apenas sobre objetos de pesquisa "acabados", definitivos, demarcados, desde a elaboração do respectivo projeto.

Este tem sido meu modo de conceber o objeto da Sociologia, como um *objeto dinâmico*, objeto insubmisso, objeto de processo social, que não se propõe ao pesquisador sempre do mesmo modo. Um objeto dependente da própria ferramenta da investigação e suas possibilidades, que se modifica ao modificar e aperfeiçoar a pesquisa e o instrumento de que o pesquisador se vale. O objeto é uma construção teórica, empiricamente fundamentada. A concepção de um objeto dinâmico, próprio do artesanato intelectual, demonstra-o este estudo, enriquece a pesquisa científica com a intuição teoricamente formulada e as possibilidades que abre para a observação sociológica a partir de materiais descartáveis e aparentemente irrelevantes do ponto de vista dos formalismos dos métodos convencionais.

A estrutura final da ficha de registro e classificação dos dados recolhidos nos jornais é datada de 30 de junho de 1997 e tem 189 campos. É essa, desde então, sua formatação final. O banco de dados tem atualmente fichas de 2.028 ocorrências, concentradas especialmente entre 1945 e 1998. E mais 2.505 ocorrências que trazem as informações até 2014, examinadas qualitativamente mas não desagregadas para compor o fichamento analítico. Trata-se, por ora, de um procedimento comparativo e experimental de monitoramento diário das ocorrências. Uma das ferramentas que desenvolvi para manter a uniformidade dos critérios de classificação dos dados foi o *Manual de códigos e critérios*, reformulado e adaptado sempre que dados qualitativamente novos sugeriam o acrescentamento de itens ao formulário já existente. Sempre, portanto, que a perspectiva de compreensão das ocorrências ganhava novos contornos e alargava sua interpretação.[9]

Notas

[1] Esta pesquisa foi possível graças a um decisivo auxílio concedido pela Fapesp – Fundação de Amparo à Pesquisa do Estado de São Paulo, de 1995 a 1998 (Processos Fapesp n. 94/3202-0 e 96/09765-2). Graças, também, a uma bolsa para treinamento de estudantes de graduação em técnicas especializadas e apoio técnico a grupos de pesquisa concedida pela Pró-Reitoria de Pesquisa da Universidade de São Paulo à aluna Claudia de Arruda Bueno. A essa pesquisadora agradeço o exemplar desempenho na coleta de dados nos arquivos históricos relativos ao período anterior ao início do monitoramento cotidiano das ocorrências. O estudo sobre linchamentos tem tido o apoio de uma bolsa de pesquisa do CNPq – Conselho Nacional de Desenvolvimento Científico e Tecnológico.

[2] "Na comunidade destituída de um verdadeiro e adequado sistema judiciário, um indivíduo considerado perigoso, via de regra, será morto ou expulso, não por um grupo de pessoas, mas por toda a comunidade." Cf. René Girard, *Shakespeare: Il teatro dell'invidia*, trad. Giovanni Luciani, Milano, Adelphi Edizioni, 1998, p. 336. Nas constatações desta pesquisa, mesmo que o linchamento seja praticado por grupos relativamente menores do que "a comunidade inteira", há muitos indícios imediatos de um círculo extenso de coadjuvantes. Com os meios de comunicação que ampliaram a participação virtual em atos desse tipo, como a internet, as evidências da coadjuvância se multiplicaram.

[3] Cf. René Girard, *Il Capro Espiatório*, trad. Christine Leverd e F. Bovoli, Milano, Adelphi Edizioni, 1987, p. 58; René Girard, *A violência e o sagrado*, trad. Martha Conceição Gambini, 2. ed., São Paulo, Paz e Terra, 1998, pp. 105 e 132-3.

[4] O mais antigo linchamento ocorrido no Brasil de que se tem notícia é de 1585, em Salvador, Bahia, quando foi linchado o índio Antônio Tamandaré. Fugido de uma aldeia jesuítica, proclamou-se papa. Liderou um movimento religioso no sertão, conhecido como Santidade, que teve como adeptos índios tupinambás, mamelucos, negros da Guiné e brancos, inclusive fidalgos. Os próprios índios fugidos das aldeias queimaram-lhe o templo, prenderam-no, maltrataram-no, cortaram-lhe a língua e o estrangula-

ram. Cf. Ronaldo Vainfas, *A heresia dos índios*, São Paulo, Companhia das Letras, 1995, p. 219 e ss. Três paulistas foram linchados por portugueses no Arraial Novo, atual São João del Rei, nas Minas Gerais, em 1707, fator do desencadeamento da Guerra dos Emboabas. Cf. Affonso d'E. Taunay, *Relatos Sertanistas*, Belo Horizonte, Itatiaia, 1981, p. 89; C. R. Boxer, *A Idade de Ouro do Brasil*, trad. Nair Lacerda, 2. ed., São Paulo, Companhia Editora Nacional, 1969, pp. 86 e 89.

5 O fato de a palavra "linchamento" ter surgido na América do Norte não significa que o fenômeno que ela designa tenha a mesma data nem que seja o mesmo em todas as partes, todo o tempo. Os atos lá definidos como linchamento eram, originalmente, atos de humilhação pública dos autores de condutas antissociais na frente pioneira do Oeste americano.

6 Sou imensamente agradecido a Vanuzia Rodrigues e sua família, que me acolheram em Euclides da Cunha (BA), a antiga Cumbe, e me ajudaram nos contatos e nos deslocamentos na região. Agradeço também a acolhida fraterna de Dom José Gomes, bispo de Chapecó, e dos padres de Maravilha (SC).

7 Warren Breed, num estudo sobre o noticiário de famoso linchamento nos EUA, assinala que por trás da informação jornalística há outros interesses que não apenas aqueles visíveis na notícia publicada, a começar da decisão de publicar ou não determinada notícia. Cf. Warren Breed, "Comparative newspaper handling of the Emmett Till case", em *Journalism Quarterly*, v. 35, 1958, pp. 291-8. Na realização de minha pesquisa na Bahia, constatei que um dos dois grandes jornais do estado usava a palavra "linchamento" para classificar a violência da multidão e outro não a usava no noticiário dos mesmos eventos, definindo-os, antes, apenas como homicídio.

8 Cf. José de Souza Martins, *Fronteira: a degradação do Outro nos confins do humano*, 2. ed. rev. e atual, São Paulo, Contexto, 2012.

9 Cf. José de Souza Martins, *Manual de códigos e critérios da pesquisa sobre linchamentos no Brasil*, 10ª versão, 30 jun. 1997, 129 páginas.

PRIMEIRA PARTE
A JUSTIÇA DO POVO

O estudo sociológico dos linchamentos

Os linchamentos vêm ganhando notoriedade no Brasil nas últimas décadas.[1] Eles têm ocorrido mais ou menos paralelamente a outras duas formas de *comportamento coletivo*: os saques e os quebra-quebras, formas episódicas de protesto, de causas mais facilmente determináveis. Na verdade, os linchamentos não são uma novidade na sociedade brasileira. Há registros documentais de formas de justiçamento desse tipo no país já no século XVI,[2] antes mesmo que aparecesse a palavra que o designa. Os jornais brasileiros do final do século XIX, aproximadamente a partir das vésperas da abolição da escravidão negra, trazem frequentes notícias de linchamentos nos Estados Unidos, mas também daqueles acontecidos no Brasil. Eram linchamentos de motivação racial, contra negros, mas também contra seus protetores brancos. Nessa época, a palavra *linchamento* já era de uso corrente no vocabulário brasileiro.

É significativo que essas três formas de protesto popular tenham despertado menos a atenção dos cientistas sociais brasileiros do que os movimentos sociais organizados. Não é demais lembrar que a elaboração teórica do *comportamento coletivo* antecedeu a formulação do conceito (e das teorias) de *movimento social*. Cada uma dessas formas de protesto, porém, motivou aqui um número muito reduzido de estudos sociológicos e antropológicos.[3] Em parte, por motivação ideológica e em decorrência do modismo do estudo dos movimentos sociais e da suposição do primado da organização como meio de manifestação da vontade social e política das chamadas classes populares. Mas, também, em decorrência da dificuldade para tratar sociologicamente de processos sociais em conflito com o pressuposto moderno da razão. Finalmente, em parte também, em consequência da discutível suposição de que os *movimentos sociais* constituem formas de ação coletiva mais desenvolvidas e acabadas do que as do *comportamento coletivo*. Não deixa de chamar a atenção do pesquisador que na *Enciclopédia Internacional de Ciências Sociais* o verbete "comportamento coletivo" tenha sido substituído pelo verbete "movimentos sociais".[4]

Outra dificuldade, certamente, é a decorrente do fenômeno em si. O linchamento, como as outras duas formas de manifestação coletiva indicadas, resulta da decisão quase sempre repentina, impensada, de motivação súbita e, de modo geral, imprevisível. Mesmo que os dados até aqui reunidos nesta pesquisa mostrem claramente que há uma estrutura social estável por trás de sua ocorrência, que é a dos grupos de família e de vizinhança fortemente dominados por sentimentos familísticos e de comunidade. Sendo legalmente modalidades de delito, os participantes dessas manifestações prontamente se recolhem ao anonimato. Assim como a polícia dificilmente encontra uma testemunha da ocorrência, também o pesquisador tem poucas possibilidades de localizar informantes que lhe permitam reconstituir o acontecimento com o cuidado que desejaria.

Por outro lado, a literatura sociológica mais numerosa, disponível sobre o tema dos linchamentos, é basicamente americana. O que não exclui um número relativamente extenso de estudos sobre linchamentos na Europa, na Ásia, na África e mesmo na América Latina, frequentemente indicando peculiaridades decorrentes de circunstância histórica e cultural. Foi o caso das tonsuras, na França do imediato pós-guerra, de mulheres colaboradoras das tropas de ocupação alemãs, nos anos 1940. Foi o caso da exumação e linchamento de cadáveres de religiosas e religiosos na Guerra Civil espanhola, nos anos 1930. Tem sido o caso de surtos de linchamentos na África Ocidental e em Moçambique, nos anos recentes, motivados pela suspeita de que os linchados haviam lançado feitiço sobre algum homem do grupo, que lhe provocara a redução do tamanho do pênis. Em todos os casos, como também os americanos e os brasileiros, o destinatário da ação violenta da multidão é quase sempre portador de um estigma físico, como a cor ou a origem étnica, ou um estigma de caráter. Mesmo que a descoberta do estigma seja inesperada e dê lugar, imediatamente, ao linchamento. Os linchadores atuam sempre em nome de uma identidade de pertencimento contra o estranho, ainda que provisória e súbita.

Indicações existentes, e o meu próprio estudo preliminar sobre o tema, sugerem diferenças até significativas entre os linchamentos nos Estados Unidos e no

Brasil. Lá, a motivação racista da violência e o problema do sul dominaram o interesse dos estudiosos. Algo próximo dos nossos casos de linchamentos no século XIX. A relação entre linchadores e vítimas aparece claramente demarcada por uma linha de casta. Aqui, ao contrário, ainda não se tem informação suficiente sobre distinções raciais na prática dos linchamentos. É verdade que há indícios de que o negro pode ser uma vítima preferencial de linchadores.[5] Mas há indícios, também, de negros participando de linchamentos de negros. Fica difícil, pois, assumir o preconceito racial como motivação fundamental dessa forma de justiçamento.[6] É claro, e sabemos todos, que o ocultamento do preconceito e da discriminação raciais opera acentuadamente no nosso caso, introduzindo uma dificuldade adicional no estudo dessa modalidade de violência coletiva.

Os estudos americanos indicam, no entanto, aspectos do problema cuja observação pode ser pertinente no caso brasileiro. Os estudos sobre o sul dos Estados Unidos mostram que ali os linchamentos, em sua fase mais aguda, entre 1870 e 1930, tiveram um objetivo social além daquele que podia ser indicado como o motivo imediato da violência, que era frequentemente o da violação da mulher branca pelo homem negro: o enquadramento da população negra nos limites de sua casta. Os brancos se sentiam ameaçados pelos negros em duas frentes: no mercado de trabalho e no poder. As hipóteses dos sociólogos americanos tratam de dar conta dessas fontes de disputa, produzidas pela decadência dos agricultores brancos, empobrecidos pela perda da terra e impelidos a uma redefinição de suas relações sociais já não mais como proprietários, mas como arrendatários e parceiros. Produzidas, também, pela extensão de direitos políticos virtuais aos negros com o fim da escravidão e a derrota do sul na Guerra Civil.[7] O que esses estudos indicam, sociologicamente, é que a motivação racial para o linchamento é apenas racionalização que a sugere *naquelas circunstâncias*. A crise social que leva à prática do justiçamento tem uma raiz mais profunda. De um lado, ela se manifesta como deterioração de uma hierarquia social pré-existente e a consequente redução das condições de vida de uma parcela da população (no caso, branca, proprietária e partícipe do poder) àquelas condições que são tidas como atributos de categorias sociais inferiores, desprovidas de direitos sociais e políticos. De outro lado, ela se manifesta como invasão de âmbitos e direitos por categorias sociais deles até então excluídas, como ocorre com o direito de voto aos novos cidadãos originados da abolição da escravatura nos Estados Unidos.

Em ambos os casos, estamos diante de um processo de mudança social, de alteração na hierarquia das classes e grupos sociais, que se expressa e se torna socialmente visível pela decadência e não pela ascensão social. Ao menos, estamos diante de circunstâncias em que a incorporação à cidadania de um grupo até então dela excluído, como o dos ex-escravos, é interpretada por grupos dominantes como indicação de degradação social *de todos* e não como indicação de desenvolvimento social. A derrota do sul na Guerra Civil introduziu um componente nesse processo que não pode ser subestimado. A rígida sociedade de *plantation* foi, na verdade, alcançada por transformações que lhe chegavam de "fora" para dentro. O fim da escravidão e a extensão dos direitos civis aos negros foram imposições do norte industrial e desenvolvido, que além do mais estava impedindo que os interesses territoriais dos grandes proprietários sulistas se estendessem às terras do Oeste americano, asseguradas à ocupação da economia familiar dos agricultores de ideologia liberal. Concretamente, as transformações econômicas e sociais conduzidas pelo Norte enclausuraram o Sul, impondo ideias e instituições liberais a uma sociedade hierárquica e sem alternativas econômicas. Os linchamentos no Sul parecem indicar uma tentativa dos brancos, alcançados pela decadência, de preservar as linhas de casta e seus privilégios mesmo onde e quando eles já não tinham mais sentido nem viabilidade econômica, impondo predominantemente aos negros a inferioridade e a sujeição por meio do terror da violência privada.

No caso brasileiro, os resultados até agora conseguidos nesta pesquisa sugerem que o linchamento também ocorre quando a linha que separa diferentes grupos e categorias sociais é violada. No caso americano, essa linha aparece como *linha racial*. No caso brasileiro, ela aparece predominantemente como *linha moral*. Nos Estados Unidos, enquanto se fez registros sistemáticos sobre linchamentos, a *concepção de pessoa* (e a concepção de humano) aparecia escamoteada pela *concepção de raça*, dependendo da região. Em nosso caso há, evidentemente, esse mesmo escamoteamento, combinado, porém, com outros que lhe são até dominantes. Há, pois, uma situação limite tolerável nos casos de linchamento, que ultrapassada leva à formação da multidão e ao justiçamento. Embora não idêntico, ainda que parecido ao brasileiro, o caso americano oferece elementos aceitáveis de comparação. Aceitáveis e indispensáveis, já que se trata da única sociedade que tomou *consciência sociológica* dessa prática.

Nos Estados Unidos, aliás, a questão da raça, nos linchamentos, não foi a única nem se difundiu igualmente por todo o território. Marcou, sem dúvida, a violência no Sul. No Oeste já não foi assim. No estado da Califórnia, no mesmo período dos linchamentos sulistas, entre 1850 e 1935, de um total de 352 ocorrências, apenas 2,3% foram de negros, 11,6% foram de índios, 34,1% de pessoas de ascendência europeia e 37,5% de hispano-americanos.[8]

A sociedade americana conheceu duas modalidades de grupos de linchadores: a do *mob lynching* e a do *vigilantism*. Nesse sentido há, também, diferenças em relação à sociedade brasileira. Os linchamentos que aqui ocorrem são predominantemente do tipo *mob lynching*, grupos que se organizam súbita e espontaneamente para justiçar rapidamente uma pessoa que pode ser ou não ser culpada do delito que lhe atribuem. É um tipo de justiçamento cuja lógica está subjacente ao acontecimento em si e raramente pode ser explicado de modo racional pelos participantes. Mais raro aqui, embora ocorram, são os linchamentos praticados por "grupos de vigilantes". Esses grupos se notabilizaram no Oeste americano e foram consagrados pelos filmes do gênero *western*. Mas agora já está evidente que, no caso brasileiro, embora domine a forma da *mob lynching*, há conteúdos de vigilantismo nos linchamentos: eles são, em sua maioria, praticados por grupos que estruturalmente têm características de grupos comunitários e locais, embora no próprio ato do linchamento ajam como multidão. Uma contradição que, sem dúvida, precisa de análise e explicação.

Também no sul dos Estados Unidos houve vigilantismo, praticado numa certa fase da história da Ku Klux Klan. O típico vigilantismo, porém, está associado à expansão da fronteira e à ocupação do Oeste americano. Os justiçamentos nesse caso decorriam da ação de grupos organizados que impunham valores morais e normas de conduta através do julgamento rápido e sem apelação da própria comunidade. Essa forma de punição vem da tradição puritana, e os estudiosos se referem a uma história de muitos casos desse tipo desde, pelo menos, o início do século XVIII. No meu modo de ver, os linchamentos praticados pelos vigilantes tinham motivação e conteúdo substancialmente diferentes dos praticados contra os negros no sul dos Estados Unidos. Se no Sul o objetivo era o de manter a população negra nos limites de sua casta, dissuadindo-a de invocar os direitos assegurados nas leis, no Oeste o objetivo era o oposto: desencadear uma pedagogia da violência para impor o acatamento da moralidade puritana tradicional, a ordem e a lei. É verdade que, em ambos os casos, o pretexto para linchar derivava de algum delito, pelo qual, no Sul, um branco não seria necessariamente linchado e, no Oeste, um respeitador da lei e da moral não o seria, a não ser por engano.

Nos dois casos, a inspiração dos linchadores era conservadora e orientada para a preservação da ordem que se acreditava ameaçada. No Oeste, mais claramente, a ação dos vigilantes procurava preservar uma ordem anterior e impedir que a nova sociedade, em gestação no espaço novo da fronteira, escapasse dos valores e orientações tradicionais da sociedade. A ação dos vigilantes definia, assim, uma certa concepção do estranho e do estranhamento, do forasteiro e estrangeiro, criando um poderoso e violento mecanismo de controle social e uma pedagogia da ordem que ressocializava os adventícios e os enquadrava nos princípios da tradição puritana.

As duas modalidades de linchamento sugerem uma outra diferença em relação aos que ocorrem no Brasil: na América, os linchamentos eram predominantemente rurais, mesmo no Oeste recém-ocupado onde o urbano mal se constituíra. No Brasil, os linchamentos são predominantemente urbanos, embora haja registros de linchamentos rurais e linchamentos envolvendo membros de populações indígenas (nos quais, portanto, uma peculiar motivação racial está claramente presente). Além disso, a tradição puritana ofereceu um articulado quadro de referência para a prática do justiçamento dos que se distanciavam dos valores e das normas dominantes. Com ele, os linchamentos, tanto no Sul como no Oeste (como os mais antigos, no Leste), ganhavam imediatamente significação e podiam ser racionalmente explicados até pelo homem comum, pois tanto se explicavam pelo racismo quanto pela moralidade tradicional. No nosso caso, não há, ainda, um quadro de referência que permita situar e explicar imediatamente os linchamentos do período recente, menos ainda que seja compartilhado com os próprios linchadores.

É nesse sentido que os aspectos considerados secundários dos linchamentos pelos pesquisadores americanos podem ser mais centrais e mais explicativos no caso brasileiro. Se nos Estados Unidos há claramente um caráter pedagógico na prática do linchamento, uma tentativa de impor valores e normas de conduta, no caso brasileiro isso não é claro. Os linchamentos que aqui ocorrem, *pela forma que assumem e pelo caráter ritual que frequentemente têm*, são claramente *punitivos*, não raro situados no que se poderia chamar de lógica da *vingança* e da *expiação*. É claro que o eram também nos Estados Unidos.[9] Mas, ali, os diferentes estudos mostram que os linchadores pretendiam com sua violência alcançar em primeiro lugar mais do que a própria vítima. Aqui, as indicações sugerem que os linchadores querem alcançar fundamentalmente a própria vítima, não havendo nítidas preocupações com transgressores potenciais. Um pouco precariamente, pode-se dizer que aqui ainda predominam fortemente os componentes irracionais do comportamento coletivo. Aqui o objetivo não é o de prevenir o crime por meio da aterrorização, mas o de punir um crime com redobrada crueldade em relação ao delito que o motiva. Aqui o linchamento é claramente vingativo.

No nosso caso, os linchamentos sugerem que há um arraigado sistema de valores subjacente ao comportamento coletivo violento. E, ao mesmo tempo, uma combinação difícil entre ele e os valores racionais da lei e da justiça. Há uma dupla moral envolvida nessas ocorrências – a *popular* e a *legal*. Na verdade, esta última está sendo julgada por aquela. A legitimidade desta está em questão. Com seu ato, os linchadores indicam que há violações insuportáveis de normas e valores, insuportáveis mesmo para um delinquente preso: no período recente há vários casos de presos que lincham companheiros de cela quando sobre eles pesa a acusação de estupro de crianças.

A questão central é esta: por que a população lincha? A partir do conhecimento que se tem de diferentes modalidades de linchamento em diferentes lugares do país, *a hipótese mais provável é a de que a população lincha para punir, mas sobretudo para indicar seu desacordo com alternativas de mudança social que violam concepções, valores e normas de conduta tradicionais, relativas a uma certa concepção do humano*. A vingança é uma forma de exclusão e de rejeição dos indesejáveis e do que eles representam enquanto agentes de uma concepção de sociedade que contraria a dominante e contraria direitos dos por ele vitimados. Uma hipótese decorrente é a de que *o linchamento é uma forma incipiente de participação democrática na construção (ou reconstrução) da sociedade, de proclamação e afirmação de valores sociais*, incipiente e contraditória porque afirma a soberania do povo, mas nega a racionalidade impessoal da justiça e do direito.

O linchamento não é uma manifestação de desordem, mas de questionamento da desordem. Ao mesmo tempo, é questionamento do poder e das instituições que, justamente em nome da impessoalidade da lei, deveriam assegurar a manutenção dos valores e dos códigos. Se nos Estados Unidos as elites locais, especialmente no Oeste, tomaram nas mãos a obediência à lei, através dos vigilantes, no nosso caso as elites não têm demonstrado identificação com a justiça de rua. Ao contrário, quando participam de linchamentos, como tem acontecido nas grandes cidades do interior, fá-lo procurando ocultar sua participação, limitando-se ao caráter punitivo do seu ato. Essa ambiguidade indica que a tradição política do poder pessoal, no Brasil, está em crise. Ela tem sido forte ao longo do tempo, dispensando, portanto, a prática da participação coletiva na justiça de rua, pois, para isso, as elites dispunham e em algumas regiões ainda dispõem de seus jagunços e pistoleiros.

Finalmente, no nosso caso, os linchamentos parecem estar associados à precária constituição do urbano. Nesse sentido, se combinam situações e motivações que tanto existiram nos *mob lynching* quanto na ação dos vigilantes, nos Estados Unidos. Aqui também os linchamentos se adensam nas áreas periféricas de cidades como São Paulo, Rio de Janeiro e Salvador. São onde justamente se concentram os migrantes do campo, recentes ou não, privados da terra e do trabalho regular, vivendo no limite da economia estável e da sociedade organizada, como ocorria com os brancos empobrecidos no sul dos

Estados Unidos, principais envolvidos na prática de linchamentos. Ao mesmo tempo, uma população dividida entre a demoralização completa e a desesperada necessidade de afirmação dos valores mais tradicionais da família e da vizinhança. É nesse âmbito que a ameaça da desagregação social se torna mais visível e mais provável. É nele, também, que ganham visibilidade os prováveis agentes concretos da ruptura, do perigo e da alternativa próxima e ameaçadora que é a de vítima permanente da delinquência ou, mesmo, a de delinquente.

As fontes de informação para o estudo sociológico dos linchamentos são precárias, como já mencionei. Há claramente duas alternativas indicadas pela tradição dos estudos americanos e que não são diferentes entre nós. Uma é a dos estudos de caso.[10] Com o tempo, essa linha de investigação deveria ser estimulada para que fornecesse detalhes explicativos a respeito da inserção dessa modalidade de violência nos processos sociais mais amplos. Outra é a da sistematização, em quadros amplos, das informações disponíveis, que permitam o estudo comparativo das ocorrências. Neste caso, a fonte disponível é a do noticiário dos jornais. Lembro que nos Estados Unidos, a maioria dos estudos sobre linchamentos tem como fonte e base um elenco de casos ocorridos entre 1889 e 1918 e noticiados pelos jornais.[11] A segunda orientação é indispensável para que a primeira se situe num quadro de referência que dê conta das tendências e condições do problema. Aliás, nos Estados Unidos os estudos de caso dos linchamentos vieram na sucessão de um grande número de estudos de correlações estatísticas baseadas no levantamento geral e preliminar das informações sobre o tema divulgadas pelos periódicos.

As ciências sociais, e a Sociologia em particular, têm recorrido com frequência à pesquisa de noticiário jornalístico sobre temas específicos. Esse recurso tem preenchido duas funções, ao menos, na investigação sociológica. De um lado, como meio de obter panoramas preliminares sistemáticos sobre o estado da informação comum e corrente a respeito de um tema social determinado. Dossiês baseados em notícias de jornais sobre determinados temas têm sido de grande ajuda, dispensando o pesquisador de preocupações com a informação de senso comum e o quadro geral da informação imediata sobre o tema a respeito do qual pretende desenvolver pesquisa. No Brasil, o Centro de Pastoral Vergueiro, nos anos 1990, organizava, a pedido ou não de pesquisadores, dossiês sobre os conflitos fundiários, o trabalho escravo na atualidade, a situação das populações indígenas, o impacto da construção de barragens sobre as populações rurais etc. Esses dossiês representavam significativa contribuição à formação preliminar de um elenco substancial de dados, que facilitavam a execução de um projeto de pesquisa.

De outro lado, a pesquisa do noticiário em coleções de jornais pode ser a única fonte de informação sobre um tema determinado. É o caso dos linchamentos, não só no Brasil, como em outros países. Nos Estados Unidos, a imensa maioria dos estudos sociológicos sobre esse tipo de violência, nos últimos cem anos, tem dependido de um grande banco de dados organizado por associações de promoção humana das pessoas de cor com base exclusiva em notícias de jornais.

Explica-se que assim seja. O linchamento é, via de regra, acontecimento imprevisível. Mesmo que previsto fosse, não é o tipo de acontecimento que comporte a observação passiva do pesquisador. Além disso, embora essa modalidade de violência pressuponha a abertura de inquérito e o interrogatório de testemunhas, pois se trata de crime contra a pessoa, já é amplamente conhecido que a polícia raramente tem conseguido levar tais inquéritos a termo. Às vezes, porque a própria autoridade entende que se trata de justiçamento legítimo por parte dos grupos que o praticam. Na maioria das vezes, porque tais testemunhas, se existem, preferem não se indispor com a comunidade responsável pela violência, da qual, aliás, geralmente fazem parte. Outras vezes, o linchamento nem mesmo chega em tempo ao conhecimento da autoridade. Já houve casos, de que tenho registro, de linchados cujo cadáver ficou exposto na rua durante vários dias antes que alguém decidisse dar um telefonema anônimo à polícia para pedir a remoção do corpo. Os jornalistas que se incumbem dos casos policiais têm sido praticamente os únicos que podem testemunhar os casos pouco tempo após as ocorrências e que, em seguida, fazem um registro e, quase sempre, o publicam. Não sendo autoridades, são em geral os únicos a, eventualmente, obter informações adicionais sobre os casos, sem que a censura do medo tenha um efeito tão amplo quanto geralmente tem nos inquéritos policiais.

É evidente que tais informações estão muito longe da qualidade de uma coleta objetiva e sistemática de dados feita diretamente pelo pesquisador. Mas, a Sociologia (e também a História) tem uma longa tradição de recolher informações de terceiros – testemunhas, cronistas, viajantes e, enfim, jornalistas, observadores ocasionais cuja atenção e cujos olhos podem ser "emprestados" pelo pesquisador – frequentemente como fonte de dados complementares da investigação ou mesmo como únicos dados disponíveis.

Florestan Fernandes foi autor de um estudo magistral sobre a função social da guerra na sociedade tupinambá, do século XVI, contando unicamente com informações deixadas por viajantes e cronistas leigos.[12] Esse estudo é até hoje reconhecido, dentro e fora do país, como a mais importante obra da sociologia brasileira. O que foi possível porque justamente aí entram os recursos de que a própria Sociologia dispõe para "interrogar os dados disponíveis", confrontá-los, submetê-los a avaliação e crítica, expurgá-los, explorar-lhes os detalhes, classificá-los, reuni-los em conjuntos homogêneos que podem ser analisados em comparações que funcionam às vezes como sucedâneos da experimentação. O próprio Florestan Fernandes fez preceder os dois importantes livros que escreveu sobre os tupinambá do que ele chamou de "balanço crítico da contribuição etnográfica dos cronistas".[13]

A Sociologia dispõe de recursos interpretativos para definir a localização social do observador na ocorrência, sua mentalidade e perspectiva, limitações e possibilidades de sua visão, e utilizá-las como dados que decodificam os outros dados. A reciclagem sociológica da informação jornalística é, portanto, possível e útil. No caso dos linchamentos, é material essencial para indicar as tendências das características sociais e culturais dos justiçamentos e recuperar, até mesmo, preciosas informações sobre ritos sacrificiais que eles escondem. Como geralmente é material fragmentário, torna imprescindível que o pesquisador trabalhe com o maior número possível de casos, de modo que deficiências de informação e de detalhes, num *tipo* de ocorrência, sejam supridos com registros de outros casos do *mesmo tipo*. Não se trata, portanto, de problema que se resolva com o recurso a uma amostragem das ocorrências (isso apenas serviria para um estudo sobre o próprio noticiário jornalístico, mas de modo algum serviria para estudo de temas abordados nesse noticiário). É claro que a Sociologia pode, depois de estudos realizados a partir desse tipo de material, aprofundar a compreensão das ocorrências através do método do *estudo de caso*, como vem ocorrendo nos Estados Unidos e conforme já mencionei, com a colaboração de historiadores e antropólogos, exatamente em relação a esse tema.

Como ocorreu nos Estados Unidos, em relação aos linchamentos, é importante, no uso desse material, utilizar séries longas, cobrindo períodos amplos, de modo a formar uma coleção de ocorrências que, mais do que quantitativamente extensa, seja qualitativamente rica de particularidades e detalhes.

Evidentemente, o noticiário jornalístico não é, no estudo sociológico, utilizado de maneira bruta. É preciso neles descobrir as instâncias empíricas relevantes,[14] aquilo que é sociologicamente significativo e que não se restringe às informações de cada caso. É com essas mediações que o sociólogo trabalha. Embora as notícias de linchamentos sejam pequenas e sumárias, o formulário que elaborei para decomposição dos dados tem agora, na altura desta análise, 129 campos, que abrangem algumas dezenas de variáveis, muito mais do que os pesquisadores americanos conseguiram fazer com seu banco de dados. É claro que uma diversificação tão ampla de características dos linchamentos, dos linchadores e das vítimas de linchamento reclama e reafirma a conveniência de uma coleção ampla de casos. Aliás, o meu monitoramente dos casos até agora, à medida que a informação se adensa, indica a possibilidade de incluir, como tem sido feito, novas variáveis ao elenco já estabelecido.

Com esta pesquisa, meu objetivo é produzir um elenco de casos ocorridos no Brasil semelhante ao elenco americano, que tem sido a base de dados para os estudos sobre o tema e suas revisões. As informações publicadas pelos jornais são muitas vezes detalhadas e oferecem dados sociologicamente relevantes para o exame das hipóteses consideradas acima. O fato de que esse catálogo de casos possa ser publicado abre caminho para que outros estudos sejam desenvolvidos sobre o assunto. Mas o objetivo principal é o de realizar um estudo de causas, circunstâncias e ritos dos linchamentos no período recente. Os linchamentos criam situações que podem ser tratadas experimentalmente como tentativas de (re)invenção social, através de comparações das diferentes ocorrências. Por meio de seu estudo é possível sugerir alternativas de interpretação para as complicadas mudanças que estão ocorrendo na sociedade brasileira desde os anos 1960, para diversos grupos sociais claramente marcados pela desagregação social.

Minha pesquisa não é pesquisa concluída, mas execução de um projeto de acompanhamento de casos desse tipo de violência. Em 1994, o até então realizado levantamento de 689 casos, e a definição do quadro de variáveis que o material permitiu formular, possibilitava algumas considerações sobre o tema, expostas neste capítulo. Nas considerações subsequentes, o número de casos chegará aos 2.028 que são a referência principal deste livro. Portanto, algo relativo ao estado da pesquisa naquele momento. Mas possibilita, nesta fase, considerações sobre as próprias condições de realização de um estudo sobre o assunto entre nós.

As análises iniciais do material colhido mostraram que era possível desdobrá-lo em número de variáveis maior do que o inicialmente previsto, ampliando as possibilidades da análise sociológica, especialmente no que se refere aos aspectos propriamente rituais e interativos do linchamento. Se, no momento da redação deste capítulo, as fichas de registro das ocorrências continham 129 campos de informações, no momento da preparação deste livro o número de campos havia sido ampliado para 189. Em parte porque novas informações em novas ocorrências pediam a formulação de novos campos de fichamento. Em parte porque foi possível combinar dados de diferentes campos num campo novo e adicional, o que permitia incluir, na ficha, identificações resultantes da análise sociológica preliminar, dados empíricos já elaborados.

A principal fonte de dados para esse tipo de comportamento coletivo, como expus anteriormente, é o noticiário dos jornais, tal como se deu nos Estados Unidos. Ocorrência súbita, impensada, explosão passional determinada por fortuita combinação de circunstâncias, do medo à fúria, os linchamentos não se situam entre os acontecimentos previsíveis, que viabilizem a pesquisa sociológica planejada e a presença testemunhal do pesquisador. Mesmo que fosse possível alguma previsão, ainda assim haveria problemas adicionais. Dos 689 casos de linchamentos e tentativas de linchamento que consegui arrolar, identificar e classificar até agora, vários sugerem que, ainda que presentes antecipadamente as circunstâncias de sua ocorrência, o desenlace pode demorar muitas horas, muitos dias e até muitas semanas. E, muitas vezes, nem mesmo ocorrer. Embora o ato em si esteja marcado, aparentemente, por súbita espontaneidade, os dados indicam que os linchamentos decorrem da combinação de dois impulsos de ritmos diferentes: a constatação e interpretação de uma violação de norma social essencial, que corresponde ao que se poderia provisoriamente entender como fase de julgamento popular do delito – o reconhecimento de que um crime grave foi cometido (a gravidade do crime, porém, nada tem a ver com a gravidade definida nas leis e códigos jurídicos). Os dados que colhi mostram que essa fase de julgamento, individual e/ou coletivo, tanto pode ser rápida (coisa de minutos) quanto relativamente lenta (coisa de dias e semanas), mas é, no geral, mais lenta do que a fase seguinte, da aplicação da pena, do linchamento propriamente dito. Esse segundo impulso pode se desdobrar de modo incrivelmente rápido, dependendo apenas dos índices de participação e crueldade envolvidos (pode demorar de cinco a uns vinte minutos ou, excepcionalmente, mais).

A ampla literatura sociológica que pude examinar nesta fase da pesquisa, relativa sobretudo ao país que tem a mais dramática história de linchamentos, mas não só ele, os Estados Unidos, sugere que a própria orientação interpretativa dos pesquisadores confundiu-se e dividiu-se em relação a esses dois momentos do processo. A maioria dos sociólogos, inspirados sobretudo na obra de Gustave Le Bon,[15] concentrou seu interesse no segundo momento. Contraditoriamente, porém, buscando causas estruturais para explicar acontecimentos, aparentemente, não estruturais. É o caso dos estudos que intentaram estabelecer correlações entre o preço do algodão no Sul dos Estados Unidos, a piora nas condições de vida dos agricultores brancos e pobres, a concorrência do negro no mercado de trabalho e a ocorrência de linchamentos.[16] Essa correlação pode ser estabelecida positivamente nos casos em que a vítima é negra. Mas deixa sem explicação o grande número de linchamentos no Oeste americano, em que as vítimas não eram negras e a motivação não era necessariamente racial.[17] As mesmas causas estruturais, porém, podem explicar, provavelmente, vários outros fenômenos sociais, sem que se possa, contudo, atribuir-lhes a qualidade de *causas de linchamentos*. Esses estudos, embora não o realizem satisfatoriamente, indicam que há circunstâncias imediatas, no limiar do irracional, que atuam decisivamente no comportamento dos grupos que lincham.

Nos últimos anos, surgiram novas perspectivas para o estudo dos linchamentos, desenvolvidas pelos historiadores. Elas estão indicadas em estudos de caso e se baseiam em demorados e trabalhosos registros de história oral e documental. Nesses estudos, tem sido possível resgatar evidências de que os elementos que aparecem como causa imediata dos linchamentos já estão presentes no cotidiano das relações sociais, embora não possam ser captados através de estudos de causas propriamente estruturais desse tipo de violência. Além disso, os estudos de caso relativizam enormemente os muitos preconceitos envolvidos em apressados julgamentos expressos no noticiário dos jornais, que tem sido, em vários países, como mencionei, a principal fonte de dados para o estudo do problema. Os estudos retrospectivos de casos, realizados nos Estados Unidos, são igualmente indicativos das reais dificuldades para se obter informação direta, de primeira mão, de testemunhas eventuais. Meio século depois das ocorrências, as testemunhas ainda pedem o anonimato e temem ver-se expostas a represálias simplesmente pelo fato de contar o que sabem desses acontecimentos do passado. Ou seja, mantêm ainda hoje o mesmo temor que tinham quando os acontecimentos se deram.

Os estudos de caso mostram claramente que o linchamento envolve mais do que súbita e solidária decisão de matar violenta e coletivamente alguém. Há uma certa ideia de corpo, de pertencimento, envolvida na ocorrência. Evidentemente, isso é mais claro nos inúmeros linchamentos ocorridos nas pequenas localidades rurais, onde todos se conhecem. No caso brasileiro, em que predominam linchamentos nas grandes cidades, como São Paulo, Rio de Janeiro e Salvador, a situação de anonimato é patente em muitas ocorrências, embora não em todas. Dificilmente, no futuro, será possível realizar estudos detalhados de caso, como está se fazendo agora nos Estados Unidos. Mas onde os linchamentos são praticados pela ação de grupos de vizinhança, seja no interior, seja nas grandes capitais, o material disponível já indica que a própria polícia tem dificuldade para obter informações que lhe permitam caracterizar o crime e indiciar participantes. Muitas vezes os moradores silenciam até mesmo sobre a identidade do linchado, embora saibam, evidentemente, a quem lincharam e por quê. Mesmo tendo em conta que, no Brasil, uma significativa proporção de linchamentos é praticada por grupos de vizinhança, é preciso considerar, também, que ocorrem na maior parte das vezes em bairros de concentração de migrantes, marcados por grande mobilidade. Será difícil localizar os participantes no futuro, quando certa distância no tempo supostamente facilite o estudo retrospectivo das ocorrências.

Procurei testar a possibilidade de alguma previsão no comportamento de possíveis grupos de linchadores, anotando e acompanhando casos que, no noticiário da imprensa, se desenhavam nitidamente com os mesmos contornos e possíveis motivações de ocorrências delituosas que culminaram em linchamentos. Na maioria dos casos que acompanhei, o desenlace não foi o linchamento nem mesmo a tentativa de linchamento. O que torna praticamente inútil o uso desse recurso para identificação de possíveis ocorrências e eventualmente a realização de um trabalho documental diverso do que se pode fazer através do noticiário de jornais. Haveria aí sempre um problema ético, sobretudo para o pesquisador: diante da previsibilidade de um linchamento, seria lícito não agir para preveni-lo em vez de simplesmente agir para documentá-lo?

O uso do material jornalístico no estudo sociológico de linchamentos nos Estados Unidos teve dois momentos distintos. Nos estudos iniciais e mais antigos, era material colhido diretamente pelos pesquisadores, ao acaso de circunstâncias e possibilidades. Num segundo momento, o material foi retrospectivamente colhido e classificado sistematicamente por institutos de pesquisa, interessados sobretudo em caracterizar o racismo que estava na raiz das motivações para linchar. O material dessas fontes, colhido em jornais, passou a ser e é até hoje a base principal de realização de estudos sociológicos e históricos sobre esse problema. No Brasil, o jornal é a única fonte sistemática, mas, ainda assim, limitada pela casualidade do acesso do pesquisador a publicações que tenham notícias sobre o assunto. Além disso, ocasional e excepcionalmente, amigos me remetem recortes de diferentes regiões do Brasil. Porém, de modo algum é possível sem recursos, ainda que modestos, ter um levantamento razoavelmente completo de ocorrências em todo o país, sobretudo em pequenas localidades de regiões remotas onde linchamentos estão acontecendo, mas que jamais chegam aos jornais.[18] É desejável que se tenha aqui, no futuro, séries históricas, como as que foram produzidas nos Estados Unidos, mediante pesquisa em centenas de jornais de todo o país.[19]

O arquivo que organizei até agora é criterioso. Embora haja limitações, quanto à representatividade estatística dos casos noticiados, o material colhido é rico de informações e detalhes sociologicamente relevantes. Consegui distribuir as informações jornalísticas por 79 variáveis,[20] construídas pela combinação dos campos que compõem a ficha de casos, o que permite testar e analisar um grande número de associações de dados e verificar características e regularidades essenciais para o estudo sociológico do problema. Esse detalhamento não foi feito nos estudos americanos, limitados, no geral, a indagações sobre as possíveis grandes causas dos linchamentos e, portanto, a meia dúzia de variáveis. Mesmo assim, não se trata de um número que possa ser considerado amostra de algum modo probabilisticamente representativa do universo de linchamentos no país. Algumas indicações relativas ao estado da Bahia são reveladoras das limitações que, nesse particular, têm os dados colhidos em jornais.

A própria imprensa difundiu, em diferentes ocasiões, a propósito de novos linchamentos naquele estado, informações liberadas pela polícia quanto a números oficiais dessas ocorrências, naquele ano até aquele momento.

O quadro é o seguinte:

I - Linchamentos no Estado da Bahia
(1988/1995)

Ano	(A) Linchamentos ocorridos	(B) Linchamentos noticiados	% B/A
1988	105	5	4,8
1989	103	12	11,7
1990	105	36	34,3
1991	79	27	34,2
1995	24	24	100

Um pouco aleatoriamente, podem-se projetar esses índices para o conjunto do país e presumir que os dados registrados pela imprensa, na melhor das hipóteses, correspondem a cerca de um terço do total de ocorrências. A exceção de 1995 se deve, provavelmente, ao fato de que as autoridades baianas não difundiram estatística oficial dos casos de linchamento, sendo a contagem realizada pelos próprios jornais. O quadro indica, porém, que a atenção dos jornais pelos casos de linchamento cresceu paulatinamente e só chegou a um terço das ocorrências quando se tomou consciência de que era alto o seu número. O mesmo não aconteceu em outros estados. Em São Paulo, em diversas ocasiões, linchamentos ou tentativas de linchamentos noticiados pela televisão não foram noticiados pelos jornais, o que sugere que, além de um interesse limitado por esse tipo de comportamento coletivo, os jornais devem ter noticiado seletivamente as ocorrências. Nos Estados Unidos, estudos sobre esse problema demonstraram que os linchamentos chegavam aos grandes jornais quando havia na localidade algum correspondente das grandes agências noticiosas.[21] Para o caso brasileiro, se tomarmos como referência os dois jornais até agora mais representados neste levantamento (*O Estado de S. Paulo* e *Folha de S.Paulo*), veremos que têm correspondentes apenas em capitais e cidades principais do próprio estado de São Paulo. Provavelmente, linchamentos mais caracteristicamente interioranos e mesmo rurais nem sequer chegaram ao conhecimento dos correspondentes, o que faz supor que foram noticiados, em sua maioria, determinados tipos de linchamentos, de característica mais claramente urbana, e menos os linchamentos propriamente rurais.

Em relação aos casos americanos, há diferenças na documentação. Foi macabro traço dos linchamentos, sobretudo no Sul dos Estados Unidos, fotografar o cadáver do linchado, ainda dependurado numa árvore ou num poste, para venda e exibição da fotografia a curiosos e participantes (sem contar a distribuição de pedaços do cadáver, como orelhas e dedos, a título de lembrança e, provavelmente, prova de participação no ato punitivo). Talvez porque aqueles tenham sido predominantemente linchamentos comunitários, praticados por populações que haviam incorporado a fotografia como um documento corriqueiro da crônica local. Isso já não acontece com as populações das localidades brasileiras em que tem havido esse tipo de violência. Embora, cada vez mais, vídeos amadores, feitos com câmeras fotográficas, sejam postados no YouTube. Uma das primeiras iniciativas desse tipo foi a do vídeo feito por um amador, em Matupá (Mato Grosso), com o objetivo de vendê-lo a algum canal de televisão, e que registrou o momento em que três assaltantes foram queimados vivos pela multidão. Paralelamente a isso, porém, a própria televisão tem transmitido, ao vivo, tentativas de linchamento e até os próprios linchamentos, como ocorreu há pouco no interior do Paraná, quando, entre outros, um médico e um policial foram linchados. Isso traz um novo tipo de documento ao estudo dos linchamentos, que não houve no caso dos estudos americanos. Sobretudo importante porque permite ter evidências visuais muito expressivas tanto da ocorrência quanto do comportamento dos participantes. Essas evidências são relevantes no exame dos aspectos propriamente rituais dos linchamentos.

O propósito de dar destaque à dimensão ritual dos linchamentos é exequível porque os jornais, com grande frequência, se interessam pelos detalhes da execução violenta, que são, na verdade, indicadores de *ritos sacrifi-*

ciais. Os 689 casos aqui considerados mostram que as notícias de periódicos oferecem, sem que o redator saiba, consistentes informações às vezes minuciosas, sobre os aspectos propriamente rituais dos linchamentos. O redator propõe-se apenas a noticiar uma ocorrência anormal e chocante, dando dela os detalhes que lhe chegam às mãos. Não sabe, porém, nem tem a intenção de sabê-lo, que está relatando detalhes de um rito sacrificial de raiz ancestral, que expressa processos de desagregação social, de precária constituição do urbano e proclamação de uma concepção de vida que é conservadora e pré-urbana. Nada deve ser filtrado neste uso da notícia de jornal, para que se possa ter uma rica compreensão sociológica dessas ocorrências, isto é, de seus *significados* – não só os imediatos (que são os que norteiam a elaboração da notícia), mas também os mais profundos e ocultos (que são os que a explicam). *O que importa, nessa orientação teórica, não é a linha, mas a entrelinha.* A objetividade não é a da construção do dado, que está fora do alcance e da intervenção do pesquisador, como ocorre no caso dos documentos históricos, mas do sociólogo que os lê, situa e interpreta.

O arrolamento feito até agora indica com clareza que a ocorrência de um simples linchamento numa localidade rompe certos constrangimentos sociais à prática da violência direta: em muitos lugares, um primeiro linchamento é, com facilidade, seguido de outros, ainda que com o passar do tempo. É o que abre caminho para a eficácia do imaginário arcaico na ação do homem comum e sua explosão intensa na rotina cotidiana da população. Portanto, está indicado aí o que interessa: alterações na orientação da mudança social, dos valores, das normas e dos padrões de comportamento e, sobretudo, dos padrões de interação.

Esses aspectos rituais, aliás, têm sido analisados, no caso americano, muito mais por estudiosos da literatura, já que é na ficção que se tem captado e registrado os aspectos dramáticos e simbólicos da violência racial que se consuma através dos linchamentos. É significativo que esses aspectos estejam ausentes da literatura sociológica. Talvez, justamente, porque ela ficou muito dependente dos aspectos exteriores e formais do noticiário de jornal, mas também porque ela se interessou quase exclusivamente pelos que se envolvem na ação de linchamento e não pelas vítimas de linchamentos.

O material até então coletado, relativo aos 689 linchamentos e tentativas de linchamento para o período de 1970 a 1996, envolve um total de 966 vítimas (451 foram mortas, 114 feridas, 338 salvas, 55 escaparam e para 8 não há informações). Esses linchamentos e tentativas estão assim distribuídos por regiões e períodos:

II – Brasil – Linchamentos e tentativas de linchamento
por período e por região, 1970-1996
(Porcentagens)

Região	Até 1984	1985/1994	1995/junho 1996
Norte	8,3	8,6	13,3
Nordeste	6,8	36,2	28,2
Sudeste	81,1	45,9	46,7
Sul	2,3	4,1	5,1
Centro-Oeste	1,5	5,2	6,7
(N=100 %)	132	362	195

O que apenas indica que a ampliação da pesquisa, ao cobrir mais ocorrências de outras regiões que não apenas a da região Sudeste, de informações mais frequentes nos jornais, permite diversificar as peculiaridades sociais e culturais das diferentes localidades. Longe de indicar, portanto, crescimento do número de casos em algumas regiões, mais do que em outras.

O principal, porém, é ter podido organizar um extenso formulário e classificar os diferentes aspectos de cada caso, de modo a analisar associações minuciosas de todos eles. Embora o levantamento realizado não permita fazer previsões probabilísticas, possibilita analisar com riqueza de detalhes as associações de traços, características e componentes dos casos arrolados. A consistência qualitativa dos dados é animadora e certamente abre amplas possibilidades de acompanhamento dos desdobramentos da prática do linchamento no Brasil.

Ao mesmo tempo, como já mencionado, encontrei severas dificuldades para localizar, no Brasil, uma significativa bibliografia de comparação relativa a outros países e, mesmo, relativa a orientações teóricas no estudo do problema. Aproveitei duas viagens ao exterior para fazer demorado e completo levantamento bibliográfico. Primeiramente, na Maison des Sciences de l'Homme, em Paris. A partir de referências indiretas contidas em estudos sobre outros temas e de indicações contidas em diferentes indexadores, consegui organizar no Brasil uma listagem inicial de textos. Desses, encontrei no Brasil menos de 10%. Em Paris, localizei outros 20%. Finalmente, uma estada mais demorada na Universidade de Cambridge (Inglaterra) me permitiu ampliar consideravelmente essa lista e localizar os outros 70% dos textos arrolados, num total de 96 artigos e livros. Esse material já foi todo lido e analisado e corresponde à maior parte da bibliografia já produzida sobre o tema. Em nova viagem ao exterior, pretendo fazer pesquisa e levantamento bibliográfico especificamente com relação aos temas da vingança, do castigo e dos ritos sacrificiais, já que essa característica dos linchamentos adensaram-se acentuadamente a partir da maior amplitude dos registros de ocorrências desde janeiro de 1995.

Defini e calculei índices de participação e de atrocidade nos linchamentos para um número expressivo de ocorrências. Foi possível fazer esses cálculos para os dois índices nos mesmos casos, para um número que ultrapassa consideravelmente o número de casos em que se pôde fazer cálculos similares nos linchamentos americanos. Nos Estados Unidos, foi possível fazê-lo para 60 linchamentos, ocorridos entre 1899 e 1946.[22] Em minha pesquisa, foi possível fazê-lo para 138 casos, ocorridos entre 1970 e 1994, mais do que o dobro. Essa disparidade se explica pela limitação do número de variáveis consideradas quando se produziu o levantamento básico de notícias de jornais até hoje utilizado pela maioria dos estudiosos do tema nos Estados Unidos. Esses índices são importantes para determinar alterações nos aspectos qualitativos da prática de linchamento. O índice de atrocidade, tendo como ponto mediano 0,25 (numa escala de zero a cinco), sugere uma equilibrada distribuição dos casos em 49,6% de baixa atrocidade e 50,4% de alta atrocidade. Agrupei os casos em dois períodos: até 1984 (29,6%) e a partir de 1985 (70,4%). As mudanças de orientação das multidões têm sido pequenas e também pequenas as variações em diversas situações, comparativamente.

III – Atrocidade nos linchamentos no Brasil, conforme a região[23]
(Porcentagens)

Região	Baixa atrocidade	Alta atrocidade
Norte	10,1	8,6
Nordeste	30,9	31,4
Sudeste	56,1	49,3
Sul	0,7	8,6
Centro-Oeste	2,2	2,1
Total (N=100%)	(139)	(140)

OBS.: Os 279 casos correspondem àqueles em relação aos quais foi possível calcular o índice de atrocidade.

O quadro indica a conveniência de detalhar a análise da proporção relativamente maior de baixa atrocidade no Sudeste e a proporção consideravelmente elevada de alta atrocidade no Sul do país, anomalias mais visíveis num quadro de distribuição equilibrada das proporções. Do mesmo modo, quando se comparam os índices de participação em relação aos motivos dos linchamentos, constata-se que a proporção de índices altos é elevada na punição de crimes contra a pessoa (estupros, assassinatos) e é mais para baixa do que para alta nos crimes contra a propriedade.

IV – Brasil – Distribuição dos índices de participação, conforme o motivo do linchamento ou tentativa de linchamento
(Porcentagens)

Motivo	Alta	Baixa	Todos
Fútil	6,7	12,3	9,7
Crime contra a pessoa	57,9	34	47,9
Crime contra a pessoa e a propriedade	22	11,3	15,1
Crime contra a propriedade	23,4	38,6	23,7
Sem indicação	–	3,8	3,6
Total (N=100 %)	(164)	(106)	(689)

OBS.: As colunas relativas aos índices de participação cobrem os dados até 1994. A coluna "Todos" inclui os linchamentos e tentativas até junho de 1996.

*
* *

Os linchamentos são mais do que um problema social; são expressões trágicas de complicados processos de desagregação social e, também, de busca de um padrão de sociabilidade diferente daquele que se anuncia através das tendências sociais desagregadoras. Seria pobre a interpretação que se limitasse a vê-los como manifestação de conservadorismo ou que, ao contrário, se limitasse a neles ver indicação de uma conduta cidadã e inovadora, ainda que equivocada na forma. Antes, é necessário neles resgatar a dimensão propriamente dramática do medo e da busca, ingredientes que muitas vezes acompanham os processos de mudança social.

É claro que esses ingredientes ganham sentido na tradição conservadora relativa a certa visão de mundo centrada mais na categoria de pessoa do que na categoria de indivíduo. Tradição, por sua vez, revigorada justamente, ao que tudo indica, pelas características excludentes e patológicas do nosso desenvolvimento social, em particular do desenvolvimento urbano. Tendências de desenvolvimento e subdesenvolvimento simultâneas muito polarizadas, cujos extremos estão excessivamente distantes entre si, parecem estabelecer linhas de desigualdade social que delimitam mais do que riqueza e pobreza e que acabam afetando profundamente a própria concepção de humano e pessoa. É essa concepção que está em jogo nos linchamentos. Nesse sentido, e no essencial, não é grande a diferença que se pode encontrar na comparação entre o caso americano e o caso brasileiro. Lá também, especialmente no Sul, estavam em jogo essa mesma polarização extrema e esse mesmo limite do humano, o que se consubstanciava em especial nas concepções de casta que regiam as relações entre algozes e vítimas, entre brancos e negros.

O tema do linchamento é um desses temas reveladores da realidade mais profunda de uma sociedade, de seus nexos mais ocultos e ativos. Nos linchamentos se faz presente a dimensão mais oculta do nosso imaginário, sobretudo nas formas elaboradas e cruéis de execução das vítimas. A centralidade do corpo nesse imaginário explode nas ações de linchamento, quando pacíficos transeuntes, pacíficos vizinhos, devotados parentes e pais se envolvem na execução de alguém a quem, às vezes, estão ligados por vínculos de sangue, às vezes o próprio filho. E, sobretudo, quando se envolvem na mutilação, na castração e na queima da vítima ainda viva. A forma que entre nós assume a chamada justiça popular está muito distante do romantismo ingênuo que tem marcado tão fundo os estudos sobre a cultura popular em nosso país e o discurso abstrato e ineficaz sobre cidadania.

Notas

[1] Versão revista e atualizada de artigo publicado originalmente com o título de "As condições do estudo sociológico dos linchamentos", *Estudos Avançados*, v. 9, n. 25, São Paulo, Instituto de Estudos Avançados da Universidade de São Paulo, set./dez. 1995, pp. 295-310.

[2] Cf. Ronaldo Vainfas, op. cit., p. 219.

[3] Sobre linchamentos no Brasil, cf. Thales de Azevedo, "Linchamento no Brasil", em *Ciência e Cultura*, v. 26, n. 10, Sociedade Brasileira para o Progresso da Ciência, São Paulo, 1974, pp. 948-9; Maria Victoria Benevides, "Linchamentos: violência e 'justiça' popular", em Roberto Da Matta et al., *Violência brasileira*, São Paulo, Brasiliense, 1982, pp. 93-101; José Arthur Rios, "Linchamentos: do arcaico ao moderno", em *Revista de Informação Legislativa*, v. 25, n. 100, Senado Federal, Brasília, 1988, pp. 207-35; Sergio Adorno, "Linchamentos em São Paulo", em Paulo Sérgio Pinheiro (coord.), *Continuidade autoritária e construção da democracia – Relatório Final,* Núcleo de Estudos da Violência – Universidade de São Paulo, São Paulo, fevereiro de 1999, pp. 404-80; Jacqueline Sinhoretto, *Os justiçadores e sua Justiça: linchamentos, costume e conflito*, São Paulo, Instituto Brasileiro de Ciências Criminais, 2002; Helena Singer, *Discursos desconcertados: linchamentos, punições e direitos humanos*, São Paulo, Humanitas, 2003; Rafael Torres de Cerqueira e Ceci Vilar Noronha, "Cenas de linchamento: Reconstruções dramáticas da violência coletiva", *Psicologia em Estudo,* Maringá, v. 9, n. 2, maio/ago. 2004, pp. 163-72. Em Menandro e Souza há um

bom levantamento comentado da modesta bibliografia brasileira sobre o tema, caracterizada pelo predomínio de considerações jornalísticas (ainda que escritos por cientistas sociais) e reduzido número de textos baseados em pesquisa e arrolamento de dados. Cf. Paulo Rogério M. Menandro e Lídio de Souza, *Linchamentos no Brasil: a justiça que não tarda, mas falha*, Vitória, Fundação Ceciliano Abel de Almeida, 1991.

[4] Cf. Joseph R. Gusfield, "The study of social movements", em David C. Sills (ed.), *International Encyclopedia of the Social Sciences*, v. 14, The MacMillan Company & The Free Press, s.l., 1968, pp. 445-52. Em 1961, num conhecido ensaio de Blumer, os *movimentos sociais* apareciam como um subcampo no estudo do *comportamento coletivo*. Cf. Herbert Blumer, "Comportamento coletivo", op. cit., pp. 207-72.

[5] Menandro e Souza, embora enfrentando a mesma carência de dados que enfrentei em minha pesquisa, conseguiram quantificar alguns casos e indicar que, para uma população negra de 5,9%, 39,6% das vítimas de linchamento eram negras. Cf. Paulo Rogério M. Menandro e Lídio de Souza, op. cit., pp. 112-3. Há, contudo, um problema com essa comparação, pois os autores estão considerando linchamentos ocorridos ao longo de largo período de tempo, e os dados sobre a população negra do Brasil se referem unicamente ao ano de 1980. Faço a ressalva de que evidências que se tornaram documentáveis nos últimos anos, com o recurso ao YouTube, mostram que há brancos linchando negros, mas também negros linchando negros e brancos linchando brancos, e mesmo negros linchando brancos. Em geral, os grupos são mesclados. Há uma incidência desigual da cor nas vítimas, mas é forte a indicação de que cor e raça não são fator decisivo nesse tipo de violência coletiva.

[6] José Arthur Rios é cético em relação à interpretação de Maria Victoria Benevides, em entrevista à *Folha de S.Paulo* ("Aumento de casos de linchamento preocupa socióloga", *Folha de S.Paulo*, 8 fev. 1987, p. A19), de que "quase 100% dos linchados são pobres e na maioria das vezes negros e inocentes". Cf. José Arthur Rios, op. cit., p. 209 (nota). Em minha pesquisa, das 2.652 vítimas, em 2.028 casos de linchamentos e tentativas, foi possível identificar a cor de apenas 497 delas (18,7%), das quais 48,1% brancas, 47,1% negras (incluídos os mulatos e morenos), 4% pardos e 0,8% amarelo. Esses dados não permitem concluir que há qualquer predomínio de cor entre as vítimas de linchamento. A questão, portanto, continua em aberto. Meus dados tampouco permitem concluir que apenas pobres são linchados.

[7] Cf. Jay Corzine, Lin Huff-Corzine e James C. Creech, "The tenant labor market and lynching in the south: a test of split labor market theory", *Sociological Inquiry*, v. 58, n. 3, summer 1988, pp. 261-78; Stewart E. Tolnay, E. M. Beck e James L. Massey, "Black lynchings: the power threat hypothesis revisited", *Social Forces*, v. 67, n. 3, mar. 1989, pp. 605-40; E. M. Beck e Stewart E. Tolnay, "The killing fields of the deep south: the market for cotton and the lynching of blacks, 1882-1930", *American Sociological Review*, v. 55, n. 4, Washington, Aug. 1990, pp. 526-39.

[8] Cf. Ken Gonzalez-Day, *Lynching in the West, 1850-1935*, Durham, Duke University Press, 2006, p. 206. Não obstante, a representação visual dos linchamentos, aparentemente, tomou o negro como referência, mais do que outros grupos sociais, tanto na fotografia quanto na escultura e na pintura. Cf. Dora Apel, *Imagery of Lynching*, New Brunswick, Rutgers University Press, 2004; e James Allen et al., *Without Sanctuary: Lynching Photography in America*, Santa Fe, Twin Palms Publishers, 2000. Este segundo livro reúne cartões-postais com fotografias de linchamentos. Assim como pedaços dos corpos dos linchados, fotos de sua execução eram vendidas como afirmação imaginária de poder e supremacia dos linchadores e dos que se identificavam com eles. Já as obras de arte do primeiro livro, em boa parte, documentam a formação de uma consciência social do lugar dessa violência na sociedade americana, tanto por parte dos que com essa modalidade de violência se identificavam quanto por parte dos que a ela se opunham. Na poesia e na música, tornou-se emblemático o poema "*Strange fruit*", ["Árvores do sul produzem uma fruta estranha,/ Sangue nas folhas e sangue nas raízes"], de Abel Meeropol, professor judeu, que o musicou. Essa música ganhou fama na expressiva interpretação da cantora negra Billie Holiday.

[9] Em outra perspectiva, José Arthur Rios ressalta a característica ritual dos linchamentos e neles a função do bode expiatório. Cf. José Arthur Rios, op. cit., p. 222.

[10] O livro de Rodolpho Telarolli, *Britos: república de sangue*, op. cit., [publicado, originalmente, com o título de *Poder local na República Velha*, São Paulo, Companhia Editora Nacional, 1977], contém abundantes informações sobre um caso de duplo linchamento no interior de São Paulo, no século XIX. De certo modo, é *quase* um estudo de caso sobre linchamento, mais do que um estudo sobre o poder local. É um trabalho que mostra claramente a viabilidade de detalhados estudos de caso sobre esse tipo de violência no Brasil do passado.

[11] Os poucos casos de estudos brasileiros sobre linchamentos, baseados em pesquisas empíricas, também se apoiam em notícias publicadas pelos jornais. Cf. Paulo Rogério M. Menandro e Lídio de Souza, op. cit., passim.

[12] Cf. Florestan Fernandes, *A função social da guerra na sociedade tupinambá*, São Paulo, s.e., 1952. Cf., também, Florestan Fernandes, *Organização social dos tupinambá*, 2. ed., São Paulo, Difusão Europeia do Livro, 1963.

[13] Cf. Florestan Fernandes, "Resultados de um balanço crítico sobre a contribuição etnográfica dos cronistas", em *A Etnologia e a Sociologia no Brasil*, São Paulo, Anhambi, 1958, pp. 79-176.

[14] Cf. Florestan Fernandes, *Fundamentos empíricos da explicação sociológica*, São Paulo, Companhia Editora Nacional, 1959, pp. 16-22.

[15] Cf. Gustave Le Bon, *The crowd: a study of the popular mind*, Harmondsworth, Penguin Books, 1977.

[16] Entre outros, sobre o tema, cf. E. M. Beck e Steward E. Tolnay, "The killing fields of the deep South: the market for cotton and the lynching of blacks, 1882-1930", op. cit.

[17] Sobre a raça das vítimas de linchamento e a distribuição das ocorrências por Estado, cf. James Elbert Cutler, *Linch-Law: An Investigation into the History of Lynching in the United States*, Patterson Smith, New Jersey, Montclair, 1969; e Hugh Davis Graham e Ted Robert Gurr (eds.), *The History of Violence in America*, New York, Frederick A. Praeger Publishers, 1969.

[18] Em S. Félix do Araguaia (MT), ocorreram pelo menos dois linchamentos, mas nenhum deles foi noticiado como tal nos jornais a que tive acesso.

[19] Como já indiquei, a partir de 1995, com um auxílio financeiro da Fapesp (Fundação de Amparo à Pesquisa do Estado de São Paulo), tornou-se possível estabelecer o monitoramento diário da ocorrência de linchamentos em todo o Brasil, mediante contrato com empresa especializada em recortes de jornais sobre assuntos determinados. Esse auxílio permitiu aumentar substancialmente o registro de ocorrências.

[20] Com o acréscimo de registros a partir de janeiro de 1995, foi possível ampliar o número de variáveis consideradas de 72 para 79.

[21] Cf. David Snyder e William R. Kelly, "Conflict intensity, media sensitivity and the validity of newspaper data", em *American Sociological Review*, v. 42, n. 1, Feb. 1977, pp. 105-23.

[22] "A atrocidade foi operacionalizada em termos de um índice composto, que representa a ocorrência ou a não ocorrência de enforcamento, tiro, queima, laceração ou desmembramento da vítima, bem como a duração do linchamento." Cf. Brian Mullen, "Atrocity as a function of lynch-mob composition: A self-attention perspective", em *Personality and Social Psychology Bulletin*, v. 12, n. 2, Jun. 1986, p. 191. No caso de minha pesquisa, o número de itens de expressão e medição da crueldade é maior: 27. O cálculo foi feito de maneira mais simples do que o adotado por Mullen, mediante atribuição de pontos a cada item. Assim, quanto maior o número de pontos, maior a demora no linchamento e, portanto, maior a atrocidade expressa nas minúcias da violência.

[23] As informações deste quadro vão até 1994. O substancial acréscimo de ocorrências a partir de janeiro de 1995 permitiu a ampliação do rol de variáveis consideradas na pesquisa, inclusive as relativas à atrocidade, cujos índices estão sendo inteiramente redefinidos e recalculados.

Linchamentos, a vida por um fio

Na história da desagregação da ordem social e política e da crise das instituições no Brasil, como a polícia e a justiça, a partir de certo momento da ditadura militar até hoje, os linchamentos vêm constituindo uma peculiar e crescente forma de violência coletiva. Neste capítulo,[1] reúno dados de uma pesquisa sobre linchamentos e tentativas de linchamento no Brasil. Inicialmente, dou destaque a dados relativos aos ocorridos nos dez anos que vão de 1979 a 1988. Apresento uma primeira descrição sociológica do material, de modo a definir um esboço preliminar de onde, quando, por que e como se dá esse tipo de violência, que expressa tão acentuadamente a crise social que caracteriza este largo momento histórico da sociedade brasileira.

Os linchamentos são, sociologicamente, muito complexos, e é imprudente explicá-los a partir de um discurso genérico e simplista sobre a violência urbana e sobre o que, vaga e deformadamente, é chamada por alguns de "justiça popular". Convém ter em mente a ocorrência de certo número de linchamentos rurais e, ao menos, de dois casos de linchamentos de indígenas (no Amazonas e no Maranhão), em áreas de relações étnicas muito tensas. Do mesmo modo, é necessário considerar que não são proporcionalmente poucos os linchamentos urbanos realizados ou estimulados por diferentes grupos de classe média. Linchamentos na periferia da cidade de São Paulo ou em Salvador, realizados por grupos populares, são tidos como desencadeados ou inspirados por pequenos comerciantes, donos de botequins, de pequenos armazéns e de lojas. O cenário de início dos linchamentos tem pouca relação direta com recintos de atividade econômica: apenas 2,9% deles aconteceram em estabelecimentos desse tipo.

Os materiais de que dispunha no primeiro momento da pesquisa, os de uma sondagem temática, procediam de uma reciclagem exploratória do noticiário de jornais, principalmente de *O Estado de S. Paulo* e da *Folha de S.Paulo*, que se interessaram pelo assunto nessa ordem. Ocasionalmente, acrescentei notícias de outros jornais. Os linchamentos ocorridos em Rondônia me foram informados por amigos que são agentes da Comissão Pastoral da Terra naquele estado, casos que não foram noticiados pelos dois jornais paulistas. Um linchamento ocorrido em Osasco (SP), em 1988, foi relatado a Heloisa Martins por uma informante que o presenciou. Não foi igualmente noticiado pelos jornais. Comparando os meus números com os de um relatório publicado em 1982, sobre ocorrências do final de 1979 ao início daquele ano, constato que, se minha reciclagem de dados tivesse abrangido jornais de outras regiões, o número de casos seria sensivelmente ampliado e a informação se diversificado. O número de ocorrências é mais disseminado do que, à primeira vista, parece.[2]

No entanto, essa deficiência não é, por ora, relevante para o tipo de estudo que estou realizando. Não quero medir a intensidade ou as proporções desse tipo de violência na sociedade brasileira. Quero compreender suas características internas, sua lógica e, sobretudo, as indicações que oferece para melhor entender a natureza da crise institucional, a "justiça moral" de populações urbanas e rurais. Penso, particularmente, naquelas pessoas situadas sobre o "fio da navalha" desse espaço de transição inconclusa e de indefinição, que abrange a periferia das cidades e as zonas rurais onde as relações de propriedade, de trabalho e de autoridade estão se desagregando. Entendo que é possível definir o espaço e o tempo em que ocorre esse tipo de violência, que é o do limiar do urbano, mas que é, também, o do limiar da política. Esse espaço é o de uma travessia inacabada, em que se aglomeram migrantes temporários e permanentes, populações bloqueadas no tempo e no espaço da porta de entrada no mundo moderno, refugos malqueridos da agricultura tradicional e rejeitos temidos da grande indústria e da cidade.

Os atos de linchamento, às vezes muito elaborados, revelam-se ritos de definição do estranho e da estraneidade da vítima, o recusado e o excluído. É nesse sentido que os linchamentos são sociologicamente importantes. Eles denunciam o estreitamento das possibilidades de participação social daqueles que, deslocados por transformações econômicas e sociais, situam-se nas frinjas da sociedade, nos lugares da mudança e da indefinição sociais. Ao mesmo tempo, denunciam a perda de legitimidade das instituições públicas, através do aparecimento de uma legitimidade alternativa, que escapa das regras do direito e da razão. Pode-se dizer que, de certo modo, o "contrato social" está sendo rompido. Nesse sentido, os linchamentos são importantes, também, do ponto de vista político.

Esta pesquisa sobre linchamentos não tem por objetivo estabelecer uma cronologia sequencial de ocorrências, nem seus dados constituem uma amostra casual e probabilística. Os dados permitem fazer associações explicativas entre componentes dos diferentes casos para identificar conexões entre eles que permitam definir um perfil desse tipo de ocorrência, da vítima, dos linchadores e das causas dos linchamentos.

Como já mencionei, o arquivo principal da pesquisa, do qual me valerei neste livro, tem 2.028 casos, que vão de 1945 a 1998. Em separado, há mais 2.505 casos ocorridos a partir de 2011, para um estudo comparativo de épocas, um grupo de controle, cuja documentação foi lida e analisada mas não foi transferida para uma ficha eletrônica. No geral, esses dados são reiterativos do que está contido no arquivo principal. Algumas vezes, neste capítulo, para detalhar a análise em relação a determinados tópicos, uso dados do arquivo piloto da pesquisa, que cobre de 6 de fevereiro de 1945 até 31 de dezembro de 1988. São 272 casos.[3] Dos 2.028 casos do arquivo principal, 30,6% são de linchamentos consumados, aqueles em que as vítimas foram mortas (620 casos, 782 mortos); 59,6% de tentativas de linchamento (1.208 casos), em que, no entanto, 23,4% das vítimas ficaram feridas, não raro, gravemente, e 76,6% escaparam ou foram salvas; 6,3% de casos de possibilidade de linchamento (127 casos), aqueles em que houve indícios de formação da multidão e identificação de uma vítima já escolhida; 2,9% de ameaça de linchamento (58 casos), aqueles em que a multidão não se esboçou, mas circularam boatos de um possível linchamento, primeiro passo da mobilização popular para linchar; e 0,6% de linchamentos de cadáveres (13 casos), aqueles em que o destinatário do furor popular morreu de outras causas antes de ser linchado, geralmente assassinato. Ainda assim a multidão lincha o corpo, nele aplicando vários itens do que chamarei neste livro de protocolo de linchamento, um roteiro de etapas e de procedimentos em relação ao destinatário da violência.[4]

Neste texto, deixo de lado casos muito carregados de significação, como os de linchamento de cadáveres. Limito-me apenas aos linchamentos consumados e às tentativas de linchamento para uma primeira compreensão do que é o linchamento entre nós.

Os estados em que, nos registros, ocorreu o maior número de linchamentos e tentativas são, por ordem: São Paulo (904), Rio de Janeiro (299), Bahia (289) e Pará (85). Essa tendência tem se mantido, com ligeiro influxo de expansão de ocorrências em direção a outros estados do Norte.

Foram registradas ocorrências em 510 municípios brasileiros. Portanto, os linchamentos, apesar de cada vez mais frequentes e disseminados em todas as regiões, ocorrem em um número proporcionalmente pequeno de lugares, entre 9 e 11% dos municípios brasileiros. Quanto às regiões, a distribuição foi a seguinte: 64,1% no Sudeste, 21,2% no Nordeste, 6,1% no Norte, 4,5% no Sul e 4,1% no Centro-Oeste. Com exceção do Sul e do Centro-Oeste, onde o número de casos é proporcionalmente pequeno, há uma relação inversa entre a ocorrência de linchamentos e a de outras formas de violência, que também expressam o conflito entre legitimidade e legalidade. No Norte e no Centro-Oeste é muito intensa a luta pela terra e têm sido numerosos os casos de escravidão por dívida, também conhecida como peonagem. Aí os linchamentos têm ocorrido em proporção menor (10,2%), embora sejam, justamente, as áreas de linchamentos rurais e de linchamentos de indígenas, sobretudo áreas em que ainda é forte o poder pessoal e a justiça privada dos potentados da terra.

No Sudeste, de onde praticamente desapareceu o poder pessoal do grande proprietário e dos chefes políticos e onde é proporcionalmente menor a luta pela terra, os linchamentos e as tentativas são mais numerosos. É possível que, com o declínio do poder dos régulos de província, a mesma violência que ontem praticavam tenha se disseminado nos grupos hoje libertos da dominação que ontem os afligia. A cultura da violência própria da dominação pessoal persiste justamente nos linchamentos, ainda que, nesse caso, violência autodefensiva. O Sudeste é, também, o lugar de destino definitivo ou temporário de muitas vítimas da violência agrária. A maior ocorrência de linchamentos nas grandes cidades dessa região se dá coincidentemente nos bairros novos, para onde afluem os migrantes oriundos do interior e da zona rural.

É necessário lembrar, ainda, que os linchamentos não são a única expressão da desagregação da ordem. Além dos quebra-quebras de trens e ônibus, e mais do que eles, os saques em diferentes momentos dos últimos anos indicam a proclamação moral do direito à vida e ao ter, o que contesta as condições e as regras da acumulação capitalista como ela se dá em nossa sociedade, fortemente especulativa. A eles deve juntar-se o grande número de ocupações de terra na cidade e no campo. Há, portanto, uma inquietação social disseminada que se expressa em diferentes formas de violência coletiva. Os linchamentos podem ser situados numa tradição e num quadro de má distribuição tanto de bens quanto de direitos, quanto ainda de justiça. Portanto, também eles são uma das manifestações de consciência social pré-política da pobreza social e histórica que só a pobreza ideológica e doutrinária dos que em nome dos pobres falam pode reduzir à mera pobreza econômica. Por outro lado, setorizar a violência e defini-la por tipo, como se faz no Brasil, limita o alcance da interpretação dos processos de desagregação social e distorce a compreensão que deles se pode ter. A violência social é difusa, expressão de uma sobreposição de causas e de atores. É nessa perspectiva que fica mais bem compreendida.

Quanto à época de ocorrência dos linchamentos e das tentativas de linchamento, os dados da fase exploratória, aparentemente, não sugeriam um contínuo, um crescimento progressivo do número de episódios. Mas, se dividirmos os dez anos da fase exploratória da pesquisa, para os quais já havia dados sistemáticos, em dois períodos distintos (até 1984 e a partir de 1985), surge uma informação importante: nos quatro anos que vão de 1985 a 1988, isto é, desde o início do novo regime político, o da "Nova República", ocorreram 136 casos; já nos quatro anos finais do regime militar, de 1981 a 1984, ocorreram 91 casos. Se admitirmos que, para esse período, sendo as fontes de informações as mesmas do outro e supondo que tenham mantido o mesmo critério no interesse pelo assunto, como tudo indica, isso quer dizer que o número de linchamentos foi quase 50% maior na nova situação política.[5] Ou seja, uma vez e meia o número de linchamentos e tentativas do período final da ditadura. Crescimento similar ao da violência no campo, mais intensa depois do que antes.

Convém não arriscar uma explicação fácil para esse fato. Mas algumas indicações podem ser apontadas. Uma delas é a de que, sendo o novo regime político produto de um pacto entre certos setores militares, a burguesia urbana e setores mais ou menos liberais das velhas oligarquias locais, de base rural e latifundista, reestimulou concepções e práticas relativas à justiça privada, muito comuns nas áreas rurais mais atrasadas. São muitos os sinais de que a cidade foi invadida pelo campo de diversos modos, não só pela presença do migrante, mas também pela presença mais visível, nos governos e nos órgãos de governo, de práticas políticas de estilo rural. Isso significa que o Estado tem estimulado e/ou se omitido em face do renascimento do poder pessoal dos potentados locais, ainda que transfigurados por uma face capitalista e aparentemente moderna. Ao mesmo tempo, nas grandes cidades, chefetes de organizações de bairro, não raro fictícias, meras agências políticas e partidárias, passaram a ter um papel relevante na mediação das relações políticas. Uma modernização de fachada acoberta a persistência de arcaísmos vários.

Lembro aqui que os linchamentos não estão dissociados do aparecimento, nos mesmos bairros, dos chamados "justiceiros", que têm executado pessoas inocentes e culpadas de diferentes delitos, particularmente roubos, sob patrocínio de comerciantes locais. Ao mesmo tempo, a simbiose entre a ação desses "justiceiros" e a da polícia, no período correspondente ao meu levantamento exploratório, foi destacada pelos jornais, à qual se acresce a omissão ou proteção de autoridades governamentais aos agentes de conduta ilegal. Mesmo assim, penso que não se deve juntar a ação desses indivíduos à dos esquadrões da morte, no período anterior, sem conhecer melhor os liames e descontinuidades que podem ser reconhecidos entre um momento e outro. Mas eu não deixaria de considerar a hipótese de que os esquadrões da morte contribuíram para difundir a ideia da legitimidade da punição extralegal de crimes em relação aos quais as autoridades são lentas e complacentes.

Por outro lado, não se pode deixar de considerar que menor proporção de linchamentos no período da ditadura militar não quer dizer que fosse menor a ação violenta contra aquele tipo de pessoa que é hoje vítima do justiçamento de grupos, grandes e pequenos. À primeira vista, parece haver uma relação entre o fim da ação visível dos esquadrões da morte e a intensificação do número de linchamentos. Mas esta primeira impressão depende de melhor verificação dos fatores da disseminação dos justiçamentos.

A classificação regional e local dos casos ocorridos oferece, ao menos, uma informação importante: linchamentos e tentativas ocorridos nas capitais e respectivas periferias tendem a ser diferentes dos ocorridos em cidades do interior. São diferentes quanto à motivação predominante, à participação e ao número de participantes. Nos linchamentos das periferias urbanas, é clara a participação predominante de populações pobres, de trabalhadores, ainda que frequentemente se constate a presença semioculta da baixa classe média. Já nas cidades do interior, linchamentos e tentativas são efetuados diretamente pela classe média. No primeiro caso, nem sempre são visíveis a crítica e a contestação das instituições judiciárias e policiais. No segundo caso, essa crítica e contestação são diretas e se manifestam na invasão e no incêndio de delegacias, viaturas e fóruns. Essa observação é necessária para que não se atribua, indiscriminadamente, uma motivação conservadora ou reacionária a todos os linchamentos. Evidentemente, qualquer linchamento é um fato lastimável, porque sonega à vítima o direito de se defender e o de ser julgada por um juiz imparcial, além de sonegar o direito ao recurso e a novo julgamento em face de um juízo que, de algum modo, possa ser parcial. O julgamento da vítima de linchamento é definitivo e sem apelo. É produto da emoção e não da razão. Mesmo assim, sociologicamente, é necessário distinguir um linchamento de outro.

A classificação que indico sugere justamente as diferentes implicações de linchamentos ocorridos na periferia em relação aos ocorridos no interior. Naqueles, a população pobre e trabalhadora começa a emergir como sujeito dotado de vontade relativamente própria, de juízos próprios, ainda que juízos morais e não políticos, a respeito do que é certo e do que é errado. Proclama uma opinião sobre os delitos de que é vítima e indica a importância de que essa opinião seja recuperada na constituição da justiça formal. Enganam-se os que creem que os linchamentos nos bairros populares sugerem a mera afirmação da vontade de implantação da pena de morte. Antes de tudo, são a proclamação da vontade de justiça, de não ser vítima inerte do roubo, do estupro, do assassinato, do pouco caso. A ideia de que essa população reclama a pena de morte já é produto da mediação interpretativa da classe média urbana e dos setores autoritários da opinião pública. Isso é revelado pelas características assumidas por grande número de linchamentos, sobretudo nos casos em que são precedidos por certa espera pela ação policial, a ação do agente da lei e da ordem. É revelado, também, pelos ataques às delegacias de polícia e fóruns, decorrentes da suposta negligência de seus funcionários.

Nos casos do interior, a situação e as implicações são outras. A motivação é nitidamente conservadora, de cunho moral e repressivo, defesa da própria classe média, do caráter relativamente fechado das elites da sociedade local, bloqueada ao estranho e ao de fora, em relação ao qual se manifesta de preferência a ira dos linchadores.[6] É mais raro encontrar linchamentos no mesmo bairro das periferias urbanas do que no mesmo município do interior. São vários os casos em que um linchamento é seguido de outro ou em que a ocorrência de um linchamento predispõe a população local para outro, ainda que anos depois: Ilhéus (Bahia), em agosto de 1980 e julho de 1986; Jequié (Bahia), em fevereiro e em março de 1987 e em março de 1988; Vila Velha (Espírito Santo), em maio de 1987 e julho de 1988; Maracanã (Pará), em novembro de 1977 e em maio de 1982; Paragominas (Pará), em julho de 1986 e em maio de 1987; Barrinha (São Paulo), em outubro de 1983 e fevereiro de 1984; Matão (São Paulo), em janeiro e novembro de 1979 e janeiro de 1986; Sorocaba (São Paulo), dois linchamentos no mesmo dia de janeiro de 1987; Sumaré (São Paulo), em junho de 1984 e março de 1988 etc. Basicamente um elo se rompe na cadeia de relações e de respeito que sustenta a legitimidade das instituições.

Essas diferenças comparativas não eliminam as características comuns dos linchamentos, tanto numa situação como em outra. São nelas que se pode encontrar o específico do linchamento como procedimento punitivo, que nega à vítima o direito a uma pena relativa e restitutiva para o delito eventualmente cometido: todos os delitos são igualados – tanto o pequeno roubo quanto o assassinato. Embora difícil de aceitar, é compreensível que assim ocorra. Os linchadores, em muitos casos, ainda que não em todos, são movidos pela emoção de assumir o ponto de vista da vítima de um dano irreparável, diante do qual se tornou ou é impotente: num extremo, o assassinato e o estupro, por exemplo.

A classificação dos motivos que levam um grupo a linchar uma pessoa é, nesse sentido, esclarecedora. E aponta para os aspectos aparentemente contraditórios dessas motivações. Agrupei os linchamentos e as tentativas de linchamento em quatro categorias: 1. violações de princípios de convivência social e de civilidade (8,6%); 2. crimes contra a pessoa – como estupro, agressão, assassinato (55,7%); 3. crimes contra a pessoa e a propriedade – como o de matar para roubar (11,9%); 4. crimes contra a propriedade – roubos, assaltos etc. (20,8%). Em 3% dos casos o motivo não foi identificado. A indicação desses motivos parece sugerir a centralidade da pessoa e da vida nos julgamentos morais dos linchadores. A pena de morte que eles impõem, quando isso ocorre, não se confunde com a pena de morte imposta por tribunais, em países onde ela exista, como punição baseada na ideia da equivalência e da troca justa: a vida do réu como medida do dano causado a outrem ou à sociedade.

Desagregando esses dados para analisá-los, tendo em conta lugares de ocorrência mais modernos e urbanos e lugares mais tradicionais, lugares de costumes em transformação e desagregação e lugares de costumes persistentes e, geralmente, conservadores, tem-se uma compreensão mais ampla da questão. É o que permite estudar os linchamentos na perspectiva do que eles sociologicamente expressam, a mudança social, sintomas e indícios de formas patológicas de transição social. Nas regiões oficialmente classificadas como *metropolitanas* ocorrem 64,7% dos linchamentos e tentativas do país. Aí as ocorrências distribuem-se do seguinte modo quanto aos motivos para linchar: motivo 1, 8,8%; motivo 2, 53,1%; motivo 3, 10,5%; motivo 4, 27,6%. Os motivos para linchar acompanham, compreensivelmente, as mesmas proporções do total de casos.

Se isolo as 68 ocorrências em *favelas*, o quadro das proporções muda: motivo 1, 10,3%; motivo 2, 72,1%; motivo 3, 2,9%; motivo 4, 11,8%. A violência contra a pessoa é nas favelas o principal motivador do justiçamento coletivo, que em 65,8% das vítimas resulta em morte ou ferimento. No entanto, a proporção de vítimas alcançadas fisicamente (mortas ou feridas) pela violência popular é aí apenas ligeiramente maior do que a do conjunto dos casos, que é de 64,3%. Ou seja, nas favelas há mais motivação para linchar por danos à pessoa, mas o desempenho dos linchadores não difere significativamente da média nacional. Isso me faz supor que os linchamentos, qualquer que seja o ambiente e o cenário da violência, são invariavelmente acompanhados do contra-linchamento, isto é, o movimento contrário dos que a ele se opõem e que é responsável pelo índice de fracasso no justiçamento, o representado pela proporção dos casos que culminam no salvamento das vítimas: 43,5% de salvos contra 44,7% de mortos e feridos. Dado significativo porque o momento e a situação de linchamento são sempre marcados pelo alto risco que corre quem interfere no intuito de salvar a vítima.

Do mesmo modo, os 170 linchamentos e tentativas na *zona rural* mostram o significativo predomínio da violência contra a pessoa na motivação dos ataques:

motivo 1, 7,2%; motivo 2, 74,7%; motivo 3, 13,9%; motivo 4, 4,2%. Aí a proporção de fisicamente vitimados é apenas um pouco acima da do total de casos, 49,5%. Tanto nas favelas quanto na roça, os crimes contra a propriedade são claramente adjetivos em relação aos crimes contra a pessoa na motivação para linchar. Esses dados são indicativos de que a matriz dos linchamentos brasileiros está no mundo tradicional da pessoa e não na esfera do indivíduo e das relações materiais, o que ajuda a compreender a forma ritual que os linchamentos tendem a assumir entre nós. Ajuda a entender como uma forma tradicional de vingança invade o mundo urbano e moderno em constituição, em que os conflitos têm canais institucionais e formais de encaminhamento e solução. Trata-se, pois, de uma forma característica de fato patológico,[7] como o define Durkheim, a vigência de regras de conduta arcaicas para o agir e para compreender o mundo das relações modernas, a precariedade do moderno expressa na apropriação de bens do outro, no roubo, que responde com a conduta do pretérito, a do justiçamento, e não com a conduta do atual, de busca de justiça.

Nos linchamentos está envolvido o julgamento de que quem não consegue refrear o desejo, o ódio e a ambição, e não vê limites para o desejar, o odiar e o ter, não pode conviver com os demais nem tem direito a uma punição restitutiva que o devolva à sociedade depois de algum tempo e do castigo. Simplesmente, nega-se como humano. Esse julgamento não está em conflito com o julgamento dos crimes contra a propriedade. Aí o ter está revestido de uma avaliação moral específica. Os casos de roubos e assaltos que motivam linchamentos têm como vítimas, frequentemente, trabalhadores pobres. São casos de entrada numa casa e roubo, enquanto a vítima está no trabalho, ou de "cobrança de pedágio" a trabalhadores em favelas e bairros pobres para que transitem em espaço que a criminalidade definiu como seu. São casos de assaltos sistemáticos a trabalhadores no dia do pagamento. É nessa ótica que o assalto ao padeiro ou ao dono do bar pode ser abrangido pela punição popular. Os pequenos comerciantes dos bairros são considerados pessoas que trabalham. Muitas vezes, os fregueses que ali se encontram são também assaltados quando o estabelecimento comercial o é.

O roubo do fruto do trabalho não parece ser, portanto, compreendido popularmente como um crime contra a propriedade, mas contra a pessoa, sua sobrevivência e a de sua família. Não é um crime contra o ter e sim contra o ser. É nessa lógica que faz sentido a tentativa dos moradores de uma favela, no Espírito Santo, de linchar o favelado que casualmente achou e entregou à polícia o dinheiro destinado ao resgate de um sequestrado e deixado por uma família em lugar combinado com os sequestradores. Os favelados julgaram que aquele dinheiro deveria ter sido distribuído por ele entre os pobres e não entregue à polícia, pois já era dinheiro dado como perdido. Além de ser produto de crime contra o ter, que não havia sido praticado pelos favelados, era dinheiro perdido e achado, dinheiro sem dono, que a própria família dera por perdido, dinheiro sobrante e não dinheiro necessário à sobrevivência de quem o perdera ou dera por perdido. Diferente de como o concebem os filhos da sociedade de consumo, como equivalente geral, para os trabalhadores o dinheiro não é quantitativo, mas qualitativo. Há dinheiro bom e dinheiro ruim, dinheiro que é contrapartida bíblica do suor do trabalho e dinheiro que é contrapartida do ganho fácil e imerecido, tido até mesmo como instrumento de Satanás, como se vê na associação entre o dinheiro e a besta-fera em áreas sertanejas. A honestidade de quem devolveu o dinheiro, fora interpretada como falta de solidariedade em relação a seus iguais.

O linchamento não é uma violência original: é uma segunda violência. Está fundamentalmente baseado num julgamento moral. É, sobretudo, indicativo de que há um limite para o crime, para o delito e, por incrível que pareça, para a própria violência – há o crime legítimo, embora ilegal, e o crime sem legitimidade.

Isso fica claro em casos de motivações que acarretam estranhos linchamentos, em que alguém é linchado por seus iguais, também criminosos. É o caso de autores de estupros de crianças, seguidos ou antecedidos de morte das vítimas. Presos são linchados por companheiros de cela, que até mesmo os estupram primeiro.[8] É o caso dos linchamentos praticados contra os próprios parentes de sangue, com auxílio de vizinhos ou por iniciativa destes. Um caso, dentre outros, ocorrido na periferia de São Paulo, teve a participação da própria mãe do linchado, que participou, ainda, da comemoração que os linchadores fizeram em seguida à morte de seu filho. Justificou-se dizendo que ele a maltratava muito – negação do vínculo sagrado de sangue entre o filho e a mãe. É como se, por isso, ele já estivesse socialmente morto, por sua própria decisão. Indício de uma concepção relacional da vida e da morte, a concepção social prevalecendo sobre a concepção biológica. Sociologicamente, a morte e o morrer são coisas distintas. No morrer, morre-se socialmente, antes e até muito antes da morte propriamente dita, porque a temporalidade do morrer é diversa da temporalidade da própria morte.[9]

Pelo menos 22 linchamentos e tentativas que registrei dizem respeito a ações da vítima que rompem com princípios morais fundamentais e que representam, por isso, rompimento de relações sociais sem as quais, na concepção dos participantes, a sociedade não pode existir, a vida social se torna impossível. É o caso, em primeiro lugar, da quebra do universal tabu do incesto, que esta pesquisa revelou ser mais alargado do que o da concepção clássica. Em nossa cultura popular, o tabu do incesto abrange, além do parentesco biológico, o parentesco simbólico. Mesmo os criminosos, presos ou cumprindo pena, a quem o homem comum frequentemente julga amorais e insensíveis às regras da civilidade, estabelecem limites claros para a justificação da ação delinquente.

Tem sido motivos de linchamento desde o atropelamento acidental de pessoas que se encontravam em fila de ônibus, não se interessando o responsável por socorrê-las, até o caso extremo ocorrido no Espírito Santo, e já citado, do favelado vítima de tentativa de linchamento porque devolvera à polícia dinheiro de sequestro, que achara, em vez de distribuí-lo entre seus vizinhos da favela. Numa sociedade que, em nome da modernização, alarga a tolerância em relação à violação de regras sociais, a massa da população, sobretudo nas camadas inferiores da sociedade, estreita o âmbito da tolerância.

Os linchamentos são mal compreendidos se o analista se limita a considerá-los apenas casos de execução sumária, encarando a morte da vítima como ponto final do ato punitivo. No geral, os aspectos mais significativos dos linchamentos se manifestam após a morte da vítima ou, então, no modo como a morte é imposta e o local em que ocorre. O típico linchamento começa com a descoberta do autor de crime que o torna potencial vítima de linchamento, sua perseguição, apedrejamento seguido de pauladas e pontapés, às vezes com a vítima amarrada a um poste, mutilação física, castração em caso de crimes sexuais (com a vítima ainda viva) e queima do corpo. Essas são as sequências mais comuns da violência.

Registrei casos em que a captura e execução da vítima foi feita de maneira claramente ritual e com grande serenidade dos participantes. Num deles, ocorrido num bairro de São Paulo, um morador local, autor de vários delitos seguidos contra seus vizinhos, foi submetido ao julgamento de uma espécie de tribunal popular: um dia, pela manhã, as pessoas que chegavam à padaria da esquina para comprar pão e leite foram sendo convidadas, pelos já presentes, a ficar e a tomar decisão a respeito do delinquente. Após deliberar, mandaram um grupo buscá-lo em sua casa e trazê-lo ao estabelecimento comercial. Ali mesmo ouviu a acusação, deram-lhe a palavra, perguntaram se queria que chamassem a família para dela se despedir, ofereceram-lhe um último cigarro, levaram-no para a rua e o mataram a pedradas e pauladas. Na região metropolitana do Rio de Janeiro, alguns casos são ilustrativos. Um é o da vítima que, já morta, continuava sendo agredida por uma velha da vizinhança, a custo retirada de cima do cadáver, quando tentava arrancar-lhe os olhos com uma colher. Outro caso é o da vítima cujo corpo permaneceu vários dias atirado, como lixo, num montouro de rua, ao redor do qual a população da vizinhança, que participara do linchamento, se reunia diariamente em silêncio para contemplar a própria obra, até que alguém telefonou para a polícia denunciando o ocorrido. Um terceiro caso é o de um jovem morador de favela, vítima de linchamento, cuja mãe recorreu à caridade de seus vizinhos para fazer-lhe o enterro: todos se negaram a contribuir, como que lhe negando sepultura, o que indica punição radical e extrema.[10] Este último fato é muito significativo numa cultura como a nossa, em que a morte tem o poder de inverter avaliações correntes sobre o morto. Os velhos cangaceiros do Nordeste costumavam rezar pela alma de suas vítimas porque, para eles, o corpo e a alma estavam numa relação de opostos, cuja contradição se revolvia na morte.

Basicamente, o linchamento viola as concepções da nossa cultura a respeito da morte, ao negar à vítima a integridade de seu corpo e, até, sepultura, condição para que o morto entre no mundo dos mortos, espie seus pecados e se redima. A forma como o linchamento se processa e o tratamento dado, frequentemente, ao cadáver da vítima constituem um rito de desfiguração que interdita a concretização da morte como travessia, concepção comum e fundamental na religiosidade popular. Mais do que matar, o linchamento promove a perdição da vítima, seu extravio no caminho dos mortos, na mutilação que o aliena para sempre no grande momento da desalienação que é, nessa crença, o da ressurreição dos mortos. Tanto no linchamento que os presos praticam contra um estuprador de crianças quanto na castração da vítima ainda viva, no meio da rua, antes da queima de seu corpo, o que os participantes de linchamentos fazem é proclamar a falta de humanidade da vítima, a sua animalidade, sua exclusão do gênero humano. A deformação ritual do linchado priva seu corpo da figura que, biblicamente, testemunhava que fora criado à imagem e à semelhança de Deus. É um modo de destituí-lo dessa origem imaginária, de expulsá-lo do reino das figurações que lhe dera a aparência de humano e na aparência a representação de sua humanidade. Convém lembrar que nos atos de fé da Inquisição, na ausência do condenado, o fogaréu punitivo podia consumi-lo *in efigie* com a mesma eficácia.

Essa exclusão tem início muito antes do linchamento, frequentemente muito antes de se saber quem vai ser linchado. Há quem fale que o linchamento é presidido pelo preconceito (em muitos lugares, e mesmo aqui, preconceito racial contra o negro, por exemplo), forma de proclamar quem é do nosso mundo e quem não o é, quem é membro e quem é estranho. Penso que há de fato preconceito envolvido nos casos de linchamento, não só preconceito racial, o que se observa na variedade dos estigmatizados que o linchamento vitima. Mas há também mais do que preconceito. Dois linchamentos ocorridos em diferentes lugares do interior de São Paulo, no século XIX, por volta da época da abolição da escravatura, em 1888, são nesse sentido expressivos. Uma das vítimas foi um negro libertado pela Lei Áurea, acusado de ter violado uma mulher branca. Nesse caso, pode-se falar em preconceito, dado que a violação e, particularmente, a violação da negra pelo branco era comum naquele tempo. Nem por isso ocorreram casos de linchamentos de brancos com base nesse motivo. O outro caso foi o de um delegado de polícia atacado em sua casa porque abrigava e protegia escravos fugidos de seus senhores. Aqui, o delegado branco perdia sua humanidade e, portanto, o direito de viver e morrer como cristão, porque se deixara contaminar pela outra raça, pelo negro, negando os interesses de seu próprio grupo racial e político. Identificando-se, além do mais, com quem muitos não consideravam humano, o negro (e também o índio, com as muitas persistentes dúvidas a ter ele alma ou não).

Nos casos mais recentes, que estou examinando, é possível conhecer as linhas gerais do preconceito que move os linchadores ao linchamento. Mas também a profundidade maior da exclusão que preside a eliminação do outro ser humano, a partir de um tipo de delito que o lança a um universo que está aquém da condição humana. Em primeiro lugar, muitas vezes, ainda não há um candidato a linchamento, mas já se começa a desenhar os contornos de sua figura na mente dos possíveis linchadores, no que na pesquisa registrei como possibilidade de linchamento. Além disso, a qualificação para o linchamento e o próprio linchamento se dão em cenários bem definidos. Fora daquele cenário, um delito não leva ao linchamento de seu autor. Dentro daquele cenário, a possível vítima tanto culpada quanto inocente tem sua vida por um fio. Ao cenário associam-se atributos. Infelizmente, o noticiário da imprensa nem sempre menciona a cor da vítima.[11] Os poucos casos em que isso ocorre indicam um número expressivo de negros e mestiços. Neste momento, porém, são insuficientes para uma generalização minimamente segura. Mais importante que a cor, porém, é a idade da vítima.

Dos registros que mencionam a idade: 10,2% das vítimas são menores de idade (184 pessoas); 43,8% são jovens de até 25 anos de idade (786 pessoas); 44,6% são adultos (801 pessoas); e 1,4% são idosos (25 pessoas). Isso para um total de 1.796 vítimas com idade indicada. Esses dados mostram que o grupo dos jovens vitimados por linchamentos ou tentativas é apenas ligeiramente maior do que o dos adultos e idosos. No entanto, é quase duas vezes mais alta do que sua proporção no conjunto da população brasileira, indício de provável maior vitimação dos jovens pela justiça popular, o que pode ser apenas o resultado de que os jovens estejam "mais na rua" do que em casa, mais expostos aos cenários da violência coletiva.

Analisei separadamente o que resultou da ação violenta da multidão nos casos de linchamentos ou tentativas em que há informações ou indícios de que suas 132 vítimas eram inocentes. No caso de maior agressividade contra os jovens do que contra os adultos, os dados deveriam mostrar maior incidência de casos de morte no grupo dos jovens em comparação com o grupo dos adultos. Não foi isso o que aconteceu. Dos inocentes, 64,3% dos jovens foram mortos ou feridos, e foram mortos ou feridos 72,6% dos adultos, enquanto a média foi de 68,2%. Se, por outro lado, foram mortos ou feridos 58,8% dos menores de idade inocentes, foi no grupo dos menores, geralmente adolescentes perto da idade adulta, que houve maior proporção de mortos, 47% (contra 31% no grupo dos jovens, 41,1% do grupo dos adultos e 38,7% na média), o que parece envolver maior predisposição para satanizar e trucidar os menores de idade do que as outras categorias etárias.

Isso, no entanto, não elimina a hipótese da prevenção e mesmo de preconceito contra determinado tipo de jovem. Digo preconceito porque há também dados sobre ocupação e trabalho, que em quase todas as notícias aparece combinada com a ideia do vadio, do "jovem desocupado", em contraste com uma geração que parece ter tido uma vida de trabalho duro, a dos linchadores.

Do total dos vitimados por atos de linchamento, não só os jovens, da fase exploratória da pesquisa, quase metade dos que tinham uma ocupação indicada, (98 sobre 225) aparece classificada no noticiário como marginal, assaltante, ladrão, pistoleiro, traficante. Em um caso, a vítima é apontada como carpinteiro e ladrão. Entre esses, há vários ex-presidiários. Em seguida, vem um pequeno grupo de desempregados. Finalmente, há 127 casos de vítimas com emprego indicado. Em quase todos os casos, as vítimas de linchamentos e tentativas estão predominantemente em ocupações situadas nos estratos inferiores da estrutura ocupacional e no limite do que a própria população parece classificar como trabalho: estudante, entregador de supermercado, servente de pedreiro, vigia, boia-fria, empregado de fazenda, catador de lixo, lavador de carros, biscateira, ajudante geral, boiadeiro, braçal, capataz de fazenda, caseiro de chácara, empregado de circo, faxineiro, grileiro, juiz de futebol, dona de bordel etc. Um número não pequeno de vítimas é o dos militares, policiais militares e policiais civis: 18, dos quais 12 soldados de polícias militares, além da mulher de um soldado. No arquivo completo, esse cenário sofreu modificações. Das vítimas de linchamentos e tentativas, 37,8% foram classificadas como delinquentes contumazes – ladrões, assassinos, traficantes, estupradores etc. –, o que indica que a maioria das vítimas de linchamentos não tem, em princípio, um perfil de estigmatizados, podendo o ato violento recair sobre qualquer um.

As vítimas são na maioria do sexo masculino. Das 2.649 arroladas, em relação às quais há a informação sobre o gênero, apenas 4,3% são do sexo feminino (176 mulheres: 6 foram feridas, 9 foram mortas, 73 foram salvas, 88 escaparam; e para 20 não há informações) – geralmente porque estavam acompanhadas de homens visados no processo de linchamento ou porque se encontravam num cenário condenatório, como o de um bordel.

Um caso, pelo menos, confirma o que em outros é indício de que o "teatro" do linchamento envolve a participação coletiva e a constituição de um corpo coletivo que é eficaz unicamente durante a encenação. Se um ator se desgarra, corre o risco de ser ele próprio linchado. Foi o que ocorreu num bairro da periferia de São Paulo, em que, num fim de tarde, um grande número de pessoas saiu à procura de um homem, que ainda não fora identificado, acusado de ter estuprado várias mulheres do lugar. A batida se deu nos muitos terrenos baldios e nos matagais da localidade, realizada por diferentes grupos armados de paus, pedras e outros objetos de agressão. Um dos participantes, depois de algum tempo, decidiu abandonar o grupo e voltar para casa. Na estrada, foi encontrado por outro grupo, que passou a agredi-lo aos gritos de "lincha! lincha!". Foi salvo pela polícia.

É nesse contexto que um inocente pode ser vítima de linchamento. Em 7,8% dos casos, as vítimas eram inocentes. Penso, ainda, que entre as vítimas há um número, difícil de determinar, de pessoas que não cometeram especificamente aquele delito pelo qual estão sendo punidas ou que desencadeou a ira dos linchadores. Mas não é raro que sejam pessoas que têm uma história conhecida de violência contra seus vizinhos, familiares e conhecidos, ou mesmo contra pessoas mais distantes, como ocorreu num linchamento em Nova Crixás, Goiás, em abril de 2014. São as pessoas cuja conduta, definida como antissocial, é do conhecimento dos próximos. Ou seja, pessoas estigmatizadas por antecedentes e condutas que as mantêm simbolicamente excluídas da aceitação social de vizinhos, conhecidos e até parentes. Aquilo que a linguagem popular classifica como pessoa que "não presta", expressão que designa aqueles que, por algum motivo, maculados por conduta irregular, não são aceitáveis no cumprimento do aspecto propriamente ritual dos vínculos sociais, os dos vínculos de reprodução social culturalmente estabelecidos em conformidade com o costume. De certo modo, os que já estão sociologicamente mortos, simbolicamente elegíveis para o sacrifício do linchamento. Por outro lado, são os que, provavelmente, têm alguma consciência dessa exclusão e que, por isso, agem em desacordo com as regras e compromissos da moral, razão de seus delitos. Um círculo vicioso.

Em outros casos, as vítimas têm sido apanhadas em flagrante. Aí também cabe uma distinção. Quando se dá o flagrante, a possibilidade do linchamento é intensa e tudo pode ocorrer em poucos minutos, da perseguição ao apedrejamento e morte ou ferimento. Em 62,2% dos casos, o ato de linchar ocorre na imediata sequência da violência que o motiva; em 16,1%, ainda no mesmo dia; em 4,6%, no dia seguinte. O ímpeto de linchar perdura por uma semana em 7,6% dos casos e em 3,4%, por um mês. Em 6,1% dos casos perdura por mais de um mês e num número não pequeno de casos, por mais de um ano. Quando, porém, a vítima é apanhada pela polícia e levada para a delegacia, o processo é lento e acumulativo, e o ódio que motiva a linchar desenvolve-se num tempo mais vagaroso. Sua intensidade máxima supera a destruição da vítima e geralmente se estende aos edifícios e veículos da polícia ou da justiça. Aqui o linchamento ganha um sentido adicional e social claro: o ato punitivo procura expressar a perda de legitimidade das instituições encarregadas de definir penas e punições no âmbito da razão e do direito.

Um aspecto significativo dos linchamentos é o da distinção entre o local em que tem início e o local em que se completa. Frequentemente, o linchamento envolve "correr atrás da vítima" até o ponto em que ela cai apedrejada e é então espancada e chutada, muitas vezes até a morte. Às vezes, há algumas facadas e tiros, mas essa não é a regra. Dos linchamentos, participam homens, mulheres e crianças. Características dos participantes em linchamentos não são comumente mencionadas nos registros. Em apenas 19% dos casos houve alguma referência ao gênero e à idade dos linchadores: em 52 casos há referência expressa a mulheres e em 42 casos são mencionadas também crianças. A tendência básica é a de que o linchamento seja consumado fora de recintos fechados. Os lugares mais rejeitados para linchamentos são, pela ordem, os veículos, as residências, os hospitais e as casas comerciais. A vítima é, na maioria dos casos, retirada desses lugares e levada para outro, de preferência rua ou praça. Os lugares mais procurados para a execução final da vítima são as ruas (55,9% contra 29,7% de linchamentos iniciados na própria rua), seguidas em proporção bem menor pelos terrenos baldios e os quintais. Isto é, a vítima é transferida de recintos fechados, particularmente privados, para lugares abertos e, de preferência, públicos. Basicamente, parece que se esconde por trás desse procedimento ordenado a concepção de que linchamento não é crime, justamente porque se faz em lugar público, como ação coletiva.[12] Crime é o que se faz escondido, às ocultas, e traiçoeiramente. Por isso, o linchamento é público, à vista e com a cumplicidade, voluntária ou não, de todos. É o que tem inviabilizado a apuração de responsabilidade e o prosseguimento de inquéritos.

Para os casos em que foi possível obter a indicação de período da jornada e o número de participantes das ocorrências, 53,8% dos linchamentos e tentativas ocorrem durante a noite e 46,2% durante o dia. Separadamente, as tentativas de linchamento predominam ligeiramente durante o dia (52,5%), com menor número de participantes por ocorrência, em média: 342. Os 47,5% das tentativas durante a noite têm a média de 583 participantes por caso. Já os linchamentos consumados ocorrem predominantemente à noite (66,7%), com número muito menor de participantes por caso, em média: 213. Esse número cresce se considero apenas a primeira metade da noite, desprezando os dados da madrugada: 318 participantes por caso, assim mesmo muito inferior ao número dos participantes nas tentativas no mesmo período: 763.

Penso que essa diferença não decorre apenas da dificuldade maior para efetuar linchamentos durante o dia, devido a uma eventual vigilância policial mais intensa. É de preferência na escuridão da noite que o linchador se oculta de si mesmo, mais do que dos outros, na pedrada anônima, na paulada ao acaso, no pontapé eventual, na facada ou no tiro que ninguém sabe de onde vem.

Se, claramente, no linchamento se contesta a legitimidade da justiça e da polícia, dos códigos e dos tribunais, e a própria concepção oficial de crime e castigo, é nesse ambiente sem claridade, que compõe o cenário, que os participantes negam, também, a dimensão política desse gesto potencialmente político: na escuridão e no anonimato, o gesto de contestação perde o conteúdo e a direção políticos e se perde na consciência de que se trata de um delito comum.

Notas

[1] Versão revista de artigo publicado originalmente em *Travessia – Revista do Migrante*, ano II, n. 4, Centro de Estudos Migratórios, São Paulo, maio/ago. 1989, pp. 21-7. Versão em inglês: "Lynchings – life by a thread: street justice in Brazil, 1979-1988", em Martha K. Huggins (ed.), *Vigilantism and the State in Modern Latin America* (*Essays on extralegal violence*), New York, Praeger Publishers, 1991, pp. 21-32.

[2] Cf. Maria Victoria Benevides, op. cit.

[3] Em separado, organizei, ainda, um arquivo de ocorrências anteriores a 1945, sendo uma do século XVI, 4 do século XVIII, 12 do século XIX e 3 da primeira metade do século XX.

[4] Linchamentos de cadáveres não são propriamente raros também em outros países. Durante a Guerra Civil Espanhola (1936-39) ocorreram atos de iconoclastia contra igrejas católicas, exumação de corpos de religiosas e de religiosos e seu linchamento na rua. Um linchamento célebre, na Itália, foi o de Benito Mussolini e de sua amante, Clara Petacci, além de hierarcas do Partido Fascista, capturados por guerrilheiros comunistas, em 1945, fuzilados, seus corpos levados a Milão, pendurados de cabeça para baixo num posto de gasolina da Piazzale Loreto, em frente à estação ferroviária, e ali linchados pela multidão. São ritos de despojamento dos atributos propriamente humanos do corpo de quem, pelo que fez aos outros, renunciou à sua humanidade. Uma indicação nesse sentido é o linchamento de presos por outros presos, geralmente daquele que estuprou criança ou cometeu violência contra criança. Nesta pesquisa, foram arrolados os casos de 53 presos linchados na prisão, 42 dos quais foram mortos (60%), entre eles uma mulher, e 9 (12,9%) foram feridos.

[5] A censura prévia à imprensa escrita perdurou de 13 dez. 1968 a jun. 1978, tendo alcançado mais intensamente o jornal *O Estado de S. Paulo*, fonte importante dos dados deste capítulo. No entanto, no período aqui considerado, a censura já estava suspensa.

[6] Incidentes em ricas cidades do interior de São Paulo, que resultaram em espancamentos de forasteiros, com graves consequências para as vítimas, foram assinalados nos dois primeiros meses de 1989. Um jornalista constatou: "No entanto, o cenário transforma-se à noite, quando, principalmente nos fins de semana e feriados, grupos de jovens, filhos de famílias tradicionais da classe média local, se reúnem e respondem com agressividade aos 'forasteiros audaciosos' – rapazes de outras localidades. Pior ainda se o visitante for visto na companhia de uma das moças da cidade". Cf. Flávio Cordeiro, "Guerra entre jovens no Interior", em *O Estado de S. Paulo*, 19 fev. 1989, p. 28. Cf., também, José Maria Mayrink, "Briga no carnaval deixa rapaz em estado de coma", em *O Estado de S. Paulo*, 15 fev. 1989, p. 11.

[7] Em Durkheim, a distinção entre *anomia* e *fato patológico* está numa relação de verso e reverso – a ausência da norma correspondente ao substrato social, de um lado, e a persistência da norma que já não corresponde ao novo e modificado substrato das relações sociais, de outro. Aqui, trata-se do segundo caso. Cf. Émile Durkheim, *As regras do método sociológico*, trad. de Maria Isaura Pereira de Queiroz, 2. ed., São Paulo, Companhia Editora Nacional, 1960, p. 45 e ss. Sobre a anomia decorrente da transição da solidariedade mecânica para a solidariedade orgânica, cf. Émile Durkheim, *De la Division Du Travail Social*, 7. ed., Paris, Presses Universitaires de France, 1960, p. 343 e ss. Merton, num retorno à concepção

de anomia de Durkheim, interpreta-a como conduta anômala: "minha hipótese central é que a conduta anômala pode ser considerada do ponto de vista sociológico como um sintoma de dissociação entre as aspirações culturalmente prescritas e os caminhos socialmente estruturais para chegar a essas aspirações". Cf. Robert K. Merton, *Teoria y Estructura Sociales*, trad. Florentino M. Torner, México-Buenos Aires, Fondo de Cultura Económica, 1964, p. 143.

[8] Raschka observou, num campo de prisioneiros, em que todos estão na mesma situação, algo parecido no ataque a pessoas que atraem para si as tensões de um grupo. É o mesmo tema do bode expiatório, em René Girard. Cf. L. B. Raschka, "Lynching: a psychiatrist's view", em *Canadian Psychiatric Association Journal*, v. 21, n. 8, 1976, pp. 577-80.

[9] É o que se infere da releitura sociológica das observações e análises, sobre pacientes terminais, da médica Elisabeth Kubler-Ross, *On Death and Dying*, New York, MacMillan Publishing Co., 1970. Da mesma autora, cf. também *Questions and Answers on Death and Dying*, New York, MacMillan Publishing Co., 1979.

[10] Na Guerra do Contestado, em Santa Catarina (1912-1916), decorrente de um movimento milenarista, os seguidores do monge José Maria desenterravam os soldados do Exército, da polícia e das tropas de vaqueanos mortos em combate, para deixá-los insepultos, motivo de verdadeiro terror entre os soldados das forças legais. Cf. Mauricio Vinhas de Queiroz, *Messianismo e conflito social: a guerra sertaneja do Contestado: 1912/1916*, Rio de Janeiro, Civilização Brasileira, 1966.

[11] Com o avanço da pesquisa, o aprimoramento das técnicas de difusão das notícias, a maior frequência no uso da imagem fotográfica e maior presença das ocorrências no YouTube, há mais informação visual sobre a cor da pele de linchadores e vítimas de linchamento.

[12] Nessa direção vai, também, a crescente divulgação de atos de linchamento no YouTube, filmados por participantes da ocorrência. Mais do que linchar em lugar visível e público, há aí, também, a intenção de mostrar a ocorrência para um público mais amplo, a internet como meio de ampliação virtual do que é propriamente público, isto é, espaço de visibilidade.

A recriação anômica da sociedade

Neste capítulo trato especificamente da questão da função restauradora das soluções anômicas improvisadas para crises e ocorrências problemáticas em momentos de anomia. A ausência de normas compatíveis com o substrato das relações sociais, na interpretação durkheimiana, pressupõe a subsistência de normas de um substrato social precedente. Ressalto a importância teórica dessa orientação no estudo de situações sociais desse tipo. A justiça de multidão e de rua tem entre nós causas variadas, manifestando-se mais intensamente em relação a crimes de crueldade extrema, sobretudo envolvendo mulheres e crianças. Apesar de praticados com base na sociabilidade provisória da multidão, os linchamentos que aqui ocorrem são predominantemente comunitários. São, também, predominantemente urbanos.

Embora tenham todas as características de ocorrência inesperada, súbita e irracional, as observações feitas nesta pesquisa evidenciam que há em sua manifestação uma estrutura social que não é a mesma que regula e explica a estrutura social "normal". Há um ordenamento que lhe é dado em grande parte por seu caráter ritual e pelo código de conduta nele embutido. Há nesses episódios de comportamento coletivo o parêntese do que posso chamar de uma *sociedade fracional e temporária*, uma sociedade que emerge de dentro da sociedade regular, e dela diversa, na curta durabilidade de seus quase sempre poucos minutos, raramente mais do que meia hora. Assim como essa estrutura social de referência emerge subitamente, do mesmo modo submerge, o que é quase sempre acompanhada de extensa perda de memória em relação a detalhes do acontecimento. Outros observadores, de outras perspectivas, notaram o mesmo, uma dialética peculiar que, de certo modo, nega a concepção corrente de que a sociedade é uma coisa só ou um processo social único, linear.[1]

Esta pesquisa teve início com a formação de um banco dinâmico de dados que reúne informações detalhadas sobre pouco mais de duas mil ocorrências em todas as regiões do país. Nesse volume, na amplitude de suas indagações e na metodologia adotada, essa é uma pesquisa que permite ao sociólogo lidar com certos aspectos da realidade social de uma perspectiva diversa da que comumente adota.

Na escassez relativa, entre nós, de estudos a respeito, a tendência geral no trato do problema tem sido a de considerá-lo à luz da problemática da violência e da violação no âmbito próprio da Justiça institucional. É compreensível que os estudiosos da violência e da violação dos direitos humanos prefiram a cálida segurança das leis e das convenções feitas ao abrigo do poder do que as incertezas e anomalias da conduta popular e dos valores que foram vencidos não só pelos poderes, mas também pela história. No entanto, o anômalo é também constitutivo do processo histórico no marco do desenvolvimento desigual que define a dinâmica da sociedade contemporânea. Nesse sentido, esta pesquisa orienta-se, mais bem, pela dimensão propriamente sociológica da prática da justiça de rua, sobretudo no que tem de resposta restaurativa a situações de anomia e de ruptura violenta de elementos fundantes da estrutura social. É o modo de compreender a ação dos linchadores como ação de um sujeito coletivo que se oculta na trama social e se manifesta quando a sociedade entra em crise.

Minha orientação teórica é relativa à criatividade social em situações de anomia, ainda que criatividade anômica, porque o linchamento é praticado, via de regra, como violência socialmente autodefensiva. Não se trata de justificá-lo, mas de compreendê-lo sociologicamente e, portanto, de não julgá-lo do ponto de vista de valores que são os da ordem jurídica dominante. Trata-se de compreendê-lo em face do que a sociedade não tem, do que falta, e não em face do que a sociedade tem mas não realiza plenamente.

A pesquisa propriamente teórica se apoia nas referências empíricas do mencionado banco de dados. Mas se apoia também na pesquisa qualitativa de campo para estudo de três casos extremos ocorridos no sertão da Bahia, no interior de São Paulo e no oeste de Santa Catarina, já mencionados. O propósito é o mapeamento saturado das ocorrências de linchamento, a fim de que nos dê uma visão diversificada dos casos, uma explicitação dos mecanismos que operam na prática do justiçamento sob forma de linchamento; as condições e circunstâncias de sua ocorrência; a eficácia dos mecanismos disponíveis de dissuasão dos grupos de linchadores; os efeitos sociais dos linchamentos nos grupos sociais que os praticam.

Neste capítulo, a ênfase é na forma assumida pelos linchamentos e na importância dessa forma para a compreensão dos processos sociais que se expressam nessa modalidade de violência coletiva. O linchamento como rito sacrificial, um de seus conteúdos no caso brasileiro, é a forma extremada de uma necessidade social de vingança e também de reatamento das relações sociais rompidas pelo crime que motivou o ato de linchar. Essa é uma das faces dos processos sociais que têm como núcleo de referência a violência coletiva. Basicamente, nesse período, a pesquisa consistiu em interrogar os dados teoricamente, verificar hipóteses, testar a consistência das suposições.

A intenção é a de analisar esse reatamento e nele o imaginário do restabelecimento da ordem através da ação coletiva. A justiça popular autodefensiva procura mais do que a mera vingança, é mais do que manifestação de barbárie. Ela procura cumprir uma função social e ao mesmo tempo fornecer aos participantes uma compreensão das rupturas sociais que não estão inscritas no previsível e tolerável da cultura popular. Ela se constitui num meio de compreender a ocorrência anômica e num meio de reparar a situação de anomia. Não obstante a violência que lhe é própria, tem uma função social conservadora e socialmente altruísta. O ato restaurador não se esgota no próprio plano simbólico, no exemplo que a violência pode representar para o conjunto dos membros da sociedade. O ato restaurador, no limite, se baseia na suposição da eficácia restauradora do sangue derramado no ato da punição. Há nele uma dimensão mágica.

Os participantes de um linchamento anunciam em sua ação coletiva um imaginário social referido ao primado da ordem e não ao primado da ruptura e da desordem. Nela anunciam sua interpretação do que a sociedade deveria ser mas não é. Ou deveria continuar sendo, se é que alguma vez o foi. O ato de linchar é uma tentativa de "consertar" a sociedade para colocá-la no rumo da sociedade imaginada.

Portanto, a ação que expressa a situação de anomia é também consciência prática da situação anômica e expressão de uma recusa da anomia, de afirmação da ordem, como necessidade social. Os membros dispersos e anônimos dos grupos sociais de linchamento descobrem-se membros da sociedade no ato de linchar. É pouco provável que haja na sociedade moderna momentos de sociabilidade tão densa quanto no da prática da violência coletiva, sobretudo quando se estende ao preenchimento ritual dos vazios decorrentes da supressão da eficácia de valores e normas de conduta.

Não se pode falar em persistência de situações anômicas em inércia da anomia. O patológico não é normal nesse sentido. A sociologia durkheimiana, ao identificar situações de anomia e os estados anômicos como indicações de uma sociabilidade patológica, pressupôs, também, que o conhecimento da anomia é restrito à Sociologia, carecendo o homem comum de qualquer modalidade de consciência a respeito.[2] Certamente, não se pode pressupor, em casos assim, a ocorrência de uma compreensão da situação como a que se expressa na dramaturgia social de que trata Goffman.[3] Nesse caso, os procedimentos de reparação de uma situação social interpretada como de risco de ruptura na sua definição levaria a deliberadas providências para encenar a aparência de "normalidade" que a situação não tem. Ficaria para a sociabilidade de bastidor o desempenho crítico, no ambiente tolerante, mais circunscrito e de menor visibilidade dos grupos sociais cúmplices.

Nos casos de efetiva anomia não há propriamente espaço para o fingimento, para a engenharia dos significados, para os "remendos" *ad hoc* nas situações de ruptura. A anomia escapa ao controle ativo dos circunstantes. Provavelmente por isso, Durkheim supôs que só a Sociologia teria condições de identificá-la e estabelecer-lhe as causas. A consciência social, nesses casos, tem outras características e outro alcance. Aparentemente se situa abaixo do nível da consciência imediata e cotidiana, dependente de formas particulares de ruptura do tecido social para que também ela venha à tona, já acompanhada das soluções que correspondam à gravidade do rompimento.

Os linchamentos constituem resposta ao que é a transgressão do limite do socialmente tolerável. Mesmo numa sociedade em que as identidades são de indivíduos, sujeitos de relações societárias (e não predominante de pessoas, sujeitos de relações comunitárias) e de relações sociais em princípio predominantemente contratuais, a partir desse limite os mecanismos de sociabilidade próprios dessa sociedade aparentemente deixam de funcionar. E são imediatamente supridos por outros mecanismos de interpretação e ação, mantidos em latência, ativados quando o código dominante é bloqueado por não conter no elenco de seus procedimentos, interpretações e recomendações as informações apropriadas para revestir de sentido e de aceitação atos de violação da condição humana e da sociabilidade mínima que lhe corresponde.

As situações dramáticas e até trágicas que levam aos linchamentos correspondem, sim, no meu modo de ver, ao que se pode definir como anomia. É o que indicam as informações reunidas no banco de dados sobre a sua ocorrência no Brasil. Nelas a sociedade se desconcerta e já não tem como cumprir uma rotina de condutas que convirjam para o equilíbrio social. A anomia deve ser pensada nas soluções igualmente anômicas para esses vazios e rupturas. Anômicas porque não correspondem à lógica dominante e à racionalidade que lhe é própria. A anomia não é o vazio de consciência em relação a uma estrutura social dada. No caso dos linchamentos, a estrutura social se altera profundamente na interpretação dos que fazem parte da situação social alcançada pela ruptura. A estrutura social entra num tempo provisório, um intervalo, uma suspensão no fluxo dos processos rotineiros que a definem e caracterizam. De certo modo, ela é colocada entre parênteses, como mencionei antes. Ou seja, a anomia tem uma estrutura e uma função reestruturadora. Nesse sentido, ela contém referências de conduta relativas ao provisório. De certo modo, algo parecido pode ser observado nos movimentos messiânicos, até mesmo sob a forma de inversão nas hierarquias sociais, na inversão dos significados que pautam a conduta rotineira nos grupos de extração social dos que ao messianismo aderem. Ou na alternância de personalidade nas pessoas de situação social liminar, como observado nos estudos sobre o "homem marginal" apoiados nas referências de Stonequist.[4] Portanto, tanto no âmbito pessoal quanto no âmbito social há indicações de partilha de diferentes esquemas de referência na ação individual e coletiva que podem ser teoricamente examinadas no material colhido nesta pesquisa.

É evidente que, se a suposição se sustenta, a sociabilidade derivada da situação de anomia tende a ser uma sociabilidade provisória, restaurativa, sobretudo na convicção de que o castigo imposto ao transgressor constitui uma demonstração de força da sociedade (e não das pessoas que formam o grupo dos linchadores) e um tranquilizante apoiado na força comunitária que pode em nome de todos se erguer contra o indivíduo, a molécula da contratualidade que, no comportamento antissocial, desorganiza e perturba. Isso talvez ajude a entender as razões que fazem com que todo linchamento seja seguido de uma perda de memória. Diferentes autores entendem que essa perda de memória é parte de um silêncio autodefensivo tacitamente pactado entre os linchadores. É possível que haja, sim, um silêncio combinado entre os participantes. Mas é pouco provável que esse silêncio não resulte da dificuldade de ativar novamente, agora de modo artificial, esse substrato de consciência latente que só emerge em circunstâncias especiais de óbvio perigo e retorna em seguida ao abrigo de sua latência.

A etnometodologia de Harold Garfinkel[5] mostra que, em experimentos de ruptura provocada nos processos interativos, as pessoas e mesmo os grupos ocasionais e anônimos sobrepõem às referências sociais rompidas invenções e convenções *ad hoc*, ao mesmo tempo que essas invenções de sociabilidade provisória tendem a um refluxo rápido para um nível latente e secundário de consciência tão logo superado o momento de sua função. A dificuldade para resgatar nessa espécie de sociabilidade de reserva as informações próprias do momento curto de sua vigência indica uma sociabilidade de dupla consciência, como, em outra circunstância, Lapassade e Luz observaram nos terreiros de candomblé.[6] Para Lapassade e Luz, a manifestação do sistema mais profundo e consistente de referência da conduta coletiva depende de circunstâncias liberadoras e depende, pois, da não presença segura dos agentes de repressão contra as formas mais autênticas dos cultos africanos.

É possível que no caso dos linchamentos se possa fazer um paralelo com o caso da prática oculta da macumba que Lapassade e Luz observaram, o afloramento da estrutura ritual ilícita subjacente ao permitido. De fato, nem sempre o linchamento é consumado, nem sempre a vítima é morta, em extenso número de casos o processo não se completa. Mesmo comparando casos em que as motivações e as características dos participantes sejam similares, o desfecho nem sempre é o mesmo. Aí interferem outros fatores.

Os dados desta pesquisa mostram maior disponibilidade para linchar por parte dos grupos de linchamento se o cenário é noturno, como apontei antes. Durante o dia, cai a disposição para participar de um grupo de linchamento e cai também a intensidade de violência dos linchadores, provavelmente porque o linchamento é uma forma de justiça transgressiva e num certo sentido covarde, a agressividade dos linchadores é maior na escuridão da noite do que à luz do sol. Há, nos casos estudados, outros componentes menos circunstanciais que levam a desfechos distintos em diferentes casos. Um dos resultados importantes da formação do banco de dados foi a possibilidade de determinar e calcular a durabilidade do ódio. Só excepcionalmente uma tentativa de linchamento praticada muito tempo depois da violação que a motiva pode levar à efetiva execução da vítima.

A questão se desloca para as rupturas, para as causas que levam à solução "errada" do linchamento. Que tipo de crise social não se conserta automaticamente e leva grupos sociais à prática de ações em desacordo com a "normalidade" social? Onde, em que momento, em que condições, por que as situações sociais problemáticas se encaminham para soluções estruturais em desacordo com valores dominantes?

Os grupos que lincham têm uma estrutura social mínima. Há grandes massas marcadas por um provisório claro. Há grupos comunitários, no entanto, para os quais os valores envolvidos na prática do linchamento são permanentes, estão lá sempre. Nesse caso, estamos diante de uma estrutura acobertada pelo dominante e repressivo. Trata-se de outra ordem de causas e motivações. O comportamento é de multidão, mas a referência estrutural não o é. Sobretudo nas situações de mudança social e de transformação social a duplicidade de orientações parece se instalar como indicação de uma transição mais lenta do que se pode verificar empiricamente e do que se pode supor teoricamente. Exteriormente, a mudança parece relativamente rápida, mas as sobrevivências sociais ocultas indicam que é muito mais lenta do que parece.

A questão que se põe, a esta altura, com essa questão relacionada, é a da junção de dois temas essenciais desta pesquisa sobre linchamentos – o tema da anomia com o tema do rito sacrificial que é a forma mais extrema pela qual o linchamento se torna visível e significativo. O linchamento é mais complicado do que um massacre, do que um homicídio praticado por um grupo ou praticado por uma multidão. O linchamento é a sutura ritual de um rompimento social profundo provocado por um ato violento e violador contra a vítima da vítima, a vítima do linchado, que fere e danifica valores sociais de referência, a sociedade personificada nessa vítima de origem. A competência criativa da sociedade, que decorre das situações anômicas, se cumpre não só numa ação coletiva que (re)cria a ordem e a coerência da sociabilidade em que se funda, como também busca uma *forma ritual* de fazê-lo. E aí são evidentes as recuperações de valores, normas, tempos e procedimentos recolhidos da tradição e retidos do passado. Ou seja, o procedimento não é puramente inventivo nem meramente reativo. Mas muito mais regenerativo. Ou inventivo no marco de certa ordem referencial de criatividade, daquilo que deve ser propriamente preservado para que a sociedade continue a ser sociedade e, portanto, continue a ser social.

Há, aparentemente, um núcleo de definição da condição humana que, depois desse rompimento, permanece como estoque de indicações de como a sociedade deve ser. Portanto, há um tempo superficial que é aquele em que se dão as rupturas e mudanças "fáceis", não conflitivas. E há "outro" que é aquele núcleo "duro" da sociabilidade, o núcleo de mais difícil transformação. A pesquisa sobre linchamentos tem como referência primordial essa segunda situação. Basicamente, o pesquisador inicia um processo de indagações teóricas, com base no material reunido sobre linchamentos, que é sociologicamente, na verdade, material sobre a diversidade e o desencontro de processos sociais e de interpretações de senso comum, numa situação de desenvolvimento social desigual. Centra sua observação, em primeiro plano, no que é um problema social. Mas que é, também, um problema sociológico em segundo plano, pois problema social manifestado e problema sociológico proposto por aquilo que é próprio da sociedade. Particularmente, próprio da sociedade brasileira, em especial nas áreas urbanas mais claramente marcadas por insuficiências, como o desenvolvimento econômico sempre aquém das necessidades sociais ou o desenvolvimento econômico mais rápido do que o desenvolvimento social. Uma sociedade em que as migrações representam, em boa parte, transferência mais ou menos rápida de pobreza do campo, em crise e desestruturado, para a cidade, na expansão deteriorada do tecido urbano porque em ritmo aquém do ritmo do afluxo de migrantes. De fato, não estamos em face da constituição da sociedade propriamente urbana. Nesse cenário de contradições mal compreendidas, a nossa modernidade já é a própria pós-modernidade[7] no que ela tem de colagem de tempos sociais, de sociabilidades desencontradas e de falta de esperança. Os linchamentos são manifestações patológicas de uma esperança, suscitada pelo progresso contraditório, que é desespero.

Notas

[1] Vejo indicações nesse sentido em outros estudos sobre linchamentos e ações coletivas: em James McGovern, *Anatomy of a Lynching: The lynching of Claude Neal*, Baton Rouge and London, Lousiana State University Press, 1982; na concepção de "psicose coletiva transitória", de L. B. Raschka, op. cit., esp. p. 577; em George Rudé, "The Gordon Riots: a study of the rioters and their victims", em *Transactions of the Royal Historical Society*, Fifty Series, v. 6, 1956, pp. 93-114. Rudé assinala a mudança de motivos da multidão durante o próprio processo de sua ação.

[2] Cf. Émile Durkheim, *De la Division du Travail Social*, cit.; Émile Durkheim, *As regras do método sociológico*, cit.

[3] Em particular, cf. Erving Goffman, *A representação do eu na vida cotidiana*, trad. Maria Célia Santos Raposo, Petrópolis, Vozes, 1975.

[4] Cf. Everett V. Stonequist, *O homem marginal*, trad. Asdrubal Mendes Gonçalves, São Paulo, Martins, 1948. Cf., também, Herbert Baldus, "O Professor Tiago Marques e o Caçador Aipobureu", em *Estudos de Etnologia Brasileira*, 2. ed., São Paulo, Companhia Editora Nacional/INL, 1979, pp. 92-107; Florestan Fernandes, "Tiago Marques Aipobureu, um Bororo Marginal", em *Mudanças sociais no Brasil*, São Paulo, Difusão Europeia do Livro, 1960, pp. 311-43.

[5] Cf. Harold Garfinkel, *Studies in Ethnomethodology*, New Jersey, Prentice-Hall / Englewood Cliffs, 1967.

[6] Cf. Georges Lapassade e Marco Aurélio Luz, *O segredo da macumba*, Rio de Janeiro, Paz e Terra, 1972.

[7] Nesse sentido, estou de acordo com a tese de Canclini, de que somos pós-modernos desde sempre. Cf. Néstor García Canclini, *Culturas híbridas: estrategias para entrar y salir de la modernidad*, México, DF, Grijalbo, 1990.

O lado sombrio
da mente conservadora

O grande número de linchamentos no Brasil, nas últimas décadas, e até a intensificação de sua ocorrência nos anos recentes, nos põe, evidentemente, diante de um problema social.[1] Não porque a sociedade, como supõe a tradição dos estudos de problemas sociais, se inquiete com a disseminada manifestação dessa forma de justiçamento. Mas porque, aos sociólogos, esse tipo de crime coletivo sugere um quadro de mudanças sociais que poderiam ser definidas como patológicas, pois são mudanças que correlacionam o desenvolvimento e a modernização da sociedade na superfície visível; e, na profundidade invisível e nos recantos escuros de um cenário urbano que se expande deteriorado, a afirmação de valores negativos, que não se inserem no elenco de concepções positivas a respeito da constituição da humanidade do homem: os procedimentos modernos, legais, institucionais e racionais de aplicação da justiça, a liberdade, a responsabilidade, a cidadania. Ao contrário, na superfície, os linchamentos se baseiam em julgamentos frequentemente súbitos, carregados da emoção do ódio ou do medo. São ações em que os acusadores, quase sempre anônimos, se sentem dispensados da necessidade de apresentação de provas que fundamentem suas suspeitas, em que a vítima não tem nem tempo nem oportunidade de provar sua inocência, mesmo que inocente seja. Trata-se de julgamentos sem a participação de um terceiro, isento e neutro, o juiz, que julga segundo critérios objetivos e impessoais, segundo a razão e não segundo a paixão. Sobretudo, trata-se de julgamento sem possibilidade de apelação.

Uma história dos linchamentos no Brasil recua até o século XVI, quando essa palavra ainda não existia, pois só surgiria no século XVIII, nos Estados Unidos. Vários episódios de ação coletiva para punir alguém, em espaço aberto, podem ser arrolados em diferentes ocasiões da história brasileira. Eles não têm grandes diferenças formais em relação aos linchamentos dos dias de hoje. Entretanto, a comparação das ocorrências de diferentes épocas mostra que os linchamentos, entre nós, têm sido praticados por motivos que mudam ao longo do tempo. Hoje, de modo algum se lincharia uma pessoa pelos mesmos motivos que justificam linchamentos dos séculos XVI ao XVIII. E, embora os linchamentos do século XIX tivessem clara motivação racial, praticados contra negros ou contra brancos que protegiam negros, os linchamentos de hoje contra negros, ainda que conservando, aparentemente, a motivação racial, têm motivos imediatos completamente diferentes. Naquela época, o negro motivava linchamento quando ultrapassava a barreira da cor e invadia espaços, situações e concepções próprias do estamento branco; quando, enfim, fazia coisas contra o branco que, se feitas pelo branco contra o negro, não seriam crime. Hoje, um negro não é linchado por ser negro. Mas, os dados desta pesquisa mostram que a prontidão para linchar um negro é, na maioria dos casos, maior do que para linchar um branco que tenha cometido o mesmo delito. A disposição para linchar um negro é maior do que para linchar um branco, como motivação de segundo plano, não de primeiro plano.

Se há essa variação na relação entre o motivo e a forma do linchamento, há, entretanto, uma constante: o que move a multidão à prática do linchamento é a motivação conservadora, a tentativa de impor castigo exemplar e radical a quem tenha, intencionalmente ou não, agido contra valores e normas que sustentam o modo como as relações sociais estão estabelecidas e reconhecidas ou os tenham posto em risco. Há, portanto, dois planos a serem considerados na sua recíproca referência: de um lado, o que estou chamando de *mente conservadora*; de outro, as ações coletivas violentas que essa mente conservadora informa e justifica. Esses planos se combinam e se explicam reciprocamente.

Penso que se pode estudar os linchamentos como *ocorrências documentais* que constituem a ponta visível de processos sociais e da estrutura desta sociedade que, de modo geral, têm sido negligenciados pelos estudiosos. Nas décadas recentes, nossos juristas mais preocupados com as violações dos direitos humanos e nossos cientistas sociais mais interessados na identificação dos eventuais bloqueios à modernização têm dedicado razoável atenção ao que se poderia definir como processos de gestação da cidadania. A referência dessa orientação tem sido, claramente, o regime ditatorial encerrado em 1985, e, a partir dela, a busca, pelos pesquisadores, das evidências de um movimento antagônico orientado em favor da democracia e do direito.

Essa ênfase, no meu modo de ver, distorce a compreensão de ocorrências como as dos linchamentos. Distorce porque todas as ações ilegais, contrárias ao reconhecimento da cidadania do outro, mesmo do criminoso, tendem a ser, de modo reducionista, agrupadas num mesmo e supostamente uniforme conjunto de violações dos direitos do cidadão. Nos debates a respeito dos linchamentos, é possível perceber que muitos confundem a ação dos *linchadores* com a ação dos chamados *justiceiros,* apesar da enorme diferença entre as motivações de uns e outros e entre um e outro modo de justiçar. Confundem, portanto, *linchamento* com *vigilantismo*.[2] Em decorrência, tendem a supor, com razão ou não, pois isso não vem ao caso neste estudo, que o vigilantismo (e, portanto, também o linchamento) acoberta tolerância, cumplicidade ou envolvimento policial e é, por isso, mera extensão de práticas de ação extralegal muito disseminadas no tempo da ditadura militar.

A inferência implícita é a de que, de certo modo, os linchamentos ocorrem porque a polícia é omissa ou, até mesmo, conivente. E são, por isso, expressão de uma orientação política que favorece a prática da justiça extralegal. Como se o Brasil arcaico e totalitário conspirasse ativamente nos meandros do poder para impedir a definitiva e plena constituição do Brasil moderno e democrático. Ou, inversamente, para os que estão no poder, como se o Brasil informal e espontâneo das inquietações de rua conspirasse para impedir a ação iluminista do Estado modernizador. Como se as manifestações de arcaísmo nas diferentes formas de violência não fossem elas próprias engendradas no mesmo processo que engendra a modernização inconclusa e enferma. Como se o próprio desenvolvimento forçado (e a globalização forçada associada à modernização de superfície) não fosse uma violência que instaura e dissemina uma cultura da violência e do medo e promove uma diferenciação social que situa seus distintos produtos em distintos momentos de civilização e barbárie, em distintos tempos históricos que se combinam e se anulam reciprocamente.

Minha análise vai em outra direção. Em primeiro lugar porque os dados de minha pesquisa mostram, acima de qualquer dúvida, que os linchamentos diferem profundamente do que a própria imprensa classifica como chacinas, praticadas por justiceiros ou, mesmo, policiais. O linchamento tem caráter espontâneo e o típico linchamento se configura em decisão súbita, difusa, irresponsável e irracional da multidão. Mesmo nos casos em que o linchamento não é praticado pela típica multidão anônima e sim por grupos mais bem "comunitários",[3] não decorre de uma atitude de vigilância para reprimir o crime, como é próprio do vigilantismo.

No caso brasileiro, há uma razoável gradação de diferenças em relação a esse modelo de conduta de multidões, como também há na história de linchamentos em outros países. Ainda assim, os linchamentos decorrem, na maioria dos casos, do elemento qualitativamente novo constituído pela reunião ocasional de grande número de pessoas e a consequente formação da multidão. Esta age como se fosse uma espécie de segunda e coletiva personalidade dos indivíduos, como sugere Le Bon.[4] É como se o indivíduo e sua razão fossem engolfados e dominados pela vontade coletiva e irracional da massa atuando em conjunto em função de objetivos propostos casualmente pelas circunstâncias.[5] Os materiais que colhi oferecem muitas evidências nesse sentido. Já as chacinas são praticadas intencionalmente, até mesmo mediante pagamento, por grupos muito pequenos e, quando se trata de justiceiro, por uma única pessoa. É evidente que, tanto no caso de linchamentos quanto no caso de chacinas, estamos diante de pessoas que praticam a justiça pelas próprias mãos. Mas há substanciais diferenças entre as motivações e as formas de execução da pena arbitrária, tanto num caso quanto no outro.

Ao colocarem grande ênfase nas orientações positivas dos agentes da luta pela cidadania, os cientistas sociais deram preferência ao estudo dos *movimentos sociais*, movimentos orientados por objetivos sociais evidentes e modernizadores, isto é, de algum modo politizados. Entretanto, simultaneamente à proliferação dos movimentos sociais, a partir dos anos 1970, estavam transcorrendo ações que os sociólogos mais antigos chamavam de *comportamento coletivo*:[6] os quebra-quebras de ônibus, de trens, de estações ferroviárias, os saques e os linchamentos. E, nesses casos, não só a conduta em si mesma se desenrolava e desenrola predominantemente de modo irracional e emocional, como sua orientação, nas motivações de superfície, é egoísta e antissocial, ainda que praticada em nome de valores sociais relativos à manutenção da ordem e à preservação do interesse de todos, como, aliás, ocorre nos linchamentos.

Com isso, toco num outro ponto problemático que nos leva justamente ao *problema sociológico* desta pesquisa. Ainda que sem precisão alguma, os estudiosos desses movimentos, no período recente, tenderam a supor que o comportamento coletivo constituía o preâmbulo dos movimentos sociais e dos movimentos propriamente políticos.[7] Certa tolerância romântica implícita em relação a formas de delinquência dos pobres contra os ricos ou do povo contra o Estado, que pareciam sugerir o germe da insurgência revolucionária, marcou de algum modo muitas interpretações dessas ações nos últimos anos. É possível que o descontentamento social no ambiente de repressão política que então prevaleceu tenha encontrado em formas de comportamento coletivo, como as indicadas, um meio de expressão. No entanto, a repressão política foi atenuada e de fato cessou com o retorno do país ao Estado de Direito e a restituição do Estado ao controle de governos civis investidos de mandatos legítimos. As formas irracionais do descontentamento, porém, não só continuaram, como se multiplicaram, especialmente os linchamentos. Um novo quadro social e político de possibilidades de expressão da insatisfação popular não a absorveu nem lhe deu direção e sentido. O que indica, portanto, que *o comportamento coletivo não se desdobra necessariamente nos movimentos sociais nem neles se transforma. Ao contrário, ele tende a se constituir e a se manifestar como tendência oposta à destes últimos.*[8] Ele expressa como que a dimensão irredutível de uma conduta humana autodefensiva que até mesmo conflita com as conquistas da civilização. Nele, o contrato social não se recompõe e se rompe mais ainda do que na ruptura provocada pela violência primeira que lhe deu origem. No entanto, o caráter anômico e crítico de certas manifestações de comportamento coletivo, como no caso dos linchamentos, tem na motivação conservadora que as instiga um intuito conservador e, portanto, enganosamente restaurador.

A inviabilidade da transição do comportamento coletivo para os movimentos sociais talvez se deva, ao menos em parte, à ampla desmoralização das instituições, especialmente a Justiça e a Polícia, durante a ditadura. O governo militar interferiu ativamente nelas para torná-las parciais e submetê-las às suas diretrizes políticas. A supressão de certos privilégios dos magistrados e funcionários, que asseguravam a estabilidade necessária à ação judicial isenta, e a aplicação de leis de exceção aos que não decidiam segundo os valores do regime, cassando-os e afastando-os do serviço público, certamente contribuíram para essa desmoralização. E certamente contribuiu no mesmo sentido a transformação das polícias em forças auxiliares da repressão política, militarizadas, deixando em plano secundário a ação policial voltada para a manutenção da ordem social e dos direitos do cidadão. Nos linchamentos é possível "ler" a interpretação prática, para o homem comum, de que as instituições não retornaram ao seu leito natural, que é o do serviço ao cidadão e não prioritariamente ao próprio Estado. A função da polícia, sabemos todos, não é a de prestar um serviço a si mesma, como em grande parte acontecia durante a ditadura.

Os dados utilizados nesta pesquisa, como ocorre em pesquisas realizadas em outros países, especialmente nos Estados Unidos, procedem do noticiário dos jornais.[9] É a única fonte minimamente sistemática disponível em escala nacional. Não há outra. Nem mesmo os registros policiais servem para o estudo dos linchamentos, delitos frequentemente registrados como homicídios ou tentativas de homicídio. A partir de 1995 pude fazer um rastreamento mais abrangente das notícias de linchamentos e tentativas de linchamento por meio de um serviço especializado em recortes de jornais de todo o Brasil. As tendências verificadas desde então não alteram substancialmente o que já havia sido observado nos vinte anos anteriores, embora haja mais riqueza de detalhes, sobretudo para o estudo de certos aspectos dos linchamentos, como o da sua dimensão ritual.

Obviamente, nem todos os linchamentos e tentativas apareceram no noticiário dos jornais a que tive acesso, especialmente as ocorrências no meio rural. Algumas destas últimas chegaram ao meu conhecimento através de pequenos jornais e boletins de igrejas do interior do país e servem basicamente para indicar que a coleção de casos que arrolei está viesada em direção às ocorrências urbanas. Como, no geral, as características dos linchamentos se repetem nas diferentes situações, inclusive se repetem as características peculiares dos diferentes tipos de localidades (áreas metropolitanas, áreas urbanas não metropolitanas e áreas rurais), penso que o elenco de casos dá indicações razoavelmente seguras dos perfis dos linchados e dos linchadores e dos modos e motivos das execuções.

Neste texto me limito à análise dos dados que permitem verificar em que medida o linchamento é um ato de justiça popular antijudiciário.[10] E, por isso, em que medida é uma forma implícita e difusa de contestação das instituições responsáveis pela polícia e pela justiça, elaborada predominantemente a partir de um comunitarismo, em parte real, fundado no parentesco e na vizinhança, e em parte fictício, fundado no medo de vizinhos e moradores. Dados que permitem verificar, também, em que medida o linchamento contém, por tudo isso, uma crítica social conservadora e politicamente inócua às instituições, às pessoas e às tendências de mudança da sociedade. Sobretudo porque a *mudança social* vista através de uma *sociabilidade gestada pelo medo* não aparece como resultado do aperfeiçoamento progressivo dos mecanismos de integração social, mas sim como desagregação social. É o que, no meu modo de ver, explica a expressão e a contrapartida formais desse processo no caráter ritual dos linchamentos.

Uma das principais revelações dos dados desta pesquisa é, justamente, a de que essa prática de justiçamento popular não se define pela imagem que dela se tem. No caso brasileiro, os linchamentos de modo algum podem ser explicados exclusivamente por sua redução ao modelo geral de conduta da ação de massa mencionado antes. Eles não são, predominantemente, o resultado da ação de grupos indefinidos e ocasionais, como a multidão espontânea. Analisando conjuntamente os 677 casos de linchamentos consumados e tentativas de linchamento, geralmente interrompidas pela ação da polícia,[11] ocorridos de 1976 a 1996, posso agrupá-los em quatro categorias principais e bem distintas de linchadores: A. Parentes e amigos de alguém que tenha sido vítima do linchado (8,4% das ocorrências, 4,3% dos participantes e 7,9% das vítimas); B. Vizinhos e moradores da localidade de moradia de alguém que tenha sido vítima do linchado (44,8% das ocorrências, 71,4% dos participantes e 43,8% das vítimas); C. Grupos corporativos de trabalhadores, especialmente motoristas de táxi e trabalhadores da mesma empresa em que trabalha(va) alguém vitimado pelo linchado (12,4% das ocorrências, 6,0% dos participantes e 21,4% das vítimas); D. Grupos ocasionais, especialmente multidões da rua, transeuntes, passageiros de trens e de ônibus, torcedores de futebol (20,8% das ocorrências, 16,6% dos participantes e 19,3% das vítimas).[12]

Os dados sugerem que se esclareça, desde logo, que a palavra *multidão*, nos materiais deste estudo, não significa necessariamente grandes massas agindo numa única direção. Apenas 10,2% dos casos arrolados referem-se a linchamentos com mais de mil participantes, 54,8% referem-se a menos de cem participantes e 38,7%, a menos de cinquenta. A tendência é, portanto, de linchamentos praticados por grupos relativamente pequenos.

O que estou classificando como multidão está presente em apenas um quinto do total de linchamentos. E nessa categoria, apenas 6,3% dos linchamentos tiveram mais de mil participantes. Enquanto isso, 17,3% dos linchamentos da categoria B, a dos vizinhos e moradores, envolveram mais de mil participantes. Isso é muito mais do que aquilo que estou chamando de multidão. Essas grandes aglomerações, no entanto, diferem do que neste texto é multidão porque são formadas por pessoas que não têm entre si propriamente um vínculo ocasional, anônimo e aberto. Ao contrário do que Canetti define como multidão natural e aberta,[13] esses agrupamentos poderiam ser definidos como multidões fechadas, localistas e corporativas, geralmente hostis aos estranhos, entre os quais, aliás, encontram vítimas para os linchamentos que praticam. Os linchadores vivem na mesma localidade e, de certo modo, são vizinhos, ainda que vizinhos distantes. Seu dia a dia envolve grande probabilidade de reencontro, se é que não são "conhecidos de vista". A recusa de testemunhar e de identificar pessoas nos inquéritos policiais que são instaurados indicam, justamente, mais do que medo de represália, uma consciência de pertencimento e de conivência.

A verdadeira multidão o é menos pelo número dos que a compõem do que pelas características de sua mobilização e participação nos atos de linchar. Neste caso, maciças mobilizações para linchar por grupos que se identificam e são identificados como vizinhos e moradores não configuram propriamente situações de multidão, embora os comportamentos aí se confundam com comportamentos de multidão, sobretudo porque a multidão reúne pessoas que não têm entre si outro vínculo que não seja o vínculo fortuito e acidental derivado de ação orientada por um objetivo passageiro, embora compartilhado através de um fugaz sentimento de identificação e companheirismo, uma espécie de comunidade breve e transitória.[14]

Meus argumentos se apoiam justamente na constatação de que 80% dos linchamentos são praticados por agrupamentos de pessoas que se unem para linchar por motivos e relacionamentos de tipo tradicional, comunitário e autodefensivo, grupos com alguma estabilidade e continuidade. Isso contraria o principal pressuposto de que os linchamentos expressam a típica violência da multidão urbana e anônima, que se dispersa em seguida e, provavelmente, não mais se encontra.

Os linchamentos ocorridos no Brasil sugerem uma variação interpretativa no estudo desse tipo de violência coletiva. No próprio ato de linchar, no modo como se dão o ajuntamento dos linchadores e a formação da multidão, na sucessão dos momentos fragmentários a partir do instante em que se define um quadro de linchamento iminente até a sua consumação, nos instrumentos e gestos empregados no justiçamento. Enfim, o instante do linchamento é em tudo igual nos diferentes tipos de grupos de ação e é em tudo igual ao modelo do comportamento irracional da massa. Mas uma coisa é o ato de linchar, cuja significação sociológica não se esgota nele. E outra coisa é a extração social dos linchadores e os vínculos sociais que mantêm entre si fora da situação social do linchamento. Esta pesquisa revela que estamos em face de uma duplicidade sociológica dos linchadores: a imediata e súbita, típica da *multidão*, e, por trás dela, a estável sociabilidade da vizinhança e do bairro, típica da *comunidade*.

Por isso, apesar dessas características tradicionalistas da maioria dos grupos envolvidos, 95,7% de linchamentos e tentativas registrados ocorrem em localidades urbanas, 66,7% nas regiões metropolitanas, 58,3% nas capitais, 41,7% em cidades do interior e 4,3% nas zonas rurais. Os linchamentos no Brasil constituem um fenômeno caracteristicamente urbano, que se dá num ambiente, em princípio, tendencialmente antitradicionalista. Não obstante essas fortes indicações de que os linchamentos ocorrem em ambientes distantes do mundo rural e do tradicionalismo que nele tem seu principal reduto, os linchamentos como opção de justiça negam o urbano e o moderno pressuposto na classificação censitária, que se baseia na atividade econômica e no tipo do aglomerado populacional.

A prática dos linchamentos, a forma que assumem e as características dos grupos transitórios que formam a turba linchadora sugerem que as características estatísticas dos aglomerados humanos não expressam corretamente suas características sociológicas. Utilizando a subamostra da fase exploratória da pesquisa, estabeleci a escala de gradação dos linchamentos, do mais caracteristicamente tradicional e menos urbano ao mais caracteristicamente moderno e mais urbano, em relação aos membros dos grupos de linchamento para melhor compreendê-los nessa perspectiva.[15]

Distribuindo-se as ocorrências pelas regiões geográficas do país, observa-se que 14% dos linchamentos praticados pelo grupo A estão na região norte, uma região de fraca urbanização, enquanto a participação desse grupo no conjunto do país é de 8,4%. No outro extremo, 4,3% dos linchamentos por multidão (grupo D) ocorreram naquela região, enquanto a participação desse grupo no país é de 20,8%. Há aí, portanto, a indicação de uma tendência a confirmar as raízes tradicionalistas dos linchamentos praticados pelo grupo A. No outro polo, 77,3% dos linchamentos executados pelo grupo D (multidões) ocorreram no Sudeste, uma região intensamente urbanizada. No entanto, essa tendência é muito geral, pois foi no Sudeste que ocorreram 52,6% dos linchamentos praticados pelo grupo A (parentes e amigos). Isso indica que os padrões tradicionalistas de justiçamento ganham vida e encorpam-se nas áreas supostamente mais urbanizadas. Sobrevivências do mundo pré-moderno no inconsciente coletivo e nas estruturas sociais profundas.

Assinalo, no entanto, que essa prática de justiça popular não é própria nem típica do mundo rural, onde ainda operam sólidos mecanismos de solidariedade familiar e comunal. O que lhe é próprio e típico, e potencial, portanto, é a concepção de justiçamento com base no direito de vingança, especialmente nos crimes de sangue.[16] No entanto, uma concepção reformulada e "socializada" de vingança se difunde nas cidades. A raiz, sem dúvida, é rural, comunitária e patriarcal. Mas, na cidade, a vingança por crimes de sangue não tem uma base real e própria, como é o caso das famílias extensas no campo. Essa modalidade de justiçamento persiste e se redefine com base no que sobrevive do mundo tradicional e agrário naquilo que se poderia chamar de sentimento de pertencimento a um grupo, uma certa concepção do "nós", muito diversa da típica sociabilidade urbana. Vizinhos e conhecidos, especialmente nos bairros pobres e de classe média baixa, suprem em alguns momentos e circunstâncias a carência de uma comunidade real, como são as nossas comunidades rurais, quase sempre atravessadas por relações de parentesco real ou simbólico. A base real dessa ação conjunta não é a comunidade de parentesco, mas a comunidade altamente instável gestada pelo medo.

Um linchamento ocorrido em fevereiro de 1996 em Campos, no Rio de Janeiro, é bem indicativo dos valores envolvidos nesses casos. Um adolescente negro matou, para roubar, uma adolescente negra no momento em que esta abria a porta do modesto estabelecimento comercial da família, logo de manhã. Em seguida fugiu e escondeu-se num terreno baldio das proximidades. Mas o crime fora presenciado por um irmão da vítima, de 4 anos de idade, que identificou o criminoso, pois era conhecido. A população da cidade ajudou a família a procurá-lo, localizou-o, agarrou-o, acorrentou-o a um poste e o entregou à família da moça para linchá-lo. A polícia chegou no momento em que jogavam álcool sobre ele para queimá-lo vivo. Jornais de diversas regiões do país publicaram fotos do linchamento. Nelas se vê os familiares, especialmente a mãe da menina, espancando o criminoso, cercado pela multidão que o aprisionara e que apenas contempla. Pessoas presentes, que ajudaram na captura, recuaram para que a própria família da moça pudesse linchá-lo. Um rito de vingança, que o sugere como reconhecimento pela comunidade de um direito preferencial de quem foi violentamente privado de um membro da família. É, sobretudo, emblemático que os circunstantes dessem precedência de espancamento à mãe da menina, para isso retirada do velório que se realizava ali perto. Esse linchamento, como vários outros, tem algumas características do que em certas culturas pode ser definido como canibalismo simbólico, um modo de quem vinga se apropriar simbolicamente da vida do vencido.

Nos dois primeiros grupos de linchamento (A e B), o dos parentes e amigos e também os dos moradores e vizinhos, o móvel dessa prática é frequentemente referido à *vingança*. Vingança que se situa num complexo quadro ritual, muitas vezes narrado com detalhes no noticiário da imprensa. Nos outros dois grupos, o móvel do linchamento tende a ser o *castigo*, especialmente quando praticado por quem não tem de que se vingar.

Em 19,6% do total de casos de linchamento há indicações claras de que eles se deram sob a forma de ritos sacrificiais, como esse que acabo de descrever. Todos os sinais de ritos que pude colher sugerem que a prática da vingança se ligou a rituais de dessacralização do corpo do autor da violência que motivou seu linchamento e por meio dela o despojamento de seus atributos humanos. E também de purificação do grupo que lincha, rituais através dos quais a comunidade se purga do crime de que foi vítima através de seu membro vitimado pela violência original, especialmente do crime de sangue. O que indica que os linchadores agem em nome do que supõem ser uma comunidade subjacente a um dia a dia sem visibilidade comunitária, que vinga, pune e exclui, assim como, inversamente, acolhe.

O principal indício do caráter ritual de não poucos linchamentos é o das diferenças que entre eles há em função do respectivo motivo. Os procedimentos adotados pelos linchadores variam de caso para caso e tendem a refletir a natureza e a concepção que tem do crime que pretendem punir.

A forma mais frequente da justiça de rua é a do espancamento, 750 das vítimas: em relação a 9,2% o motivo foi fútil; em relação a 45,7% foi crime contra pessoa, de assassinato a estupro; em relação a 12,9% o motivo foi crime contra a pessoa e contra propriedade, assassinatos e roubos; e em 32,2% foi crime contra a propriedade. Nos casos de violação do cadáver do linchado, 5,5% correspondem ao primeiro motivo, 49,3% ao segundo, 15,1% ao terceiro e 30,1% ao quarto. A mutilação do linchado, em relação a 7,5% das vítimas deveu-se ao primeiro motivo, quanto a 50,7% ao segundo motivo, quanto a 11,9% ao terceiro e quanto a 29,9% ao quarto. Finalmente, a cremação do linchado, quase sempre ainda vivo (um dos casos, aliás, de 1990, o de Matupá, Mato Grosso, exibido pela televisão) deveu-se em 3% ao primeiro motivo, em 48,5% ao segundo, em 21,2% ao terceiro e em 27,3% ao quarto. Se somarmos o segundo e o terceiro motivos de todos os casos, teremos melhor ideia de quanto a violência contra a pessoa, a primeira violência, é decisiva nos linchamentos. Mas os resíduos, relativos aos motivos fúteis e aos casos de roubo e assalto, indicam que não se trata da mera vingança, mas de um justiçamento mais amplo. Especialmente nos casos de motivos fúteis, temos uma boa indicação de quanto os linchadores têm uma tolerância limitada em relação à violação das regras de convivência social. São conservadores, portanto.

Há 43 casos de linchados em que os corpos foram lançados ao monturo ou ficaram abandonados na rua durante muitas horas e até vários dias antes que a polícia fosse avisada. Desse modo, podiam ser longamente contemplados pela multidão silenciosa. Em diversos casos de exposição desse tipo, há uma dimensão ritual que se manifesta no empenho em assegurar que a comunidade das vítimas possa testemunhar a putrefação do corpo, recoberto de moscas, possuído lentamente pela morte, transfigurando-se de pessoa em cadáver. Em pelo menos um caso, o criminoso foi apanhado e levado ao velório de sua vítima para que a beijasse antes de ser morto, o que sugere um tributo do algoz à sua vítima e o direito da vítima em relação à vida de quem da vida a privou. Vários dos cenários e das práticas de linchamento indicam que certos ritos nele cumpridos constituem técnica de transferência simbólica de atributos de vida de quem matou a quem morreu. Uma reparação propiciatória para inocentar o morto de morte violenta e injusta e restituir-lhe a possibilidade do retorno na ressurreição. A ocorrência de vários casos de linchamento, mutilação e arrastamento pelas ruas de cadáveres de pessoas que os grupos queriam linchar mas que foram mortos de outro modo, geralmente pela polícia, reforça a indicação de que o propósito dos linchadores é mais do que matar sua vítima. É, também, mais do que castigar e exibir publicamente o castigo. Trata-se de impor ao criminoso expiação e suplício reais ou, no caso do que já está morto, expiação e suplício simbólicos, como é próprio dos ritos de vingança e sacrifício. E, além disso, eliminá-lo simbolicamente como pessoa.

Essas práticas indicam que estamos em face de rituais de exclusão ou desincorporação e dessocialização de pessoas que, pelo crime cometido, revelaram-se incompatíveis com o gênero humano, como se tivessem exposto, por meio dele, que nelas não prevalece a condição humana. As mutilações e queimas de corpos praticadas nesses casos são desfigurações que reduzem o corpo da vítima a um corpo destituído de características propriamente humanas. São, portanto, rituais de desumanização daqueles cuja conduta é socialmente imprópria, desumana.

Os diferentes casos de linchamentos de presos por outros presos constituem uma expressão extrema dessa concepção. Esses linchamentos atingem de maneira particularmente intensa os estupradores de crianças e mais gravemente quem tenha estuprado a própria filha. Os próprios criminosos parecem sentir-se compelidos a traçar uma linha de sangue que separe humanos de não humanos para que, forçados a habitar a mesma cela dos que tenham cometido esses crimes, não sejam por sua vez contaminados pela desumanização que é própria desses outros, impuros, e o poder que os impuros têm de danificar aqueles que tocam.[17]

Essas ocorrências, que despojam os linchados de sua humanidade, retiram-nos duplamente da vida: como corpos físicos, corpos de relacionamento social; mas também, simbolicamente, como pessoas que são mais do que um corpo, numa espécie de dupla morte, o que fica mais claro nos casos de linchamentos de cadáveres. Para que matar o morto? Porque, na concepção popular, para que a morte punitiva seja eficaz, é preciso matá-lo, também, simbolicamente, matá-lo para a sociedade, matar a possibilidade de sua memória como pessoa, desprezando-o, despojando-o de sua forma propriamente humana.

Ao mesmo tempo, essas ocorrências nos mostram uma sociedade muito diferente da sociedade decorrente de vínculos impessoais e contratuais, formais, que é o que se pressupõe quando se fala de sociedades altamente urbanizadas e modernas. Elas nos revelam que, mesmo nos grandes centros urbanos, nesses casos as pessoas têm uma concepção quase primitiva do que é a sociedade, pois entendem que as relações sociais estão de algum modo sacralizadas pelo pertencimento e pelo sangue. Os linchamentos praticados por agentes cujos indícios identitários são desse tipo, que são os dos grupos A e B de linchadores, dos parentes, vizinhos e moradores do lugar, que compreendem 23,8% dos casos, podem ser definidos como linchamentos comunitários. As várias modalidades de execução mostram que através do corpo ainda vivo de quem vai ser linchado, reduzido à impotência da sujeição pela turba e a um lento sacrifício, e, depois, através do cadáver do linchado e do uso público que muitas vezes dele se faz, a sociedade se apossa também duplamente do indivíduo: subjugando-o fisicamente e executando-o ritualmente. Mesmo que as pessoas não pareçam ter nenhuma compreensão e nenhuma consciência da maior parte dos significados que manipulam nessas ocasiões e que invocam para efetivar o justiçamento, ainda assim é indiscutível a dimensão ritual dessas ocorrências.

A partir da totalidade dos casos, identifiquei dezenove indicadores de prática ritual nos linchamentos, como queimar a vítima, arrancar-lhe ou furar-lhe os olhos, castrá-lo, mutilá-lo etc. São dezenove itens de um "protocolo" inconsciente de procedimentos destinados a mais do que simplesmente castigar o linchado e mais do que simplesmente reagir para justiçá-lo por crime cometido. Os linchadores querem agregar ao castigo físico um significado, uma indicação inscrita no próprio corpo da vítima e uma expressão simbólica da amplitude da punição, sua dimensão sobrenatural.

A evidência pode estar num único indicador ou numa combinação de indicadores do que, com propriedade, posso chamar de *cerimônia de castigo ou de execução*. A totalidade dos linchamentos é revestida de alguma forma cerimonial, na busca da vítima, sua perseguição, apedrejamento, espancamento, mutilação, até o sangramento, e mesmo a morte. Há uma ordem na ação que neles se repete. Especificamente, em 19,2% deles, o justiçamento foi também ritual, não só no ordenamento mas em gestos e procedimentos que remetem ao sobrenatural no modo de imposição da morte à vítima pela turba e no elo simbólico entre o linchado e sua vítima. Um caso sociologicamente significativo, que exemplifica as conexões rituais no interior de um linchamento, está relacionado com o assassinato de Wilson Pinheiro, presidente do Sindicato dos Trabalhadores Rurais de Brasileia, no Acre, na noite de 21 de julho de 1980. No velório, foi colocada uma moeda sob a língua do cadáver e um saquinho de sal a seus pés, dentro do caixão. É crença local que, nesses casos, a primeira pessoa que entra no recinto do velório é o assassino, é o modo pelo qual o próprio morto indica quem o matou. Pouco tempo depois, o homem apanhado nessa armadilha mágica foi tocaiado numa estrada de roça e linchado.

É teoricamente procedente a hipótese de que a ritualização tem mais sentido nos grupos A e B de linchadores, nos linchamentos propriamente comunitários, de ações mais lentas. E que tem menos sentido e menos probabilidade de ocorrer nos grupos C e D, mais caracteristicamente multidões anônimas e próprias do mundo moderno, que agem sem identificação com a vítima do linchado na fração de tempo própria da conduta fugaz e meramente reativa. No entanto, a pesquisa mostrou que na ação dos grandes grupos, o caráter ritual do linchamento é mais intenso, o que não confirma as indicações analisadas na primeira versão publicada deste capítulo, com base nos dados preliminares e exploratórios da pesquisa. Agora, com uma grande massa de dados classificados, 19,8% dos linchamentos rituais foram os dos grupos A e B, praticamente a mesma proporção da média (19,2%). Já no grupo C, 25,2% foram linchamentos rituais e no grupo D 55% o foram, mais da metade. É, também, no grupo C e D que há maior incidência de linchamentos de estigmatizados, como os doentes mentais (43,2% no grupo D contra 7,8% no grupo A), os desempregados (39% no grupo D contra 4,9% no grupo A), os já presos pelo crime que motiva o intento de linchá-los (60,7% no grupo C contra 1,5% no grupo A).

É o que reforça a hipótese central desta pesquisa, a de que as estruturas sociais profundas e o inconsciente coletivo que abrigam e que nelas têm sua referência tornam-se dominantes e ativas nos momentos de anomia, como esses, e nas manifestações de violência coletiva. Os linchadores seguem uma regra que não conseguem explicar, mas que é regra viva e não regra morta, referida a uma estrutura igualmente viva, porém submersa na dominância de regras atuais. Constatação que, neste caso, contraria as formulações de Durkheim relativas tanto aos estados de anomia quanto aos fatos patológicos, o que sugere que a estrutura social de referência das condutas e relacionamentos é uma estrutura "em camadas", sem dúvida de épocas históricas descontínuas, de datas historicamente definidas. Quando a estrutura social da superfície se rompe, como no caso das violações praticadas fora dos quadros do lícito e regulamentado, como o estupro, sobretudo estupro de criança, incesto, roubo de que é vítima o pobre etc., a sociedade, através desses grupos sociais, procura interpretar o acontecido e a ele reagir com base nas estruturas sociais adormecidas que tiveram sua eficácia um dia, na religião (como nas referências ao sacrifício expiatório no Livro do Levítico, da Bíblia Sagrada, e na tradição da malhação do Judas, uma forma claramente teatral de linchamento; nas Ordenações Filipinas, que nos regeram ou influenciaram por mais de 300 anos, e a legalidade da vingança como reparação em crime de sangue, que reconhecia; ou nas tradições deixadas pelos tribunais da Santa Inquisição, suas atrocidades e suas fogueiras punitivas e desfigurantes).[18]

O cenário de atuação dos grupos difere de um para outro. Os linchamentos do grupo D (multidão), em 35,5% dos casos, começam na rua e em 36,8% terminam na própria rua. Os do grupo A, apenas em 5,5% dos casos começam na rua e em 5,3% terminam na rua. Examinando cada linchamento, quanto a onde começam e onde terminam, a diferença entre os dois grupos se confirma de outro modo: 97,8% dos linchamentos do grupo D, começados na rua, terminam na rua; enquanto 88,9% dos do grupo A, começados na rua, também terminam na rua. Indício de que o grupo A pode arrastar a vítima para fora do cenário da rua, enquanto isso é bem menos provável do caso do grupo D. Já a casa tende claramente a ser rechaçada como lugar de linchamento. De modo muito esquemático, e como mera tendência, pode-se dizer que a multidão atua, de preferência, no território do público, enquanto o grupo dos parentes e amigos não descarta o território do privado, o que sugere que, para eles, o espaço é uma mediação significativa e mesmo simbólica, tanto para recobrar a presença da vítima que motiva o linchamento (no caso de que o linchado seja levado ao lugar do crime que cometera para ser ali executado) quanto para dar sentido ao linchamento, extensão do ato de levar o linchado de outros espaços para o espaço aberto da rua. Mesmo que a vítima do linchamento não morra na rua, a rua é entendida pela turba como local simbólico de consumação da execução. Dos que não sobrevivem, 81,6% morrem no próprio local do linchamento dado como consumado; 13% morrem no hospital, 5,4%, na delegacia de polícia. Esses 18,4% correspondem às vítimas resgatadas pela polícia mas que acabam morrendo durante o atendimento médico ou mesmo antes.

São também diversas as causas de participação nos linchamentos nesses extremos. Como já indiquei antes, agrupei em quatro as modalidades de crimes que têm motivado a participação das pessoas nos linchamentos: causas fúteis (8,8%), crimes contra a pessoa (56,7%), crimes contra a pessoa e a propriedade (12,4%) e crimes contra a propriedade (22,1%). Somando os crimes contra a pessoa e a propriedade aos crimes contra a pessoa e comparando-os à soma dos crimes contra a propriedade com os linchamentos de motivação fútil, as diferentes motivações nos diferentes grupos de linchadores ficam evidentes. No grupo A, 80,1% dos linchamentos foram motivados por crimes contra a pessoa e 19,9% por motivação fútil e crimes contra a propriedade. Esse padrão quase se repete no grupo B, dos moradores e vizinhos: 70,7% por crimes contra a pessoa e 29,3% por motivação fútil e crimes contra a propriedade. No outro extremo, no grupo D (multidão), 75,3% dos linchamentos tiveram motivação em crimes contra a pessoa e 24,7% por motivação fútil e crimes contra a propriedade. Porém, o grupo C aparece como um grupo anômalo: tem 57,9% dos linchamentos motivados por crimes contra a pessoa e 42,1% por motivação fútil e crimes contra a propriedade.

Em princípio, o tipo de turba que participa dos linchamentos e tentativas, por essas indicações, não reflete de modo apropriado a condição social dos linchadores e, portanto, sua maior ou menor proximidade com grupos mais simples e de maior proximidade com padrões comunitários de socialização e de vivência. Se houvesse indícios de sua situação de classe social, seria possível mostrar que comportamentos como o do grupo C expressam mais a classe média do que a classe trabalhadora dos bairros, que com maior probabilidade se expressa na ação dos grupos A e B. Sendo o grupo D constituído por multidões anônimas da rua, não deixa de expressar, por sua vez, certa diversidade social de classe trabalhadora e classe média. Isso não quer dizer que o grupo C, ao ser mais motivado pelos crimes contra a propriedade, tenha menor sensibilidade aos crimes contra a pessoa. Convém ter em conta que esses grupos se formam súbita e espontaneamente como reação a um crime no mais das vezes inesperado. Portanto, os constituintes da turba são reunidos ao acaso pelo crime que os motiva, sem qualquer decisão quanto a que crime punir com o linchamento ou não punir.

Não obstante, o caráter difuso do que é visível nos linchamentos não anula as complexas regularidades que neles podem ser observadas e que dizem respeito ao que se poderia chamar de estrutura social dessas ocorrências. Dois lugares de destino e ação dos linchadores, muito indicativos de que há nos linchamentos a reivindicação de uma justiça própria em face da justiça institucional, são os fóruns e prisões, mais estas do que aqueles. Somando aqueles apenas nove casos, ainda assim 55,6% das ações de linchamento foram do grupo D. A diferenciação da turba, porém, apareceu nos casos das delegacias e prisões. Em 91,6% deles, os linchadores eram dos grupos C e D.

Não estamos apenas diante de formas arcaicas de punição aplicadas em cenários modernos e em face daquilo que esses cenários representam, o que já é um desafio para a interpretação sociológica. Estamos em face de processos sociais próprios de uma situação que se poderia chamar de urbanização insuficiente e inconclusa. Quando se fala de exclusão social, como está em moda nos dias de hoje,[19] deve-se, no meu modo de ver, considerar que ela se materializa na privação de compreensão da lógica própria da vida urbana e civilizada.[20] A violência dos linchamentos só pode ser compreendida nessa perspectiva, na medida em que se trata da segunda violência e não da primeira, isto é, trata-se de uma violência-resposta à violência urbana, que está no significado profundo e subjacente de suas manifestações cotidianas e visíveis. O próprio caráter patológico das manifestações de urbano inconcluso, de transição emperrada e insuficiente, como destinatário da agressão das vítimas dessa insuficiência nas anomalias da conduta violenta.

Nesse sentido, os linchamentos encerram uma crítica prática às instituições e à lei, que se expressa no ataque às delegacias para sequestrar presos e executá-los. Estamos em face de uma disputa de direito em torno do corpo do criminoso. Na prática, os linchadores dizem que o corpo do criminoso pertence à sua vítima, que fala e age pelas mãos (e também pelos pés) dos grupos de execução. As polícias, quando, por falta de meios ou por outro motivo, se revelam incapazes de assegurar a integridade física dos presos e de entregá-los vivos e íntegros à autoridade judicial, para que os julgue e puna de acordo com a lei e as características do crime, também estão, na prática, reconhecendo a sobreposição da justiça popular à justiça pública mediada pelo Estado. Diversamente da justiça institucional, como observou Foucault, na justiça popular "não há três elementos; há as massas e os seus inimigos".[21] Nesse caso, as polícias se negam como instituições públicas e se revelam ambíguas em relação aos arcaísmos que proclamam uma concepção de sociedade reduzida às paixões dos agentes do privado.

Na medida em que as contradições e desencontros das grandes cidades geram privações e violências que têm como resposta o justiçamento baseado em concepções integristas e comunitárias, o que temos é a insuficiente constituição do urbano como uma de suas causas principais. Não por acaso, os linchamentos ocorrem predominantemente nos bairros de periferia, lugares de migrantes e populações adventícias ainda sem tradição e sem raízes nas localidades de adoção. A cidade, cada vez mais, recebe mas não acolhe. Antes, tende a marginalizar. Quando constatamos que os linchamentos se concentram nas áreas metropolitanas e, portanto, nas grandes cidades, não podemos esquecer que nelas se concentram nos setores menos urbanizados e menos ressocializadores para o urbano e moderno. Os cenários principais dos linchamentos não estão nos lugares centrais das áreas metropolitanas, mas nas regiões limítrofes entre favelas e bairros pobres ou de baixa classe média.[22]

A forma como as mudanças sociais são vivenciadas e experimentadas, representadas pela migração e pela inserção secundária e à margem no mundo urbano e na economia da grande cidade, traduz essa vivência não só numa permanente consciência de medo, mas também numa permanente consciência de que o novo (a nova situação) é injusto e moralmente intolerável. Os linchamentos, como os saques e os quebra-quebras, são as formas extremas de polarização e expressão dessa consciência e desses sentimentos de privação moral. Essa linha demarcatória das incertezas tanto dos que têm os meios de vida propriamente urbana quanto dos que não os têm, transforma em linchadores não só os pobres, que se sentem injustiçados e lincham ricos e pobres, mas também os ricos, que se sentem com medo e também lincham, sobretudo nas cidades do interior.

A dinâmica própria das multidões e dos ajuntamentos de pessoas faz com que cada indivíduo seja ele mesmo e todos, a um só tempo, fazendo coisas, como linchar, que em outra situação não faria. Isso constitui apenas um dos aspectos dos processos que estão efetivamente envolvidos na crescente prática dos linchamentos. A inclusão social perversa, que se manifesta na excludência da injustiça cotidiana para os que sofrem carências e privações, já define uma situação de duplo, de estar à margem, de ser membro e não ser, de ter direitos e não tê-los. Como também vivem a situação de duplo os que não têm tais carências e, por isso mesmo, carecem de segurança. Nessas diferentes situações, vai se definindo uma consciência de vítima potencial do outro (e de quem está "do outro lado") que é a base da incerteza, do medo e do ódio. A situação de multidão materializa a dupla personalidade de seus participantes, de que falaram os clássicos do assunto, ainda que de modos diferentes nos quatro diferentes grupos que foram considerados: nela, o homem da vigília, da lei e da razão, cede lugar ao linchador, que faz justiça pelas próprias mãos, contra todos os princípios da luminosidade transparente e todos os princípios da razão.

A crítica conservadora ao mundo moderno, que seria o mundo da multidão, presente na interpretação leboniana, não tem condições de revelar que o próprio mundo do conservadorismo e das concepções tradicionais ganha uma força patológica evidente nos casos de linchamento. As evidenciadas concepções totalizantes e orgânicas que mediatizam três quartos dos casos de linchamento, que são concepções conservadoras, têm nos linchamentos um desdobramento sombrio. Não só pelos crimes em si que os linchamentos efetivamente são, mas, sobretudo, porque os linchamentos nos revelam que esta sociedade é incapaz de abranger em laços de tipo contratual, na reciprocidade de direitos e deveres, grandes parcelas de sua população: cerca de um milhão de brasileiros participou de linchamentos e tentativas nos últimos 60 anos. Nesse cenário de urbanização inconclusa, insuficiente, patológica e excludente, de relações sociais essencialmente mediadas por privações, os processos sociais regeneram com facilidade significações arcaicas que revestem de alguma coerência um modo de vida que, mais do que contraditório e excludente, é carente de sentido.[23] Como vários depoimentos revelam, é o que dá à consciência dos protagonistas da injustiça do linchamento a certeza de que participaram de um ato moralmente justo.

Notas

[1] Trabalho apresentado no Painel *Extra-legal violence in Brazil: Popular Justice, Vigilantism and Lynching*, 3ª Conferência da Brazilian Studies Association, Cambridge (Reino Unido), 7-10 set. 1996. Publicado em *Tempo Social – Revista de Sociologia da USP*, v. 8, n. 2, out. 1996, pp. 11-26. Este capítulo é uma versão revista, ampliada e atualizada do texto original.

[2] Sobre o vigilantismo, cf. Richard Maxwell Brown, "The American vigilant tradition", em Hugh Davis Graham e Ted Robert Gurr (eds.), *The History of Violence in America*, New York, Frederick A. Praeger Publishers, 1969, pp. 154-226; W. Eugene Hollon, *Frontier violence: another look*, New York, Oxford University Press, 1974, *passim*; Peter C. Sederberg, "The phenomenology of vigilantism in contemporary America: an interpretation", *Terrorism*, v. 1, n. 3-4, London, Routledge, 1978, pp. 287-305.

[3] Com a devida cautela, que de fato se deve ter no uso dessa concepção, Benevides fala em "linchamentos comunitários". Cf. Maria Victoria Benevides, op. cit., p. 99.

[4] Cf. Gustave Le Bon, op. cit.

[5] Nesse sentido, um linchamento emblemático da história da violência de multidão foi o de Donato Carretta, diretor do Presídio Regina Coeli, de Roma, durante a ocupação alemã. O linchamento, que ocorreu na manhã de 18 de setembro de 1944, teve início no interior da própria Suprema Corte de Justiça, à qual Carreta fora convocado como testemunha de acusação no processo contra Pietro Caruso, chefe de Polícia. Caruso atendera a ordem do general alemão para entregar-lhe uma lista de cinquenta prisioneiros políticos italianos para serem fuzilados no que veio a ser o massacre das Fossas Ardeatinas, em represália ao atentado contra as tropas alemãs. Esses prisioneiros estavam recolhidos à prisão Regina Coeli. Aberta a sessão do Tribunal, o réu não se apresentou, mas Carretta foi reconhecido por uma mulher de Frascatti, que o acusou de ser responsável pela morte de seu marido. A cena e o linchamento foram filmados por Lucchino Visconti, contratado pelo Exército aliado para filmar o processo judicial. Carretta era inocente, havia libertado todos os prisioneiros políticos na iminência da entrada das tropas aliadas em Roma, para evitar represálias dos alemães. Mas a multidão presente no Tribunal queria vingança e queria um bode expiatório. Estava no local o jornalista Arnaldo Di Serio, psicólogo, que escreveria um livro a respeito do que havia testemunhado. Cf. Arnaldo Di Serio, *La Folla: Il linciaggio di Donato Carretta, diretore delle carceri Regina Coeli di Roma*, Roma, Lo Faro, 1979. Na época dos acontecimentos, um filho de Carretta, soldado, era prisioneiro dos alemães na Alemanha.

[6] Cf. Herbert Blumer, "Comportamento coletivo", trad. Francisco M. D. Leão et al., em Alfred McClung Lee (ed.), *Princípios de Sociologia*, São Paulo, Herder, 1962, pp. 209-72.

[7] Na *congérie* de conflitividades que marcou o período mais repressivo da ditadura, nos anos 1970, era compreensível a dificuldade para distinguir o lugar social e histórico (e os alvos) das diferentes formas de ação coletiva da população, especialmente da população urbana. É o que, no meu modo de ver, explica a hipótese de trabalho de alguns estudos sobre movimentos sociais, aliás bem feitos e sugestivos, estudos esses orientados para a busca das referências estruturais e de classe das explosões urbanas. Cf., por exemplo, José Álvaro Moisés e Verena Martinez-Alier, "A revolta dos suburbanos ou 'patrão, o trem atrasou'", em José Álvaro Moisés et al., *Contradições urbanas e movimentos sociais,* Rio de Janeiro/São Paulo, Paz e Terra/Cedec, 1977, pp. 13-63; Edison Nunes, "Inventário dos quebra-quebras nos trens e ônibus em São Paulo e Rio de Janeiro, 1977-1981", em José Álvaro Moisés et al., *Cidade, povo e poder*, Rio de Janeiro/São Paulo, Paz e Terra, 1982, p. 93; José Álvaro Moisés, "Protesto urbano e política: o quebra-quebra de 1947", em José Álvaro Moisés et al., *Cidade, povo e poder,* cit., pp. 51-2.

[8] As manifestações de rua de junho de 2013 confirmam mais do que o descolamento do comportamento coletivo em relação aos movimentos sociais; indicam suspeita e antagonismo em relação a partidos e organizações que ao longo dos anos haviam aparelhado os movimentos sociais.

[9] Dentre outros, cf. Charles David Phillips, "Exploring Relations among Forms of Social Control: The Lynching and Execution of Blacks in North Carolina, 1889-1918", em *Law and Society Review*, v. 21, n. 3, Fall 1987, pp. 361-74; E. M. Beck, L. James e Stewart e Tolnay, "The Gallows, the Mob, and the Vote: Lethal Sanctioning of Blacks in North Carolina and Georgia, 1882 to 1930", em *Law and Society Review*, v. 23, n. 2, University of Georgia, Athens, May 1989, pp. 317-31; E. M. Beck e Stewart E. Tolnay, "The killing fields of the deep south: the market for cotton and the lynching of blacks, 1882-1930", *American Sociological Review*, v. 55, n. 4, Washington, Aug. 1990, pp. 526-39. A dependência dos estudiosos do tema em relação ao noticiário dos jornais, nos Estados Unidos, tem motivado estudos sobre a confiabilidade e a abrangência dessa fonte de informação. Infelizmente, apesar da importância documental crescente do noticiário jornalístico nos estudos sociológicos no Brasil, ainda não dispomos de avaliações do mesmo tipo. Esses estudos são úteis, sobretudo, para determinar as limitações e deformações do dado jornalístico sobre linchamentos. Cf. Warren Breed, "Comparative newspaper handling of the Emmett Till Case", op. cit., pp. 291-98; Maurine Beasley, "The muckrakers and lynching: a case study in Racism", *Journalism History*, 9, n. 3-4, Autumn/Winter 1982, pp. 86-91; David Snyder e William R. Kelly, "Conflict intensity, media sensivity and the validity of newspaper data", *American Sociological Review*, v. 42, n. 1, Feb. 1977, pp. 105-23; Jill Goetz, "Lost in the crowd", *Psychology Today*, n. 21, June, 1987, p. 60.

[10] Os dados mostram que os linchamentos se enquadram no que Foucault designa como ato de justiça popular profundamente antijudiciário. Cf. Michel Foucault, *Microfísica do poder,* org. e trad. Roberto Machado, 3. ed., Rio de Janeiro, Graal, 1982, p. 43.

[11] Cerca de 90% das vítimas de tentativas de linchamento foram salvas, em grande número de casos com ferimentos. As polícias militar e civil foram responsáveis por 76,7% dos salvamentos.

[12] Os cálculos foram feitos sobre um total de 677 linchamentos e tentativas de linchamento e 952 vítimas, entre mortos, feridos e evadidos.

[13] Cf. Elias Canetti, *Crowds and power,* trad. Carol Stewart, Harmondsworth, Penguin Books, 1973, p. 17.

[14] Canetti destaca que é apenas na multidão que o homem se livra do medo de ser tocado (cf. Canetti, op. cit., p. 16). Esse medo só não existe nas situações familísticas e comunitárias.

[15] Essa tipologia remonta a Tönnies e foi também utilizada por José Arthur Rios, em seu estudo sobre linchamentos, como dicotomia arcaico-moderno. Cf. José Arthur Rios, op. cit., passim.

[16] O dever, o encargo e a responsabilidade da vingança permanecem muito fortes em algumas regiões, sobretudo rurais, como observou Andrade, no sertão do Maranhão entre crianças, filhas de pais assassinados, por isso mesmo, também elas sob risco de morte. Cf. Maristela Andrade, "Violência contra crianças camponesas na Amazônia", em José de Souza Martins (coord.), *O massacre dos inocentes: a criança sem infância no Brasil,* São Paulo, Hucitec, 1991, pp. 37-50.

[17] Sobre o impuro, o sacrifício e o rito, cf. Jean Cazeneuve, *Sociologia del Rito,* trad. Salvatore Veca, Milano, Il Saggiatore, 1996.

[18] José Arthur Rios fala em "revivescência de uma forma arcaica de justiça". Cf. José Arthur Rios, op. cit., p. 223.

[19] Para minhas considerações críticas em relação ao uso equivocado e abusivo do pseudoconceito de exclusão social, cf. José de Souza Martins, *Exclusão social e a nova desigualdade,* São Paulo, Paulus, 2012; José de Souza Martins, *A sociedade vista do abismo: novos estudos sobre exclusão, pobreza e classes sociais,* 4. ed., Petrópolis, Vozes, 2012.

[20] Cf. Marialice Mencarini Foracchi, *A participação social dos excluídos,* São Paulo, Hucitec, 1982, pp. 11-7.

[21] Cf. Michel Foucault, *Microfísica do poder,* cit., p. 45.

[22] Não só os linchamentos são manifestações do que entre nós é desenvolvimento urbano anômalo e patológico, mas também o infanticídio e o parricídio, dentre outros indícios, cada vez mais comuns, em que há evidências do conflito entre valores afetivos da sociedade tradicional e sua ausência na sociedade moderna. Cf. José de Souza Martins, "Perigoso vazio", *O Estado de S. Paulo*, Caderno Aliás, 23 fev. 2014, p. E9. Mesmo nos linchamentos, o persistente peso das injustiças da história social é evidente na forma ritual que assumem, como indiquei antes. Cf. José de Souza Martins, "Eu, não, meu senhor", *O Estado de S. Paulo*, Caderno Aliás, 9 fev. 2014, p. E4.

[23] Rudé, um especialista em história das multidões, chama a atenção para o fato de que "formas passadas ou 'arcaicas' podem estender-se até o presente". Nos períodos de transição, esses arcaísmos tendem a se constituir numa solução transitória para as demandas sociais, não se confundindo com formas de ação coletiva do passado nem com as modernas. (Cf. George Rudé, *A multidão na História: estudo dos movimentos populares na França e na Inglaterra, 1730-1848*), trad. Waltensir Dutra, Rio de Janeiro, Campus, 1991, pp. 3-5.

Entre a justiça cega
e a justiça cética

É inevitável que num estudo sobre a violência no Brasil, centrado na questão do ceticismo em relação ao direito e às instituições, seja necessário recortar o que é específico do tema e separá-lo de diferentes manifestações de violência contra os direitos da pessoa.[1] Não se pode incluir a violência policial como expressão de uma modalidade de ceticismo basicamente porque o policial violento age motivado pela concepção de que são próprias de sua atribuição a prepotência e a interpretação pessoal e arbitrária da lei e de seu mandato. A prepotência policial episódica tem no Brasil uma raiz histórica bem definida. Ela está ligada à tradição do mando pessoal, resquício ainda do escravismo que dominou o país durante quase quatro séculos. Os capitães do mato do período colonial e os milicianos do Brasil independente policiavam e reprimiam em nome do senhor de escravos e criminalizavam quem escapava das duras regras da obediência servil, fosse escravo ou não. Essa estrutura fundamental de nossa concepção de polícia perdura, disfarçada nas formalidades da sociedade moderna.

Do mesmo modo, nem todo linchamento tem a mesma e igual motivação. Alguns linchamentos são motivados pelo ímpeto de vingança. Outros linchamentos são motivados pela descrença na justiça em relação a crimes para os quais a população não aceita a impunidade. Ou, então, teme que a pena a ser recebida por determinado crime seja inferior à gravidade que a própria população lhe atribui com base nos valores da tradição e do senso comum, mas em desacordo com a lei. Não é raro, ainda, que as evidências sugiram que os linchamentos combinem essas duas motivações, sem contar que muitas pessoas deles participam apenas porque se apresentou a oportunidade, pois se encontravam no local quando da reação coletiva violenta a determinado delito. O mais comum é que, uma vez desencadeada uma situação propícia ao linchamento, a diversidade das motivações se combinem, sem que se possa distinguir o que é especificamente expressão de ceticismo e o que é especificamente expressão de vingança, o outro extremo da escala de motivos para linchar.

O ceticismo precisa, pois, ser compreendido também nas motivações adicionais e complementares às quais se liga. Nos linchamentos ocorridos no Brasil, é pouco provável que o ceticismo em relação à justiça e ao direito possa isoladamente motivar a ação violenta.

Num âmbito bem diferente, mas que é também expressão da sobrevivência de arcaísmos de conduta, e para efeito comparativo não pode ser definida como expressão de ceticismo, é a persistente prática da escravidão por dívida no Brasil. Ela recrudesceu a partir dos anos 1970, quando dezenas de milhares de trabalhadores foram incorporados à força de trabalho empregada na derrubada da mata e na abertura de novas fazendas, sobretudo de criação de gado, na região amazônica. O trabalho forçado tem decorrido da própria lógica da reprodução ampliada do capital em áreas ou setores da economia em que não existe um mercado de trabalho constituído, áreas cuja ocupação econômica só é possível se os custos da força de trabalho forem competitivos com os dos setores mais prósperos e mais modernos da economia.[2] A escravização é um modo de reduzir esses custos em regiões e situações de escassa oferta de mão de obra em face de alta demanda. A facilidade na violação das leis trabalhistas em situação de isolamento territorial e a distância em relação aos órgãos do governo que fiscalizam as relações de trabalho e podem aplicar penalidades aos transgressores da lei certamente induzem ao ceticismo quanto ao rigor da fiscalização. Mas a existência no governo de um grupo especial de fiscalização e repressão ao trabalho forçado, muito ativo e muito eficiente, reduziu apenas parcialmente o número de ocorrências. Portanto, dentre seus fatores há mais do que ceticismo quanto ao risco de praticar com êxito um delito contra as leis trabalhistas do país. Do mesmo modo, do lado das vítimas, não é raro que haja nas equipes de trabalhadores, localizadas na selva pelos fiscais do trabalho, quem recuse a libertação e o processo judicial contra os patrões. Alegam sua obrigação moral de pagar a dívida que é o meio de sua escravização num sistema que é conhecido internacionalmente como *debt-bondage*. É aí evidente que não são céticos em relação à eficácia de seus direitos. Sua sujeição se situa numa trama moral de valores sociais que nem sequer lhes permite ter consciência de quais são seus direitos em face da lei. Na verdade são pessoas socializadas numa cultura de direitos e deveres remanescentes da escravidão negra abolida em 1888.

Do mesmo modo, os reiterados episódios de corrupção política não vêm da descrença na lei e no direito, e sim da concepção de que o mandato político não dissocia e não tem como dissociar o público e o privado na relação clientelística com o eleitorado das regiões politicamente mais atrasadas. Uma demora cultural permeia toda a trama das relações sociais no Brasil, o que, sem dúvida, nos setores mais modernos da sociedade suscita certo ceticismo, certa descrença no que é formal e contratual. A suposição de que o Brasil atrasado bloqueia o Brasil moderno é concepção arraigada na sociedade brasileira. Mas suscita, também, nos setores mais atrasados da população, um ceticismo equivalente quanto à eficácia das instituições modernas em tornar justas as relações sociais e as condutas.

Essa fragilidade generalizada das instituições cria as condições sociais favoráveis ao revigoramento de formas arcaicas de direito, cujas evidências podem ser observadas em vários campos da realidade. A iniquidade do direito de propriedade, associada às crônicas tendências concentracionistas da propriedade da terra no Brasil, tem revigorado nos movimentos populares a posse útil da terra como fundamento moral de seu uso econômico. O que é na verdade o direito colonial de propriedade, baseado no pressuposto de que o direito à terra decorre do trabalho humano, uma negação da posse da terra com base numa concepção meramente comercial do direito de propriedade, o primado da terra como equivalente de mercadoria.

Os linchamentos frequentes, até por motivos banais, indicam um outro revigoramento de práticas judiciais muito antigas nas várias tradições que concorreram para formar o que se pode chamar de cultura popular brasileira. Mescla de tradições que vêm tanto da influência árabe na península ibérica, durante séculos, quanto da concepção de justiça difundida pela Inquisição católica, que foi aplicada no Brasil até o século XVIII. O que se pode notar, nos linchamentos, é que uma vez aberta a brecha da violência antilegal, emergem e ganham vida concepções de punição legalmente banidas do direito brasileiro, a começar do castigo físico e da própria pena de morte.

O linchamento é uma prática que, no Brasil, se tornou crescente no último meio século. São vários os fatores dessa anomalia social e do descrédito da justiça formal e oficial. Não só a longa tradição brasileira da justiça privada, associada ao regime escravista abolido em 1888, mas também o elitismo do Judiciário têm contribuído para o ceticismo que leva ao justiçamento no lugar do que seria propriamente justiça. O linchamento é forma radical de vingar um crime intolerável, como o estupro de uma criança ou de uma jovem, o homicídio inexplicável e mesmo o roubo de bens de quem vive de seu trabalho.

O pressuposto popular é o de que há pessoas boas e pessoas más, tanto entre ricos quanto entre pobres. Não se trata, pois, de justiçamento entre os pobres.

Não é raro que, especialmente em linchamentos praticados em pequenas e mesmo relativamente prósperas cidades do interior, a classe média esteja envolvida no ato violento, como não é raro que até pessoas da elite estejam no rol das vítimas de tentativas de linchamento. No caso desses crimes, a suposição é a de que o mal não pode ser reparado pela justiça convencional. O agente do mal é concebido como ser destituído da condição humana, razão pela qual os linchadores entendem que o linchamento é lícito. As mais significativas evidências dessa concepção estão nos linchamentos que ocorrem nas prisões: criminosos condenados com base na lei que lincham autores de crimes, como os indicados, especialmente estupro de criança, porque não querem ser a eles igualados nem ficar nas mesmas celas. O linchamento é crime praticado em nome da sociedade, de uma concepção arcaica de sociedade, em nome dos valores sociais e não contra eles, o que os distingue, portanto, dos crimes comuns. Resultam do entendimento de que a pena da justiça convencional está aquém da gravidade do crime que os motiva a linchar. Não se deve esquecer que no Brasil, em matéria penal, tiveram vigência, por quase todo o período colonial, as Ordenações Filipinas, da época em que o trono de Portugal foi ocupado por reis que eram ao mesmo tempo reis da Espanha (1580-1640). Nelas, em determinados casos, como nos de traição conjugal da mulher e nos crimes de sangue, o justiçamento tinha precedência em relação à justiça propriamente dita. Do mesmo modo, diversas características dos linchamentos atuais são heranças claras dos procedimentos de tortura e punição que foram característicos da Inquisição.

Analiso neste capítulo alguns aspectos dos linchamentos no Brasil mais ligados à questão do ceticismo como uma das motivações de sua ocorrência. Baseio-me nos 2.028 casos do banco de dados que organizei nos últimos anos, que cobrem o período que vai de 1945 a 2010, relativos a linchamentos e tentativas de linchamento. No Brasil repete-se a dificuldade que os pesquisadores já encontraram para a pesquisa e estudo dos linchamentos nos Estados Unidos. Lá, esses estudos estão hoje divididos entre os que se baseiam num grande banco de dados numéricos organizado já nos anos 1930, com base em notícias de jornais, com informações enviadas por correspondentes locais, e os estudos de caso que vêm se multiplicando lentamente nos últimos anos. No Brasil há pouquíssimos estudos de caso sobre o tema e os raros estudos quantitativos também se baseiam no noticiário dos jornais.[3]

As informações do meu banco de dados não constituem uma amostra probabilística das ocorrências, pois as informações de jornais sobre esse tema são aleatórias. Portanto, não é estatisticamente representativo. Interpretações podem ser feitas, porém, quanto a tendências e, sobretudo, características dos linchamentos, mediante comparações entre séries de casos de linchamentos consumados e apenas tentativas de linchamento. Ou séries relativas aos diferentes tipos de motivação para linchar.

Meu banco de dados difere do de referência dos estudos americanos, limitados a informações básicas, a uns poucos campos de informação, como data da ocorrência, localidade, nome da vítima. Minha ficha de dados de cada linchamento ou tentativa contém 189 campos, que vão das datas às fontes, passando por extensa lista de detalhes. A partir das informações de referência contidas nos jornais, geralmente em mais de um jornal, desagreguei as descrições, seja do ato de linchar, seja da composição da multidão de participantes, seja das características da vítima e dos motivos para atacá-la, seja das características da vítima da vítima e dos motivos para vingá-la. Com isso consegui maior elenco de itens comparativos e, portanto, maior densidade tanto na descrição do fenômeno quanto na sua interpretação, coisa que não tem sido possível a partir do banco de dados relativo aos Estados Unidos. Esse recurso metodológico me permite melhor e mais ampla compreensão sociológica desse tipo de violência.

Um dos resultados é o índice da durabilidade do ódio, modo de saber durante quanto tempo determinado grupo humano está sujeito ao impulso de linchar determinada pessoa em face de determinado fator causador. Em 68,5% dos casos, a ação violenta é imediata ao fator que a motiva. No entanto, em 17,9% dos casos, o ódio perdura ao longo do mesmo dia, até a consumação da violência contra a pessoa que dele é objeto. Em 5,2% dos casos, ainda no dia seguinte do fator da ocorrência motivadora há disposição para linchar. E em 8,4% o ódio vai além de dois dias, havendo casos de mais de um ano em relação à ocorrência de motivação, quando, surgindo a oportunidade, a pessoa objeto do ódio acaba sendo linchada. Portanto, em 31,5% dos casos o impulso para linchar não se esgota nos primeiros minutos seguintes ao impacto que o motiva, um assassinato, um estupro, um roubo. Esse é um forte indício de que, embora o linchamento se proponha como expressão de uma decisão súbita de várias pessoas em face de uma ocorrência que as motive a linchar e tenha um caráter, em princípio, impulsivo, tem na duração do ódio um fator desconstrutivo que o remete a uma temporalidade que não é a do instante. É nessa temporalidade que se pode compreender e interpretar a peculiar estrutura social do linchamento, a de uma sociedade fracional e temporária, a qual já me referi.

No entanto, os linchamentos e as tentativas praticadas no instante do ato que os motiva nem por isso deixam de ser dominados e caracterizados pela conduta impulsiva e irracional da multidão. A durabilidade do ódio é decorrência e não condição da ruptura que o linchamento promove na conduta e no imaginário de seus participantes. Portanto, em princípio, não pode ser imputado exclusivamente ou decisivamente ao ceticismo quanto à punição legal do autor de violência que incita ao crime coletivo. No linchamento, há um ceticismo prático, que é decorrência e não condição do ato de linchar. Mas se pode falar numa predisposição ao linchamento e ao ato impulsivo em face das reiteradas informações difundidas pela mídia quanto a episódios de justiça lenta e de leis tolerantes em relação a crimes que a população tende a considerar muito mais graves do que a lei os considera. Nesse caso, mesmo os 68,5% de casos de agressão súbita e impulsiva a alguém potencialmente sujeito a linchamento, não deixam de conter ceticismo em sua motivação. Mas um ceticismo de referência geral e não de motivação imediata, um ceticismo de predisposição para o ato violento, mas não um ceticismo propriamente de motivação.

Quando se agrupam os motivos de linchamento ou de tentativa de linchamento, novos componentes da motivação ficam evidentes. Criei quatro categorias de classificação de motivos: ação de causa fútil (como quando um carro passa sobre uma poça de água na rua e a espirra sobre os passageiros que estão à espera do ônibus no ponto); agressão contra pessoa (o que inclui assassinato e estupro); agressão contra pessoa e contra a propriedade (como ferir para roubar); e crime contra a propriedade, como o roubo. O ímpeto de linchamento é mais imediato tanto no caso de causa fútil (86,3%) quanto no caso de crime contra a propriedade (88,4%). Já nos crimes mais graves contra a pessoa, a maior motivação dos linchadores se circunscreve ao imediato da ocorrência (60,1% quando é contra a pessoa e 55,7% quando é contra a pessoa e a propriedade). Mas nesses dois casos, a durabilidade do ódio motivador de linchamento é bem maior, ultrapassando o dia da ocorrência motivadora em 18,3% nos casos de crimes contra a pessoa e em 22,7% nos casos de crimes contra a pessoa e a propriedade. Quando a causa é fútil, apenas em 4,5% dos casos o ódio vai além do próprio dia do crime de motivação, e nos casos de crime contra a propriedade a durabilidade se restringe a 1,4% dos casos.

Esses dados sugerem que nem todo linchamento é expressão de ceticismo ou, ao menos, que o ceticismo está distribuído com intensidade desigual nas diferentes modalidades e motivações de linchamento. O ceticismo está presente quando o motivo para linchar decorre de crime contra a pessoa. A partir da imediata ocorrência motivadora, abre-se um tempo crescente de possibilidade de intervenção da polícia para prender e mesmo proteger um acusado de crime que possa resultar em seu linchamento. Em 91,9% dos casos em que o linchamento não se consumou imediatamente, a polícia conseguiu salvar a vítima. É o que corresponde a metade do total de ocorrências, se aí incluirmos as pessoas que foram efetivamente linchadas e mortas, casos em que não havia a menor possibilidade de salvar a vítima. Mesmo pessoas que testemunham a ocorrência e não se envolvem no linchamento não têm condições de interferir em defesa da vítima. Os poucos casos documentados de tentativas nesse sentido mostram que quem o faz corre o sério risco de ser também linchado, no mínimo severamente agredido.

Outro índice que desenvolvi mede a demora na execução da vítima de linchamento consumado. Embora seja muito raro que se tenha uma informação sobre os minutos tomados pela execução do crime, é possível estabelecer um indicador razoavelmente seguro através da enumeração dos procedimentos adotados pela turba no linchamento e da atribuição de um valor numérico à soma de itens. O linchamento geralmente começa com a busca e perseguição do criminoso, desdobra-se nas pedradas, nas pauladas, no espancamento, e segue até à mutilação física (como arrancar os olhos ou extirpar o pênis) e a queima do corpo, mesmo ainda vivo, quando o ciclo inteiro do linchamento típico no Brasil é levado em conta pelos linchadores. Na verdade, o conjunto do linchamento típico é um ato de crueldade coletiva, inspirado numa concepção de vingança.

Nas tentativas de linchamento, caso dos linchamentos não consumados, aqueles que apenas resultam em ferimentos na vítima ou em que a vítima é salva, o ímpeto dos linchadores declina rapidamente. Em 47,4% dos casos, apenas um item é observado, como o espancamento; em 24,8%, dois; em 14,7%, três; em 6,5%, quatro; e em 6,3%, mais de quatro. Nos linchamentos propriamente ditos, o ímpeto aumenta: em apenas 1,4% dos casos os linchadores recorreram a apenas um item de linchamento; em 12,8%, dois; em 18,7%, três; em 18,9%, quatro e em 48,2%, mais de quatro. Mesmo que alguém seja linchado imediatamente após um delito que provoque a formação e a ira da multidão, o desdobramento das etapas do linchamento, evidenciadas pela quantidade de procedimentos nele envolvidos, sugere que também aí o ceticismo está presente em alta proporção, na diversificação dos meios e instrumentos da violência e na notória sequência das escolhas. Pode-se dizer que, quanto maior o número de itens ou momentos do ato, maior a indicação de ceticismo.

Minha análise se baseia na hipótese de que não só o ceticismo explica os linchamentos, mas ele se constitui numa dimensão mais intensa ou menos intensa dessa modalidade de violência coletiva, dependendo de um conjunto de fatores envolvidos na ocorrência. Com base nela, verifiquei a corrente suposição de senso comum no Brasil de que vem aumentando a indisposição e mesmo o preconceito contra os jovens. Há no país um difuso ceticismo quanto à possibilidade de que os jovens de determinadas condições sociais estejam no "rumo certo" de se tornarem adultos válidos como gostariam aqueles setores da sociedade mais identificados com a precedência da ordem e do trabalho. No último meio século cresceu a proteção à criança e ao adolescente, mesmo aos imaturos infratores. Cresceran também a resistência e o combate ao trabalho infantil, com a adoção de medidas do Estado que definem como ilegal o recrutamento precoce das novas gerações como força de trabalho. No entanto, essas medidas se chocam com a concepção popular de que o trabalho educa e que o não trabalho estimula a delinquência e a vadiagem. Os próprios pais têm, no geral, dúvida quanto à política governamental que proíbe o trabalho de seus filhos. Com isso, a sociedade ficou sem referências alicerçadas na tradição para aceitar e compreender os jovens num marco de referência que para muitos parece mais opção pela ociosidade do que preparação para a vida.

Tentei verificar se os linchamentos e as tentativas de linchamento refletem essas concepções, com eventual maior incidência de linchamentos de jovens. Nem sempre é possível incluir no banco de dados informações sobre a idade das vítimas dessa violência, o que dificulta comparações. Não há esse dado para 32,5% das vítimas de linchamentos e tentativas. Quando esse dado existe, é possível analisar separadamente, por faixa de idade, os casos relativos aos que foram vítimas de linchamento, justamente aqueles casos em que a multidão agiu com maior violência, e os dos que foram vítimas apenas de tentativa de linchamento, em que o ímpeto de justiçamento é menor.

Agrupei as idades conhecidas em quatro grupos etários: o dos menores de idade (que ainda não haviam chegado aos 18 anos de idade), os jovens, os adultos e os idosos. Não foi possível observar nenhuma diferença significativa entre os que foram apenas vítimas de tentativas de linchamento, a forma relativamente mais branda de violência, e os que foram linchados, os que foram mortos. No primeiro caso, os menores e os jovens constituem 54,1% do total das vítimas da primeira intensidade de agressão. No segundo caso, essa categoria correspondeu a 55% dos que foram mortos. Portanto, não é possível dizer que, quanto ao rigor da justiça, o ceticismo da população é maior quando o autor do delito é jovem.

Os dados mostram, no entanto, que o ceticismo é intenso quando se considera a variável racial. Os linchadores podem aceitar que a Justiça não será devidamente severa em relação a um branco, mas não que não o será em relação a um negro. Daí a opção pela violência direta do justiçamento quando o destinatário do ódio é negro. Mesmo crimes graves de brancos podem ser julgados com relativa brandura em comparação ao rigor que os linchadores esperam pelo mesmo crime praticado por um negro. No conjunto das vítimas de linchamentos e tentativas, 48,1% são brancos e 51% são negros e pardos. Aqui também, como não há no banco de dados informações sobre o item racial para todas as vítimas, é possível comparar as proporções entre os que foram vítimas de tentativas e os que foram linchados, quando, em relação a eles há o dado da cor da pele. Aí a diferença é altamente significativa. Entre os que perecem nas mãos dos linchadores, apenas 29,2% são brancos, enquanto que 70,1% são negros e pardos. Enquanto no conjunto dos linchamentos e tentativas as proporções de vítimas brancas e negras são praticamente iguais, nos casos de morte por linchamento a proporção de negros e pardos é mais do que o dobro da proporção de brancos. Convém levar em conta que não são raros os linchamentos de negros por negros (o que também tem ocorrido nos EUA no período mais recente). E, também, que a maior incidência de linchamentos de negros do que de brancos pode dever-se ao fato de que a situação social anômica mais propícia a esse tipo de violência é característica de bairros e lugares de constituição recente e/ou de concentração de migrantes. Aquilo que Lewis Mumford define como deterioração urbana ou padronização da ruína,[4] que nos Estados Unidos se deu nas áreas decadentes das grandes cidades e que entre nós se dá na própria expansão das grandes cidades, o urbano disponível para as populações pobres já nasce decadente, porque antiurbano desde o começo.

Mas, em boa parte, a reação diferencial dos linchadores em relação a vítimas negras e vítimas brancas ainda reflete a concepção difundida de que direitos iguais para os negros são imerecidos, expressão da concepção antiga de que transgredir é da índole do negro, o que é concepção característica do persistente preconceito racial no Brasil. Os dados mostram que a probabilidade de linchamento de um negro em face de um mesmo crime é duas vezes maior do que a do linchamento de um branco. Portanto, o ceticismo em relação à eficácia da interferência da justiça formal e legal é maior nesse caso, o que indica que a postura cética não é a mesma nas mesmas pessoas, variando o ceticismo de conformidade com outros fatores intervenientes nas relações sociais em face da violência. O ceticismo não é um dado *a priori* e absoluto. Ao contrário, esta pesquisa sobre linchamentos indica claramente que ele oscila em função da circunstância, dos fatores e do destinatário.

O ceticismo varia, também, de acordo com o grupo que lincha. Agrupei os dados relativos a 1.756 vítimas de linchamento e de tentativa de linchamento conforme as características sociais do grupo de linchadores. Já indiquei as definições antes e retomo-as agora para facilitar a leitura deste capítulo. Um primeiro grupo, o grupo A, é constituído por pessoas que pertencem à família da vítima do crime que motiva o linchamento e também amigos próximos. Corresponde a 6,7% dos casos em que foram sociologicamente identificados. O segundo grupo, o B, é constituído por amigos e vizinhos da vítima e representa 17,1% dos casos. O terceiro grupo, o C, é constituído dos chamados "populares" e moradores da localidade, espacialmente próximos mas não vizinhos, no geral pessoas que não conhecem a vítima do crime. São 34,2% dos casos. Finalmente, o quarto grupo, o D, 42% do total, é formado por pessoas anônimas, transeuntes, passantes, que também não conhecem a vítima e no geral estão apenas ocasionalmente no cenário da ocorrência, atraídas para o linchamento por indução, o chamado comportamento coletivo, irracional e impulsivo. Sociologicamente, constitui a característica multidão.

Nessa ordem, o ceticismo como um dos motivos de linchamento tende a ser maior no primeiro grupo e menor no último. É possível medir essa gradação levando-se em conta a maior proporção de mortos no primeiro grupo (39,9%) e a menor proporção de mortos no último (28%). A mesma escala pode ser observada em relação aos feridos (16,9% e 13,6%). Mas, tomando-se em conta os que foram salvos (37,3% e 52,4%, respectivamente) ou escaparam das mãos dos linchadores (5,9% e 6%), a ordem é inversa. Os grupos maiores, a verdadeira multidão, sem vínculo afetivo com a vítima da vítima do linchamento, parecem-me menos céticos em relação à justiça e à lei do que os grupos afetivamente mais próximos da vítima daquele que lincharam ou tentaram linchar.

Dados descritivos, relativos a cada caso, não sugerem que o tamanho do grupo seja decisivo no êxito do linchamento. Teoricamente, a multidão irracional tende a ser mais perigosa do que os grupos menores. Deveríamos, portanto, esperar que o último grupo, o D, fosse, proporcionalmente, autor de maior número de mortos do que o primeiro, o A. No entanto, os dados mostram que ocorreu o contrário. Os linchadores oriundos da família e dos amigos da vítima do crime que motiva o linchamento aparentemente acreditam menos na eficácia da justiça formal e oficial. No entanto, as evidências são indicativas de que esse grupo age motivado não só pelos *deveres de parentesco* (o que poderiam conseguir recorrendo à polícia), mas principalmente pelos *direitos de parentesco*, sobretudo os *direitos de sangue*. O ritual adotado num dos linchamentos é uma boa indicação nesse sentido. Em caso já citado, ocorrido em Campos (RJ), em 1996, um adolescente negro matou para roubar uma adolescente pobre que se encontrava um dia de manhã tomando conta do pequeno bar de sua família. Fugiu em seguida, mas foi perseguido pelos vizinhos, que o encontraram e o arrastaram até a frente do local do assassinato, onde o amarraram. Antes de agredi-lo, chamaram os membros da família mais próximos da morta, incluída a mãe, para que exercessem o direito de precedência nos primeiros golpes contra a vítima do justiçamento. Só então a multidão reassumiu o linchamento, jogando álcool no adolescente para queimá-lo vivo, no que foi impedida pela chegada da polícia. Houve outros casos parecidos.

O tipo de linchamento, portanto, situado na cultura da vingança, com destinatário certo, por motivo preciso. Isso não ocorre nos linchamentos praticados pela verdadeira multidão, em que suas relações com a causa e com o objetivo da violência tendem a ser difusas e imprecisas. Essas características de alguns linchamentos emblemáticos refletem remota influência das Ordenações Filipinas, já mencionadas, que definiam alguns casos de crime, mesmo o de sangue, como assunto de interesse privado dos envolvidos. O ceticismo, nesse caso, é relativo porque a vingança, ainda que ilegal, apoia-se na tradição, numa cultura popular carregada ainda de valores sociais de outros tempos.

Entretanto, não posso deixar de mencionar uma característica dos linchamentos que reforça a interferência do ceticismo em sua ocorrência. Examinando-se o período das 24 horas do dia de ocorrência dos linchamentos e tentativas de linchamento por tipo de grupo de linchadores, há uma tendência clara no sentido de que o primeiro grupo, constituído por membros da família e amigos da vítima causadora da reação de linchamento, linche mais de noite (58,5%) do que de dia (41,5%). Já o último grupo, o da verdadeira multidão, lincha mais de dia (55%) do que de noite (45%). Nos linchamentos diurnos, é menor a proporção de vítimas fatais, sendo maior nos linchamentos noturnos. À noite, a violência é maior e maior a demora do ato violento. A indicação é a de que o linchador é mais cauteloso de dia do que de noite, protegendo-se quanto à possibilidade de ser identificado, agindo, portanto, com menos violência de dia.

Esse é um indício de que mesmo o grupo afetivamente motivado para o linchamento, pelo ódio e pelo desejo de vingança, ao demonstrar-se mais cético em relação à lei e à justiça, no agir noturno relativiza o ceticismo. Embora pareça o contrário, mostrando-se consciente de que há um conflito entre o costume e a lei, entre o que está fazendo e o que a Justiça faria. É, portanto, menos cético do que parece, atormentado pelos riscos de seu dilema entre fazer justiça com as próprias mãos ou colocar a punição de um criminoso nas mãos neutras da Justiça institucional e oficial.

Notas

[1] Versão revista de texto publicado originalmente como capítulo do livro de Sir Roy Calne e William O'Reilly (eds.), *Scepticim: Hero and Villain*, New York, Nova Science Publishers, 2012, pp. 329-42.

[2] É o caso da indústria de confecções na cidade de São Paulo, em que um trabalhador pode ser comprado do traficante por US$ 500 para trabalhar 17 horas por dia. Cf. "Polícia resgata dois bolivianos colocados 'à venda' no centro de SP", *O Globo*, 14 fev. 2014: dois trabalhadores estavam sendo vendidos na feira do bairro do Pari.

[3] Destaco dois estudos de caso. Um, relativo a um linchamento ocorrido em Araraquara (SP), em 1897. Outro, relativo a um linchamento ocorrido em Chapecó (SC), em 1950. Respectivamente, Rodolpho Tellaroli, *Britos: república de sangue*, Araraquara, Edições Macunaíma, 1997; Monica Hass, *O linchamento que muitos querem esquecer*, 3. ed., Chapecó, Argos/Unochapecó, 2013.

[4] Cf. Lewis Mumford, *A cultura das cidades*, trad. Neil R. da Silva, Belo Horizonte, Itatiaia, 1961, p. 262. Um pioneiro estudo de caso de linchamento na Bahia, de pesquisa realizada em 1959, Thales de Azevedo constata que o linchamento decorreu de tensas disputas entre antigos e novos moradores. Cf. Thales de Azevedo, op. cit., pp. 948-9.

A justiça popular e os linchamentos

Minhas reflexões[1] vão se basear, fundamentalmente, nos dados de duas pesquisas que realizei nos últimos vinte e poucos anos. De um lado, uma ampla pesquisa artesanal e qualitativa, na Amazônia Legal, sobre os conflitos fundiários e territoriais que abrangem posseiros, índios e grandes proprietários de terra, uma pesquisa iniciada em 1977.

De outro, referência deste livro, uma pesquisa nacional sobre linchamentos, que, numa primeira etapa, cobriu o período que se inicia em 1945 e que, nestas considerações, foi até 1999 (54 anos), embora se estenda até a atualidade. Nas últimas décadas fiz um monitoramento aleatório dos linchamentos com base nos dados disponíveis e neles, no período de 1995 a 1998, fiz o monitoramento dos casos com base em dados colhidos diariamente. Formei um banco de dados com informações sobre duas mil ocorrências, que tiveram a participação ativa, como linchadoras, de cerca de um milhão de pessoas. Nos últimos anos, graças aos recursos hoje disponíveis na internet, voltei a fazer o monitoramente cotidiano das ocorrências, com alcance até maior do que o dos recursos anteriormente disponíveis.

Não incluo na classificação de linchamento os casos de assassinatos praticados por justiceiros, pois não têm nenhuma das características próprias do ato de linchar. Essa confusão é comum em militantes dos direitos humanos e atrapalha muito a compreensão da cultura e da sociabilidade próprias das circunstâncias em que os linchamentos ocorrem e em que sobrevive a cultura popular da vingança. Pode-se dizer que os assassinatos praticados por justiceiros são "crimes privados", enquanto os linchamentos são, ostensivamente, "crimes públicos".

Tenho procurado verificar se há uma motivação súbita na violência coletiva que me previna de limitar a busca de fatores a causas estruturais para explicar ações coletivas caracterizadas por alta dose de espontaneidade e, portanto, por um estado excepcional de tensão, e mesmo de loucura coletiva. Há indicações fortes de que essas causas existem. Uma delas diz respeito à distribuição desigual dos linchamentos e tentativas pelos dias da semana. Durante certo tempo, quarta-feira foi um dia de pico, entre, portanto, um fim de semana e outro. À medida que dados relativos a um período mais amplo e a uma região mais ampla foram sendo agregados, manifestou-se uma tendência à concentração nas terças e quintas e, às vezes, no domingo. Isto é, um dia de tensão seguido por um dia relativamente calmo. Isso, porém, é muito relativo. É preciso desagregar os dados, encontrar referências apropriadas de agrupamento e considerar as variações nos costumes ao longo de mais de meio século.

A maior parte dos linchamentos e tentativas de linchamento que estou analisando ocorreu na região Sudeste, especialmente São Paulo e Rio de Janeiro. A região metropolitana de São Paulo é a que mais lincha no país. Em segundo lugar, a cidade de Salvador. Em terceiro, a cidade do Rio de Janeiro. A cidade de São Paulo lincha quase quatro vezes mais do que a do Rio de Janeiro.

A maior parte dos linchamentos e tentativas foi motivada por agressão contra a pessoa e nesse grupo uma pequena parte por agressão a pessoa por motivo de roubo. Nesse grupo, a tendência é a do aumento da proporção de ocorrências. Em segundo lugar estão as ações motivadas por roubo ou tentativa, porém, em declínio. É significativa a participação, em aumento, de ações de motivação fútil: 10%. Em São Paulo e no Rio predominam os linchamentos motivados por violência contra a pessoa e em segundo lugar, contra o patrimônio. Já em Salvador, é o inverso: mais da metade dos linchamentos é motivada por roubo, eventualmente com agressões físicas contra a vítima.

Embora nossos linchamentos sejam predominantemente urbanos e ocorram nas capitais, há também linchamentos em cidades do interior e linchamentos rurais. O que chama a atenção é a característica comum aos linchamentos e tentativas nesses três tipos de áreas: a violência da multidão tende a se manifestar em áreas de constituição recente, como os bairros novos nas áreas metropolitanas, ou em áreas antigas de atração recente de novos habitantes. Portanto, as vítimas mais prováveis dessa modalidade de violência coletiva são os estranhos e adventícios, mal integrados na convivência social local. Isto é, são áreas de populações recentes e em transição do mundo rural para o urbano, ou do interior para a capital, nas quais não se definiu ainda um padrão estável de sociabilidade. Isso parece indicar que, como aconteceu na ocupação do Oeste americano, sobretudo a partir do século XIX, os linchamentos constituem uma manifestação coletiva em favor do estabelecimento de ordem na sociedade. Portanto, os linchamentos indicam um comportamento conservador em favor de um ordenamento social estável e regulado.

Nas áreas metropolitanas a tendência é contrária aos linchamentos praticados por multidões lebonianas, isto é, multidões constituídas segundo a concepção de Gustave Le Bon, subitamente, como uma espécie de um enlouquecimento coletivo temporário. Nessas áreas os linchamentos tendem a ser praticados predominantemente por agrupamentos de vizinhança e até mesmo de famílias extensas. Isso indica que a solidariedade e a lealdade vicinal e os valores familísticos predominam na motivação da violência coletiva. Em outras palavras, o linchamento constitui uma ação anômica no sentido de superar o estado de anomia.

Em todos os casos, é evidente, e não raro é explicitamente dito, que a justiça pelas próprias mãos é praticada por descrença na justiça institucional. A população reconhece que estamos vivendo um momento histórico de crescente desordem social, mas não crê que a polícia e a justiça saibam lidar corretamente com a necessidade de restauração da ordem. Não raro vê policiais e funcionários da justiça como cúmplices da desordem, sobretudo quando, em face da lei e dos procedimentos formais impostos pela lei, vê um criminoso condenado pela consciência popular ser solto ou absolvido. Há aí um claro desencontro entre a justiça institucional restitutiva de padrão europeu e clássico, baseada no pressuposto da recuperação possível do criminoso, e a justiça popular punitiva, baseada na concepção de que todo desvio da ordem e da convivência coletiva deve ser castigado. A justiça popular se baseia no pressuposto da *vendetta*, na concepção da função social restauradora ou instituidora que seria a da vingança, sobretudo nos casos de crime de sangue. A *vendetta* reata, no plano místico e simbólico, as relações sociais rompidas violentamente.[2]

Não raro, os participantes de linchamentos têm uma difusa concepção de que o crime de multidão é lícito e dizem isso. Provavelmente, referem-se ao fato de que o Código Penal considera atenuante a participação em crime coletivo. Conciliam, assim, a justiça formal do Código com a justiça da vingança, com o justiçamento. Até mesmo vítimas de tentativas de linchamento, quando ouvidas a respeito, justificam a legitimidade da violência de que foram vítimas. Portanto, estamos em face de uma cultura da justiça popular, um código complexo de ações de restauração da ordem onde ela é violada.

Há um difuso e confuso componente de classe nos linchamentos brasileiros. Até no sentido de firmar na prática a igualdade social por meio do ato violento que não discrimina quem deva ser punido. De um lado, há certa disponibilidade para linchar membros da elite (médicos, juízes, policiais, sacerdotes, pastores etc.) com base na consciência de que a justiça oficial é branda em relação aos ricos e poderosos ("rico não vai pra cadeia"). Dos que sofreram linchamento ou tentativa de linchamento, 5,1% são da elite e da alta classe média (fazendeiros, comerciantes, ministro de Tribunal Superior, políticos etc.); 29,6% são de profissões da classe média; 6,2% são militares, policiais, policiais-militares, incluindo oficiais. Se compararmos a soma dos dois últimos grupos (35,8%) com a proporção dos reconhecidamente delinquentes, como ladrões, assaltantes, traficantes, (37,8%), teremos um quadro assombroso de que nos motivos do linchador não há isenções nem atenuantes de classe ou de profissão. É bem verdade que os linchados são, de certo modo, os alcançados pela roleta-russa do destino, sem formalidades para preenchimentos de prévios papéis de identificação. Esses números indicam, também, que cerca de 60% dos vitimados por atos de linchamento não são necessariamente contumazes no delito que os transforma em vítimas. Muitos estavam provavelmente praticando delito de ocasião ou violência de ocasião. Não poucos foram alcançados por estigma ou intolerância.

De outro lado, há a concepção de que a violência do pobre contra o pobre, seja nos crimes contra a pessoa, seja nos crimes contra o patrimônio, constitui uma violação da lealdade comunitária dos iguais (mais do que a lealdade de classe), o que torna a punição contra o pobre mais drástica do que a punição contra o rico: em caso de crimes iguais, a violência do linchamento é mais intensa em relação ao primeiro do que em relação ao segundo.

A mentalidade e os valores conservadores observados na tendência geral dos linchamentos e tentativas se completam no modo como a justiça popular é praticada. Como mostrei antes, 19,2% assumiram forma ritual e em 3,3% dos casos a vítima foi queimada viva, claramente como parte do cumprimento de um rito completo de sacrifício humano.

Aqui é necessário observar a relação entre as características da vítima da vítima (isto é, vítima de quem foi linchado) para entender a forma da punição imposta ao linchado. No geral, a vítima da vítima é pessoa de fato indefesa ou que a cultura popular define como indefesa, constitutivamente inocente ou ritualmente pura, sendo, portanto, uma covardia e uma violação ritual qualquer violência contra ela. É o caso de crianças, mulheres grávidas, idosos, pobres em extrema pobreza, mas integrados, isto é, vizinhos e conhecidos, jovens enamorados. Algumas dessas vítimas são, na cultura popular, liminares entre o humano e o sagrado: crianças muito pequenas, mulheres grávidas, a jovem virgem. Nesses casos, sem morte ou, sobretudo, com ela, o linchamento do autor da violência primária tende a desdobrar-se em ato ritual e propiciatório, caso em que o crime propõe mais do que um castigo: propõe a necessidade de um bode expiatório.

René Girard, em seus estudos sobre o tema, chama a atenção para o tipo de violência que gera a necessidade social do bode expiatório: o crime que desordena as relações sociais.[3] No caso brasileiro, as ocorrências que mais facilmente assumem essa característica são aquelas relativas ao crime de incesto. A violação incestuosa (geralmente estupro da filha pelo próprio pai, mas também outras formas de relacionamento incestuoso real ou simbólico) acarreta invariavelmente o sacrifício do autor. A violação de uma interdição sagrada representa, como fica evidente nos linchamentos entre nós, uma ruptura simbólica insuportável. Tanto que em casos assim, como já indiquei antes, quando o autor é preso, acaba sendo linchado pelos presos junto aos quais é colocado. Uma clara indicação de distinção popular das categorias dos diversos crimes. Mesmo o homicida violento não quer ser confundido com o criminoso que praticou incesto, para ele um verdadeiro criminoso. Isto é, não quer ser contaminado real e simbolicamente pelo autor de uma violação do sagrado que, por isso mesmo, se desumaniza, escapa da condição propriamente humana e se torna uma espécie de pestilento e contagioso cidadão do mundo do mal.

A vingança tem entre nós, tudo o indica, duas características, ao menos. De um lado, a de vingança do crime de sangue por parte daqueles aos quais o sangue pertence. Não raro, em casos assim, mesmo que a multidão participe da perseguição e da captura do autor de um crime, ela mesma dá precedência ao direito de vingança aos membros da família da vítima da vítima. Um caso exemplar desse tipo, que já citei antes, ocorreu em Campos, no Rio de Janeiro, em fevereiro de 1996. Um adolescente, negro, apresentou-se no pequeno bar de uma família negra e pobre um dia de manhã, no momento em que uma menina de sua idade abria o estabelecimento em companhia de um irmão de quatro anos de idade. Assaltou, matou e fugiu. Escondeu-se nos matos das proximidades. Na tarde do mesmo dia, quando a família fazia o velório da filha, o menor foi capturado pelos vizinhos, arrastado até as proximidades da casa, amarrado com uma corrente a um poste. A família da garota foi, então, chamada para linchá-lo e espancou-o. Só não se consumou a execução porque a polícia chegou, a chamado de moradores, impedindo que fosse queimado vivo.

Um caso ocorrido no Oeste catarinense, que estou estudando em detalhe, foi desse tipo. Havia dois crimes diferentes na motivação do linchamento. De um lado, o assassinato de um jovem descendente de italianos numa festa vicinal de fim de semana. No outro, o assassinato de um jovem descendente de alemães em outra festa de fim de semana, em outra ocasião. Em ambos os casos a motivação foi fútil, e os homicídios foram praticados por diferentes criminosos. Ambos foram presos e estavam na mesma cadeia quando houve o ato de linchamento. Cada uma das comunidades de pertencimento das vítimas preparou o linchamento dos criminosos para ser executado num mesmo dia, conjuntamente, um dia de festa religiosa. Destruíram um transformador de energia elétrica na área da cadeia, puseram a cidade às escuras e invadiram a prisão. Na hora de linchar, um dos grupos, o mais motivado para a prática da vingança, descobriu que o "seu" preso tinha sido removido na véspera, por desconfiança da polícia de que o linchamento ocorreria. Chamaram, então, os do outro grupo, porque quem estava lá era o "seu" preso, que de fato foi linchado, morrendo poucos dias depois num hospital da região.

A outra característica diz respeito àqueles casos em que a comunidade se considera "dona" do sangue derramado pela vítima da vítima e se sente no direito de definir e punir o bode expiatório, praticando nele o rito de extermínio. São nesses casos que tem lugar a queima do autor ainda vivo. No geral, essa prática se baseia na concepção de que a ressurreição não será possível para quem for mutilado porque tenha praticado crime de sangue ou violação do sagrado (no caso do estupro incestuoso, o derramamento do sangue virginal das primícias). Um caso ocorrido em Monte Santo, na Bahia, é exemplar. O criminoso, um jovem filho de fazendeiro, tentara estuprar sua própria professora, que vivia com uma avó cega, na roça. A moça conseguiu fugir, ele a perseguiu e acabou matando-a a facadas. Foi preso e levado para uma cidade próxima. Os vizinhos da professora e também seus vizinhos se organizaram e, durante a noite, atacaram a prisão, renderam a numerosa guarda, colocaram o criminoso sobre um caminhão e o levaram para o exato local em que derramara o sangue de sua vítima. No caminho, foi sendo cortado pedaço por pedaço e finalmente queimado vivo no próprio local em que consumara seu crime. A incineração como punição é o modo de impedir a reconstituição do corpo no dia do Juízo. Punição eterna, portanto, em franco contraste com a pena restitutiva, própria da justiça institucional e oficial.

O bode expiatório tem sentido como forma de expiar o pecado da morte não natural. A imposição do castigo extremo é modo de obter para a vítima da vítima a ressacralização do corpo violado e habilitá-la, assim, ao direito dos justos. É forma de acalmar a ira divina em relação à comunidade de pertencimento da vítima da vítima, guardiã e responsável por sua pureza, seu sangue e sua vida. A vida do inocente pertence à comunidade porque pertence a Deus. A comunidade é considerada aí, por seus participantes, uma espécie de guardiã dos talentos e responde por eles, como na parábola bíblica dos talentos. Ou como no caso de Caim e Abel: "Onde está teu irmão?". Nesses casos, o limite entre o profano e o sagrado é muito tênue.

Muitos defensores dos direitos humanos entendem que é preciso punir exemplarmente os participantes de linchamentos para que prevaleça a justiça formal e institucional, a justiça racional. Isso é complicado porque em nosso direito não há a figura do crime coletivo nem a definição de como puni-lo. Se 50 pessoas participam de um linchamento, as 50 serão processadas como 50 homicidas, como se tivessem praticado individualmente o crime. O caso do Oeste catarinense, que mencionei, é exemplar de um juiz heroico. Dez anos depois da ocorrência, um novo e jovem juiz da comarca se empenhou em levar a julgamento os 23 participantes identificados do linchamento. O caso bem indica as dificuldades para lidar com essas situações, a começar das enormes complicações para formar um júri cujos membros não tivessem parentesco com os jurados. De todos os participantes do linchamento (a rigor, foi a comunidade inteira), apenas um foi condenado pelo júri e os outros, absolvidos: foi condenado o mais pobre dos identificados e processados. Mesmo aí, o júri optou por entregar um bode expiatório não mais a Deus, mas à Justiça. Todos os outros foram absolvidos. Está bem clara, nesse caso, a real natureza da relação desencontrada entre a Justiça e o povo.

Notas

[1] Publicado anteriormente em Isaura de Mello Castanho e Oliveira, Graziela Acquaviva Pavez e Flávia Schilling (orgs.), *Reflexões sobre justiça e violência*, São Paulo, Educ/Imprensa Oficial-SP, 2002, pp. 139-57.

[2] Holton menciona as diferenças de comportamento da multidão em relação ao corpo entre católicos e protestantes. Para os católicos, há grande ênfase na dessacralização do corpo, portanto, uma postura necessariamente ritual. Para os protestantes, o interesse é concentrado no assassinato. A concepção religiosa dos participantes é decisiva na forma que o justiçamento assume. Cf. Robert J. Holton, "The crowd in history: some problems of theory and method", *Social History*, v. 3, n. 2, May 1978, pp. 219-33.

[3] Cf. René Girard, "Generative scapegoating", em Walter Burkert, René Girard e Jonathan Z. Smith, *Ritual Killing and Cultural Formation*, Stanford, Stanford University Press, 1987, pp. 73-105. Devo ao Pe. Flávio Lazzarin e a Alessandro Gallazzi as primeiras indicações sobre a relevância da obra de René Girard para a compreensão da dimensão sacrificial dos linchamentos, numa troca de ideias em Salvador, em 1996, quando de um seminário sobre exclusão social.

A justiça supressiva
nos crimes de sangue

É a violência coletiva e episódica que pode nos remeter aos significados da disseminada violência no Brasil. Nela se expressam os valores profundos de referência da sociedade inteira, que estão na raiz dos processos sociais violentos que nos assombram. A violência coletiva se manifesta entre nós, sobretudo nos linchamentos praticados, não raro, por multidões. Violência quase sempre cruel, expressão de uma concepção fundante do que é o humano e do que não o é entre nós, é marcada por uma grande diversidade de procedimentos violentos, que vão da perseguição à vítima, seu apedrejamento, as pauladas, socos e pontapés, à sujeição física, ao arrastá-la, mutilá-la e queimá-la, mesmo estando ainda viva.

Esse é o modelo que preside o ato de linchar, onde quer que ocorra neste país. A adoção ou não de todos os seus componentes depende do momento e do cenário em que acontece. Se ocorre de dia, é menor o número de procedimentos da agressão e maior a probabilidade de que a vítima sobreviva apenas ferida ou até que escape ou seja salva pela polícia. À noite, os linchamentos são marcados por maior número de procedimentos, há mais incidência de mortes, e a covardia dos agressores é mais evidente, porque maior a probabilidade do anonimato.

Entre nós, linchamentos propriamente rurais são poucos. Não diferem dos urbanos a não ser pela realização mais completa do modelo em maior número de casos. Nos linchamentos urbanos, porém, é frequente encontrar manifestações de violência extrema, como os ladrões que foram queimados vivos em Matupá, Mato Grosso, em 1990, friamente filmados por um dos participantes, com as vítimas se contorcendo no meio às chamas, implorando que alguém lhes desse um tiro para morrerem de uma vez. As cenas foram transmitidas pela televisão. São raros os linchamentos em que todos os componentes do modelo estão presentes, o que não diminui a crueldade envolvida na maioria deles. Tudo indica que os linchadores dominam culturalmente o código básico do justiçamento, retido nas camadas profundas da consciência. Agem como se estivessem loucos, embora sigam um roteiro. O menor ou maior número de procedimentos depende da causa que o motiva, de um roubo ao estupro e assassinato de uma criança. Depende, também, das condições em que o linchamento é praticado e do tamanho do grupo de linchadores.

A adoção ou não do catálogo completo de procedimentos aplicáveis ao ato de linchar depende de circunstância e oportunidade. Mas depende, também, do castigo cabível em face do tipo de crime que o motiva. Linchamento é um ato de punição coletiva, regido por uma concepção de castigo que já não existe nos nossos códigos e leis, que são expressões da Razão. O resíduo da Razão, porém, sobreviveu na cultura popular e ganha corpo em face de crimes cuja punição prevista na lei é inferior ao que o sentimento popular e a tradição recomendam que se puna de modo diverso.

O formalismo da lei equaliza a modalidade da pena como privação de liberdade e institui sua diversidade meramente quantitativa, sujeita ainda a artifícios aritméticos e avaliações redutoras que a distanciam ainda mais da concepção que tem o vulgo de crime e castigo. Na interpretação popular, os crimes lançam os criminosos num universo de valores e julgamentos que dizem respeito à vida como mérito e não, primariamente, como direito. Ao desviar-se da conduta socialmente estabelecida, o criminoso pode ou não continuar merecedor da vida. Os linchamentos usurpam da justiça formal aqueles cujo delito comprometeu seu direito à vida porque no crime cometido violaram a condição humana e negaram-se como seres humanos.

Não apenas o corpo está em jogo nesses casos, mas toda a trama simbólica que humaniza o corpo e diferença um homem de um animal. No linchamento, os linchadores proclamam a precedência da sociedade em relação ao indivíduo e a vida como bem comum e não como direito individual. É nesse sentido que negam a legitimidade do juiz e do tribunal e, portanto, do julgamento isento, embora a instituição judicial aja em nome da sociedade. Porém, concebem-na como uma associação de indivíduos, enquanto os grupos populares tendem a concebê-la como um desdobramento da comunidade tradicional e, portanto, como um corpo coletivo. Para os linchadores, a Justiça é uma ficção, não é a justiça do povo. Instituem a distinção entre morte digna e morte indigna, a morte como fato natural e a morte como castigo infligido sobre o corpo do criminoso, de modo a destituí-lo das referências simbólicas de sua humanidade. O senhorio da sociedade é exercido sobre a construção cultural que humaniza o corpo e gera a pessoa. No linchamento, a sociedade reclama de volta o seu direito sobre a trama simbólica que dá sentido à vida.

Nem por isso deixa de haver diferenças importantes entre os diferentes linchamentos ou tentativas de linchamento. Os linchamentos urbanos diferem dos demais porque há neles maior número de procedimentos violentos na ação do que se pode chamar de verdadeira multidão, a agregação de um grande número de anônimos. Já os linchamentos urbanos de vizinhança e os rurais se caracterizam como práticas de comunidades de justiçamento, pois os participantes sempre se conhecem e não raro são até parentes entre si.

Num país que acumula registros de mais de dois mil linchamentos e tentativas de linchamento no último meio século, como o nosso, o número de ocorrências ainda não foi suficiente para nos fazer pensar sobre a diversidade dos modos de punir que atravessam silenciosamente nossa cultura. Ainda preferimos simplificar o assunto, dele tratando como mera variante de uma violência crônica e sem sentido. Não o é, pela carga simbólica que contém.

Valdemar Martins Bugança foi dos poucos que, de certo modo, tiveram a indesejada oportunidade de pensar a esse respeito nos 25 dias em que morreu lentamente entre um hospital de Chapecó, no Oeste catarinense, e um hospital de Florianópolis, para onde o removeram. Geralmente, num linchamento a vítima morre depressa e de surpresa. Nada sugeria que, naquele domingo de janeiro de 1987, fosse ele se defrontar com essa forma altamente simbólica de justiçamento e experimentar a crueldade de um morrer lento e punitivo.

Bugança aguardava julgamento por homicídio na cadeia de Maravilha, idílico município bem próximo da fronteira com a Argentina. Ali, quase não há descontinuidade entre roça e cidade. É um lugar calmo, de tradições familiares fortes, povoado por descendentes de alemães e de italianos, muitos deles vindos do Rio Grande do Sul na época da expansão da frente pioneira naquela região de Santa Catarina, há pouco mais de meio século.

Quando, dez anos depois do linchamento de Bugança, um juiz finalmente insistiu em levar os acusados a julgamento, teve grande dificuldade para formar o corpo de jurados. Era alta a incidência de parentesco entre os habitantes. Praticamente teve que fazer pesquisas genealógicas para identificar as parentelas. Não levou em conta a questão antropológica das redes paralelas de parentesco simbólico e as relações de amizade e lealdade que costumam prevalecer na sociabilidade de comunidades como aquela. O julgamento teria sido impossível.

O próprio crime de Valdemar se dera no interior dessa trama de relacionamentos simpáticos, destituída de conflitos sérios e irremediáveis. Um crime antiquado, mas desses que são cometidos quando um homem se defronta com desafios que imagina imensos, no ardor dos 23 anos de idade. Em novembro de 1986 ele matara a facadas, na saída de um baile, seu amigo Dercílio, um mecânico com a mesma idade que a sua.

Aquele domingo de janeiro de 1987, em Maravilha, fora, até o começo da noite, diferente apenas por conta dos boatos que circulavam a respeito de um possível linchamento de outro preso, não dele. Alcindo Luís Pereira estava recolhido à mesma cadeia porque em agosto de 1986 matara, também a facadas, o mecânico Erno. Um telefonema anônimo alertara a polícia para essa possibilidade. Foi, então, o preso cautelosamente removido para outra cidade da região. Não sabia, porém, a autoridade, que parentes das duas vítimas (Dercílio e Erno) haviam passado boa parte do dia numa festa de roça, conversando sobre seus mortos, sua ausência irreparável.

Dercílio tinha sido morto há pouco mais de um mês e Erno, há cerca de quatro meses. A morte tem dessas coisas, incompreensíveis na moldura racional da lei e dos códigos. Comunidade familística e agrícola, altamente regrada pela força da coerção moral dos relacionamentos cara a cara, esses assassinatos entraram no elenco dos fatos sem reparo possível no pacifismo religioso e regulador que dá sentido aos mistérios da vida. Na cultura popular, tudo tem de ter explicação e conserto. Aquelas mortes não tinham. Assassinos e vítimas se conheciam, compartilhavam valores, iam às mesmas festas. Sociedades assim sempre creem que a maldade nunca vem de dentro, sempre vem de fora. Esse é propriamente o Mal.

Aquelas muitas semanas que separaram as duas mortes e o linchamento de um dos autores falam da durabilidade do ódio. Falam do tempo de interpretação da ruptura ocorrida na vida dos envolvidos e de suas comunidades de pertencimento. Falam da busca do modo de repará-la, de consertar o todo dilacerado pelo inexplicável derramamento de sangue comunal, já que era sangue de muitos entrecruzados parentes. Porque quem mata, numa comunidade assim, comete um crime contra toda ela, torna-se estranho em relação a ela. O linchamento é a forma ritual de consumação do estranhamento. É, portanto, o desfecho da construção simbólica do antagônico no corpo coletivo sem antagonismos aparentes. A justiça legal está baseada em concepção contrária a essa, a de que quem comete um crime repara-o pela privação temporária da liberdade. É uma justiça restitutiva em conflito com a justiça supressiva da rua.

Noite caída, com trator e corrente, o poste da fiação elétrica diante da delegacia foi arrancado, o que provocou um curto-circuito. No meio da escuridão, entraram primeiro os vingadores da morte do jovem Erno, a morte mais antiga. Ao constatarem que Alcindo Luís Pereira já não se encontrava na cadeia, saíram e avisaram o grupo que ali estava em nome do falecido Bastos que o assassino de Erno não estava lá, mas o daquele grupo estava. A cadeia foi invadida, o preso agarrado, arrastado, gravemente espancado, recebeu socos, pontapés, pedradas e facadas. Na história dos linchamentos brasileiros, esse foi relativamente demorado: 20 minutos. Em geral, a morte decretada pela multidão enraivecida é mais rápida, embora não menos cruel.

Valdemar não morreu na hora. Morrerá na capital 25 dias depois. Apesar da gravidade dos seus ferimentos, teve tempo de fazer uma lista de 36 participantes do ato violento, reconhecidos por ele pela voz, pelos gritos enfurecidos, na escuridão. Esse reconhecimento só era possível por parte de um membro ativo, íntimo e participante da comunidade. Dos 36 identificados, 24 foram denunciados, tendo um deles falecido no meio-tempo. Quatro estavam desaparecidos. Na época do linchamento, eram todos relativamente moços, com a média de idade de 35 anos. Apesar dos cuidados do juiz para ter um júri isento e um julgamento objetivo, foram todos absolvidos, menos um, o mais pobre deles, condenado a sete anos e meio de prisão. A comunidade fazia uma deferência à justiça formal e à lei, entregando-lhes um bode expiatório e procedendo, portanto, a um novo linchamento, agora simbólico, para legitimar a sua própria violência reparatória. A lei foi cumprida na lógica oposta à da própria lei, na lógica do linchamento, uma versão jurídica de sincretismo.

Os mistérios e os refinamentos do morrer foram conhecidos, também, pouco menos de dez anos depois das ocorrências de Maravilha, por Edvaldo Nascimento dos Santos, o Lagartixa, um jovem de 19 anos, trabalhador rural, filho de fazendeiro, na zona rural de Monte Santo, no Sertão de Canudos, na Bahia. Teve muito menos tempo que Bugança para interrogar-se sobre o insólito do seu morrer. Deu-se conta do que ia acontecer quando um grupo de pessoas, alta noite, invadiu a cadeia de Euclides da Cunha, rendeu os 14 policiais-militares que lá estavam, quebrou o cadeado e arrombou a cela onde se encontrava. Eram seus conhecidos de dois povoados da região da Fazenda Morcego.

Quando na sexta-feira, 15 de março de 1996, munido de um facão, foi visitar sua ex-professora de escola rural, de algum modo sabia que estava dando um passo na direção do imponderável. Se assim não fosse, não precisaria da arma. Rosângela Andrade da Silva, de 29 anos, morava na roça com a avó cega. A visita do antigo aluno não era surpresa, pois o conhecia de muito, além do mais nessa relação próxima de mãe-filho que é a relação professora-aluno. Edvaldo puxou conversa e foi logo lhe propondo irem para a cama. Arriscava. O facão o ajudaria a convencê-la, se a lábia e a insistência não dessem resultado. Nem levou em conta a presença da avó da moça em casa, porque cega. Mas Rosângela negou-se a ter relações com ele. Enlouquecido pelo desejo quase incestuoso, quis forçá-la. A avó da moça, em desespero, orientada pelo barulho, tentou defender a neta e foi machucada. A professora pulou pela janela e tentou fugir, mas foi agarrada, esfaqueada, o rosto cortado, e morta a pouca distância de sua casa. O desdobramento imediato do caso faz supor que o assassinato era, para o Lagartixa, o modo de acobertar a sedução frustrada e recusada.

Agora o fato estava consumado, embora ele não parecesse consciente da trágica travessia que iniciara. Não sabia, mas cruzara o umbral da morte, o terreno misterioso da lógica outra que não a dos viventes. Homem comum da linguagem dos gestos e das falas, estava mergulhado agora no universo poderoso dos símbolos, de seus significados profundos, de seus enigmas. Logo veria que abrira a clausura desse universo, em que o simbólico da escuridão prevalece sobre o factual da vigília e da luz. O universo das inversões simbólicas, das desconstruções reveladoras das alteridades que nos presidem em silêncio.

Edvaldo mesmo procurou a polícia e contou ao sargento uma história, de que a professora fora atacada por um desconhecido e estava morta. Ajudou o policial a procurar o assassino. Mas o sargento começou a desconfiar das incoerências na conversa que entretinham enquanto davam a busca. Acabou por dar-lhe voz de prisão e obteve a confissão de que o assassino era ele mesmo. O sargento deve ter intuído que, em Monte Santo, Edvaldo seria linchado, pois o levou para a cadeia de Euclides da Cunha, onde havia uma guarnição da Polícia Militar. O preso estaria protegido até ser processado e julgado.

Porém, a chegada de um caminhão com os moradores dos dois povoados próximos do local do crime, no meio da noite, logo mostrou que nem assim o assassino tivera a proteção adequada. Os soldados foram rendidos, a porta arrombada e Edvaldo, agarrado. Seus conhecidos já não o conheciam. A morte da professora na tentativa de estupro o tornara para eles um desconhecido, um estranho, um diferente, um outro ser. Nas concepções dessa cultura cheia de interdições, perdera a condição humana: transgredira diversos valores da complexa sacralidade que recobre a vida dos simples.

Esse era o segredo da arma branca que levara consigo na visita à professora. A arma o colocara na linha limite do humano. Esse era o poder do objeto. Ao usá-la, atravessara essa linha e se desfigurara como humano, na desfiguração e morte de sua vítima. As intenções dos moradores eram claras: vieram armados com facões, facas, revólveres, paus. Foi agarrado, espancado, agredido a murros, pontapés e pauladas e colocado sobre o caminhão. Se houve gemidos e gritos de dor e sofrimento do assassino nessa viagem, agora subjugado pela pequena multidão, não deu para ouvir no zumbido do vento, do ar atravessado pelo caminhão em disparada.

Enquanto o caminhão cortava a noite, os linchadores começaram o seu serviço. Primeiro, cortaram-lhe as orelhas e os testículos. Começavam a decompor sua identidade, privando-o dos componentes identificadores de sua face. Ao extirpar-lhe os testículos, puniram o fator do seu desejo e se apossaram do órgão de identificação de sua condição de homem. Mostravam-lhe os limites da liberdade, a precedência da sacralidade do corpo sobre a carnalidade do desejo. Era um linchamento pedagógico e um discurso. Outros pedaços de Edvaldo, ainda vivo, foram sendo cortados pelos participantes do linchamento, como se o veículo fosse um estranho desmanche.

Como em todo linchamento, o propósito não era o de matá-lo, pura e simplesmente. Para isso, bastaria um tiro. O propósito era o de concluir a decomposição de sua humanidade, iniciada com a morte violenta da professora. Foi levado ao local em que cometera o crime, morrendo aos poucos, desfazendo-se em pedaços, esquartejado e ali queimado com gasolina. Esse não é, de fato, um episódio de crueldade gratuita, como se poderia supor com as categorias de pensamento modernas e urbanas. E tampouco pode ser reduzido à mera e ocasional vingança.

Tanto na ocorrência de Maravilha quanto na ocorrência de Monte Santo, uma cultura comum nos fala sobre os direitos gerados pelo sangue. A vítima de morte violenta, aquela cujo sangue foi derramado injustamente e foi mutilada nos ferimentos que recebeu, sofre o tolhimento de seu acesso ao sobrenatural, porque irreconhecível. Nos dois casos, as vítimas dos linchados eram jovens, o que na cultura popular significa morrer antes do tempo. Numa cultura em que existe o tempo certo da morte de cada um, no destino traçado no ato do nascimento, a antecipação da morte é tão grave quanto morrer depois do tempo. Interfere no plano divino, interrompe a biografia da pessoa, estabelecida segundo a vontade do Criador. Cada qual tem a sua hora e a duração certa do viver. No mundo rústico brasileiro foi comum a prática do bem morrer por especialistas que eram chamados para ajudar os moribundos relutantes na agonia a fazerem o tenebroso transe. Na prática, asfixiavam os moribundos de agonia demorada, para que não permanecessem, já no tempo de estarem mortos, indevidamente no meio dos vivos.

Em Maravilha, cada grupo familiar dirigiu-se à cadeia para linchar o "seu" preso, aquele que tinha em relação à sua vítima um débito de sangue. A parentela se revelava aí uma comunidade de sangue, o sangue como o fluxo compartilhado da vida. Em Monte Santo, a vítima estava aparentemente desprovida de quem efetivasse a punição em seu nome. Assumiu a comunidade vicinal a tarefa de derramar o sangue do assassino exatamente sobre o terreno ainda empapado do sangue de sua vítima. Ofereceu o sangue do assassino como substituto propiciatório da vida e do sangue indevidamente suprimidos.

Desmembrá-lo aos poucos e queimá-lo seguiu a prática comum nesses casos, forma de consumir o agente do mal para negar-lhe a promessa da ressurreição da carne no dia da ressurreição dos mortos, porque nesse modo de morrer foi-lhe negada a própria morte. Recebeu o castigo maior de morrer duplamente, como corpo e como alma.

Entre nós, vem de longe a prática do linchamento, desde o século da Conquista. O mais antigo linchamento registrado é de 1585, em Salvador, quando um índio que se dizia papa e reunia em torno de si um grande número de adeptos, índios ou brancos, foi executado pela multidão. A Guerra dos Emboabas teve início com um linchamento, em 1707. Já praticávamos esse tipo de justiçamento antes que tivesse um nome, que só teria no século XVIII, nos Estados Unidos, para caracterizar o justiçamento difundido por um tal de William Lynch. Como *linchamento*, essa violência teve aqui alguma recorrência ao redor da época da abolição da escravatura, em episódios de imposição coletiva da morte violenta tanto a negros quanto a brancos. Ângelo Agostini deixou o desenho de uma cena dessas.

A morte punitiva, de cujo complexo o linchamento é parte, está diretamente ligada às tradições do mundo feudal e estamental, à sociedade construída sobre os valores da honra. No geral, os linchamentos nos fazem ainda medievais, na medida em que são práticas de punição que procuram cobrir o linchado de desonra, destituindo-o de sua humanidade, até o extremo da desfiguração e da sua redução a cinzas. Sabemos pouco sobre as regras sociais dos crimes de sangue, o que é comunitariamente lícito e o que não é. Essas regras se explicitam de maneira muito incompleta, em casos como os desses linchamentos. Pouco sabemos sobre o sentido profundo da punição violenta representada pela morte de quem matou. O linchamento não está sozinho e isolado no rol das violências sociais. A morte punitiva é componente da cultura da punição e do castigo, que atravessa e de muitos modos informa a trama das relações sociais, como um roteiro do ser e do não ser.

As lesões sociais do incesto

O recente caso de incesto num povoado pobre do município de Pinheiro, no Maranhão, foi comparado ao do austríaco que mantinha a filha em cárcere privado, a estuprava e com ela teve filhos.[1] Esse caso do Maranhão, porém, e outros similares entre nós devem ser interpretados à luz de nossa cultura rústica, bem diversa da que informa o caso da Áustria. O maranhense de 54 anos já havia abusado de filha mais velha e com ela tivera um filho. Começou a abusar da filha com quem estava vivendo quando tinha ela 12 anos de idade. Mantinha a relação incestuosa há 16 anos, de que resultou o nascimento de 7 filhos. A polícia recolheu ainda indicações de que ele havia abusado de duas filhas-netas, de 8 e 5 anos de idade. Fora abandonado pela mulher. Considera normal a ocorrência, o que não é estranho numa comunidade em que o caso só chegou às autoridades policiais pela voz de agentes de saúde e não de vizinhos.

Esse caso não é propriamente raro. Registrei dezenas de casos de incesto que motivaram linchamentos e tentativas de linchamento no Brasil num período de meio século. Mais raros, sem dúvida, são os casos de procriação incestuosa, como esse. Nas comunidades sertanejas não são infrequentes os casamentos entre parentes próximos, de fundo incestuoso, com consequências só raramente visíveis. Tive notícia, há alguns anos, de remota comunidade no Piauí, em que gerações de casamentos de aparentados resultaram em desproporcional ocorrência de casos de hermafroditismo.

Somos, historicamente, uma sociedade que discrepa um tanto das sociedades primitivas de referência nos estudos clássicos sobre o tabu do incesto, sociedades em que a prevenção da procriação incestuosa e o próprio incesto são bem demarcados. Nossas sociedades tribais, ritualmente divididas em metades que regulamentam os casamentos e impõem a troca matrimonial entre os membros das metades opostas, são sociedades desse tipo. O Brasil, no entanto, é historicamente um país leniente com a consanguinidade. Os estudos genealógicos aqui feitos desde o século XVIII indicam uma constância de casamentos entre primos e primas e mesmo entre tios maduros e sobrinhas adolescentes. Matrimônios que sugerem uma sexualidade endogâmica e até de orientação pedofílica.

Essa endogamia, tanto em Portugal como no Brasil, contou com as dispensas eclesiásticas, como se vê na documentação histórica, modo de não afrontar o costume. Nem por isso, no entanto, deixou o vulgo de satanizar o incesto por meio de classificações sociais excludentes na rotulação dos envolvidos. A definição dos praticantes do incesto simbólico, entre compadres e comadres, como lobisomem e mula sem cabeça, lança na maldição do ostracismo os que violam a regra básica da civilização. Mas basicamente porque nesses casos o incesto viola a sacralidade da paternidade putativa do compadrio.

Os casos de incesto na pesquisa sobre linchamentos mostram que se a tradição da Igreja abrandou no passado as interdições ao matrimônio entre parentes consanguíneos, restringindo a concepção de incesto, a cultura popular manteve dele uma conceituação alargada e radical, afloramento de estruturas sociais profundas. Nos casos que registrei, foi, como é óbvio, considerado incestuoso o intercurso sexual com a mãe, a filha, o filho, a irmã. Mas também com a enteada, a prima, a sogra, a sobrinha. E, nesses casos, o justiçamento como forma radical de banimento dos autores: dos 57 casos que registrei, 17 dos autores do incesto foram mortos e 36 ficaram feridos e foram salvos pela intervenção de terceiros, não raro a própria polícia. A execução sumária, nesses casos, representa menos o mero castigo do que a reparação, pelo banimento definitivo, do tecido social lesado na negação da condição humana e da vida social que o incesto representa. No fundo, uma refundação ritual da sociedade, o que dá bem a medida das repercussões intensas e socialmente destrutivas de sua ocorrência.

Nota

[1] Publicado originalmente em *O Estado de S. Paulo*, Caderno Aliás, 20 jun. 2010, p. J6.

Os meandros da barbárie

Uma multidão de umas 300 pessoas tentou na terça-feira invadir a prisão de Bragança Paulista para linchar os responsáveis pelo espantoso assassinato de um casal de pais de família, seu filho de 5 anos de idade, queimados vivos, e pela tentativa de assassinato de uma quarta pessoa, colega de trabalho da moça assassinada, ambas funcionárias da loja onde os criminosos roubaram pouco mais de 15 mil reais.[1]

Em nossa tradição religiosa e cultural, a violência contra a pessoa é inaceitável. Não apenas pelas razões das leis, dos códigos, da Justiça, da polícia e dos legisladores. Já o linchamento é culturalmente aceitável como violência punitiva contra o ato violento que abreviou indevidamente a vida de outrem. Mas não como violência original, que foi o caso dos ameaçados de linchamento em Bragança, e sim como violência autodefensiva. Membros da multidão invocaram a condição de trabalhadores de três das vítimas para justificar a legitimidade de sua pretensão, a de punir os criminosos com as próprias mãos, pois haviam praticado um crime irreparável em relação a pessoas de bem, que são as que trabalham e têm família.

Mais do que a violação das regras morais, os criminosos violaram a ordem do cosmos, agiram diabolicamente. A multidão tinha presente o pai de família trancado no porta-malas do carro, percebendo que todos eles começavam a morrer queimados sem que ele nada pudesse fazer, todos devorados pelo fogo, a modalidade de morte que, praticada intencionalmente, na crença popular, destroça as possibilidades da ressurreição da carne, anunciada no credo apostólico. Um detalhe no velório do menino, dois dias depois, fala de modo eloquente dos liames cósmicos rompidos no massacre. Alguém colocou um retrato dos jovens pais da criança junto à cabeceira de seu caixão. Porque a solidão na morte, que ocorreu com ele e com os pais, é o maior dos desamparos, o mais funesto, o mais imerecidamente punitivo. Os assassinos usurparam a função de Deus.

O costume preconiza que as pessoas devem morrer no afeto dos seus, as crianças, se forem chamadas ainda na inocência, só devem morrer no abraço dos pais. Ainda há lugares no Brasil em que crianças como Vinicius são enterradas em terreno separado no cemitério, na quadra dos anjos, porque elas ainda não estão na idade do pecado e permanecem acolhidas no regaço de Deus. É como se ainda fizessem parte do corpo do pai e da mãe, agentes do divino e da vida. A fotografia tentou reunir simbolicamente o que lhe faltou ritualmente. São essas violações que enchem a multidão de medo e a investem na missão de restabelecer a ordem cósmica rompida pela barbárie. O crime da região de Bragança Paulista, portanto, de região de tradições comunitárias, foi muito maior do que aquele que a Justiça poderá julgar e não terá como reparar.

É dessa raiz cultural a desesperada tentativa da multidão de linchar os presos logo depois do sepultamento do menino. Refiro-me a esse detalhe porque o tenho encontrado com frequência nos linchamentos praticados no Brasil: só o sangue do algoz paga o sangue derramado do inocente. É vingança, sem dúvida, mas a vingança que vem do medo e não primariamente do ódio. É vingança reparatória. Só o sangue do culpado pode pagar o tributo da vida indevidamente suprimida sem a intervenção da vontade de Deus. É um débito de sangue cobrado para que o castigo do sangue inocente indevidamente derramado, porque antes do tempo da finitude da vida, não caia sobre a vítima e sim sobre o criminoso, já que o assim morto está condenado a vagar na escuridão do limbo até o dia do Juízo.

Esse aspecto ritual da violência individual e da violência coletiva deveria ser objeto de mais atenção das autoridades, sobretudo da própria Justiça, na definição da pena. É anômico que os magistrados e os tribunais enfrentem esse tipo de violência ritual como se estivessem numa sociedade pautada pela razão. É o que fazem quando abreviam a pena dos crimes hediondos ou quando restituem à liberdade quem ritualmente é impedido de recebê-la, com base em decisão subjetiva e jurisdicista. É nesse embate que podemos compreender o quanto a sociedade brasileira é uma sociedade retrógrada e dilacerada, uma sociedade bifronte e esquizofrênica, dividida entre duas culturas, a popular e a jurídica, sem qualquer diálogo entre elas. De modo que a decisão judicial acaba sendo recebida como conivência com o crime.

A vendeta reparatória que repõe a ordem no mundo é da tradição e é a referência cultural que se concretiza na prática dos linchamentos. Não deve ser justificada, mas deve ser compreendida. Essa é a razão pela qual a multidão se mobiliza mais quando a vítima é jovem, como o casal, ou criança, gente que trabalha e de família. Alguém, na turba, mencionou que a comunidade pacífica estava ameaçada pelos que vinham de fora, mesmo sem saber quem eram os assassinos. Uma clara indicação de quanto num grupo desses está em jogo a ideologia do nós e do eles, o comunitarismo regulador da ordem, o forasteiro como ameaça. Com exceção da criança, as vítimas eram trabalhadoras de classe média. Mas os assassinos também são trabalhadores e foi nessa condição que uma das vítimas e um dos assassinos se conheceram.

O fato de que pessoas comuns e "normais" possam cometer delitos, como desvio acidental da conduta socialmente prescrita, e que, portanto, possam retornar à "vida normal", foi responsável pelo benefício que um dos assassinos recebeu da Justiça, após cumprir um sexto da pena em condenação anterior por tentativa de latrocínio. Essa liberalidade causa indignação à população. Como também o simples fato de que num caso assim os criminosos serão presos, mas não serão castigados, ficarão na cadeia tempo insuficiente para expiar seu crime e serão, pior ainda, alimentados à custa do povo que trabalha. Numa sociedade profundamente dividida entre a concepção popular de castigo e a concepção judicial de pena prescrita em lei, segundo um receituário de amenizações que isentam criminosos perigosos de suas culpas, esse abismo deveria dar lições à Justiça institucional.

Nota

[1] Publicado em *O Estado de S. Paulo*, Caderno Metrópole, 17 dez. 2006, p. J6.

Fúria coletiva

A multidão enfurecida vem se tornando personagem de crescente relevo na sociedade brasileira, nas invasões, nos quebra-quebras, nos linchamentos.[1] Numa sociedade de maiorias difusas, invertebradas e mesmo silenciosas, as minorias exaltadas vêm cada vez mais demarcando e restringindo os limites da legitimidade do Estado, da lei e da própria sociedade, da qual se divorcia para constituir-se. Mais do que ao Estado, a multidão vem mudando o eixo de sua referência. De multidão que age em nome da sociedade, conservadoramente em defesa de seus valores ameaçados, vem se tornando multidão que se opõe à sociedade e autoritariamente tenta subjugá-la, impondo-lhe sua vontade unilateral pela violência quase sempre gratuita.

Vimos isso em diferentes episódios recentes. O linchamento de um motorista inerte de ônibus, que desmaiara com o veículo em movimento e abalroara carros e motos, além de atropelar e ferir uma pessoa, é indício de uma inversão perigosa de códigos de referência na conduta social.

Multidão não é, primária e sociologicamente, o tamanho do grupo, mas o grupo como possessão, na conduta só possível em ajuntamento. Em São Leopoldo, na Grande Porto Alegre, três jovens, entre 18 e 23 anos de idade, na mesma noite de domingo, mataram a socos, pontapés e pedrada um morador de rua. Assim como os assassinos do motorista consumaram o crime com pancadas de um extintor de incêndio em sua cabeça, os assassinos do sem-teto completaram o crime batendo-lhe na cabeça com uma pedra. Indícios da intenção de desfigurar, desidentificar e anular no outro a condição de pessoa.

Ainda na mesma noite do dia 27, 300 camelôs ilegais, impedidos pela polícia de montar suas barracas na chamada feirinha da madrugada, no Brás, em São Paulo, enfrentaram a polícia, incendiaram um ônibus e dois carros, insinuando estar armados, incendiaram uma loja e aterrorizaram moradores.

No Brasil, a emergência das multidões enfurecidas vem se dando de maneira particularmente mais intensa desde o fim do regime autoritário, como uma espécie de explosão libertária de tensões reprimidas durante a longa duração da ditadura. Não quer isso dizer nostalgia pela ordem que o regime de exceção, na verdade, alardeou e não teve. Mas exprime a não menos autoritária concepção de liberdade que se difundiu na sequência da ditadura. Aberta ao arbítrio das interpretações, em nome do princípio de que a liberalidade da lei é melhor do que o seu contrário, estimula e secunda essas violências. Sobretudo porque nossa compreensão popular de democracia e de liberdade ainda se enraíza em tradições autoritárias que remontam ao beco sem saída da lógica da escravidão. A liberdade acabou sendo interpretada como direito de vingança.

O fenômeno das multidões ativas está muito associado a momentos de transição social e de incerteza quanto aos valores que devem nortear os rumos da sociedade. Está também associado a transições concluídas mas insuficientemente, em que os agentes sociais que a conduziram não tiveram completa e adequada consciência das tensões nela envolvidas e dos desencontrados protagonismos de um novo e diferente querer social. Gustave Le Bon, pai da psicologia das multidões e referência fundamental das interpretações que nas ciências humanas procuram compreender a originalidade desses agrupamentos anômalos, sublinhou o quanto a multidão é sujeito coletivo e temporário, de orientação diversa da dos indivíduos que a compõem. Sobretudo porque a multidão é irracional, coloca entre parênteses os valores da civilidade e a compreensão de que o direito é a contrapartida do dever.

Em face de casos como os mencionados acima e de reiteradas ocorrências do mesmo tipo, aqui no Brasil, todas as evidências sugerem que a multidão é o refúgio dos amedrontados. Calados e acomodados na solidão do indivíduo, seus participantes multiplicam várias vezes, no volume da multidão, a força de seu descontentamento individual, de suas raivas ocultas e de seus ressentimentos. A desproporção da fúria coletiva em relação aos fatores que a desencadeiam, que se evidencia nos efeitos trágicos da violência descabida, é a mais importante indicação da transfiguração a que Le Bon se refere.

As evidências colhidas em mais de dois mil casos de linchamento e tentativas, ocorridos no Brasil, nas últimas décadas, mostram que a covardia que se esconde por trás do anonimato dos participantes da multidão nem por isso é imune ao cálculo. Embora a conduta da multidão seja basicamente irracional, a comparação de ocorrências semelhantes em situações diferentes mostra-nos que a multidão é mais prudente de dia e mais violenta de noite, porque sabe que a visibilidade seria fatal aos seus participantes.

Destituída de uma meta social de orientação, construtiva, a multidão não é política, não negocia com a sociedade, não reconhece a legitimidade do outro, não se vê na mediação das estruturas sociais e políticas nem na busca do consenso que possa abrigar suas demandas, porque no geral irracionais. A frequência de ações antissociais da multidão em nosso cotidiano, as dificuldades para que a lei se imponha e mesmo a leniência, a omissão e até a cumplicidade dos que deveriam fazê-lo são um preocupante indício de que a desordem já se transformou entre nós numa instituição.

Nota

[1] Publicado anteriormente em *O Estado de S. Paulo*, Caderno Aliás, 4 dez. 2011, p. J3.

A chacina das instituições

O massacre de 30 pessoas na Baixada Fluminense, entre homens, mulheres, crianças e adolescentes, é desses repetidos acontecimentos que nos aterrorizam uma vez mais e uma vez mais nos dizem quem é que manda.[1] Porque o modo como a coisa foi feita constitui o recado certeiro às autoridades e ao povo de que temos governo, mas não tanto, temos polícia, mas não tanto, temos justiça, mas não tanto. A mídia, com razão, assume que os vários crimes são crimes articulados num complexo de criminalidade que representa uma concreta ameaça a todos, sem distinção.

A repetitividade dessa violência, a cada tanto tempo, sugere apenas que há um grave equívoco na política de combater os episódios, os casos tópicos, identificar culpados, eventualmente julgá-los e encarcerá-los, se condenados. Isso sem dúvida é necessário. Mas que as ocorrências se repitam, aproximadamente com as mesmas características em diferentes lugares do país, indica no mínimo latência dos fatores da violência e a persistência de suas causas profundas. Indica, sobretudo, que estamos em face de grave crise social, que precisa ser explicada como questão de conjunto estrutural, como se costuma dizer, e não conjuntural, como se costuma tratá-la. O governo episódico nessas questões, a justiça lenta, a polícia minada, a lei sem legitimidade, revelam o quanto estamos à beira do caos.

Já não há dia em que não se tenha nos jornais notícias de violência extrema e cruel, com endereço certo e sabido. No mínimo há dois grandes grupos de vítimas: as vítimas inocentes, pessoas comuns, moradores de dois bairros pobres da Baixada Fluminense, e em Vigário Geral, crianças abandonadas como no crime da Candelária, os trabalhadores sem-terra de Eldorado do Carajás, gente indefesa, pessoas trabalhadoras e até seres humanos que nem mesmo haviam chegado à condição de adultos. De outro lado, há os defensores de justiça para os abandonados, os humilhados e ofendidos desta sociedade iníqua, que volta e meia aparecem vitimados, como ocorreu recentemente com a irmã Dorothy Stang, com os fiscais do trabalho mortos em Minas, com líderes sindicais devotados à defesa do direito de seus companheiros.

Conviria reconhecer, como ponto de partida, que esta sociedade está longe de ser o que parece ter sido um dos nossos mais convenientes rótulos autoindulgentes, o do brasileiro cordial, o ser humano afetivo que se oporia à frieza própria das sociedades da razão. Estamos bem longe dessa cordialidade e bem longe dessa razão. O Brasil é um dos países mais violentos do mundo. Somos um dos países que mais lincham em todo o planeta. Portanto, não estou falando apenas nem de bandidos organizados e armados ou de esquadrões de policiais que decidiram tomar nas mãos as funções da sociedade, da justiça e da polícia, como se viu nesses dias. Estou falando de setores da própria sociedade, também eles facilmente dispostos a matar com as próprias mãos, quando o motivo existe e a oportunidade se apresenta. As ocorrências de ações coletivas de execução capital, neste país, levadas a efeito por pessoas "iguais a nós", como se diz, deveriam dar o que pensar.

Os crimes destes dias no Rio de Janeiro contiveram um episódio horrendo, a cabeça de um homem atirada dentro de um quartel da polícia, tudo indica para dizer ao comandante quem é que comanda. O massacre que veio depois não difere em conteúdo dessa brutalidade. Como não diferem os linchamentos, praticados periodicamente em todo o Brasil, com maior concentração em Salvador, em São Paulo e no Rio de Janeiro. Curiosamente, as áreas metropolitanas dessas e de outras cidades, supostos espaços da modernidade, são justamente os lugares dessas formas primitivas de justiça, as do justiçamento e da vingança. Pagam os inocentes. Nossa modernidade não é moderna, é apenas caricatura do moderno.

Mas mesmo os não inocentes têm direito à justiça institucional, não porque com isso se esteja concedendo a eles algum privilégio. Não cabe, pois, a vingança ou a punição exemplar, como parece ter ocorrido no massacre desses dias, formas primitivas de justiçamento, dos tempos em que qualquer crime, neste país, era considerado assunto privado.

Os linchamentos e os massacres, como esse de agora, e outros mais, ainda recentes, não só no Rio, mas também em São Paulo e em outras localidades, revelam um fato da maior importância para se compreender e combater esse tipo de violência. Essa modalidade de crime era monopólio do chamado poder pessoal, sobretudo dos potentados rurais do tempo da escravidão. Terminada a escravidão, essa desigualdade profunda de direitos, que sustentava a violência intrínseca do tipo de sociedade que herdamos, longe de acabar, se disseminou e se fortaleceu. Tinha razão Alberto Torres, quando ao fim da primeira década do século xx, comparando os novos tempos de igualdade aparente e de liberdade suposta, dizia que no regime de escravidão ao menos tínhamos ordem.

O que era violência privada se disseminou. Qualquer régulo de botequim se sente no direito de praticar justiçamentos. A ditadura militar implantada em 1964 colocou a ordem adiante do direito, o arbítrio de alguns adiante da lei de todos, tolerou os esquadrões da morte no âmbito da criminalidade comum e não titubeou em convocar os próprios delinquentes desses grupos para a prática da tortura e até do assassinato de presos políticos. O retorno ao Estado de direito não se deu direito. Muitos acreditaram que bastava novo governo, uma constituição democrática, que a ordem se restabeleceria automaticamente. Não foi isso que aconteceu. Não se levou em conta que a desordem do Estado ditatorial viabilizara o revigoramento e a difusão da cultura do poder pessoal, da vendeta, do arbítrio, do menosprezo pela pessoa e pelo corpo do outro, agora colocados nas mãos até de membros das forças policiais. Desprovidos, com mais frequência do que se pode tolerar, da distinção entre público e privado e da consciência de que são servidores do Estado e não de sua própria vontade e de seus instintos.

O legado dessa iniquidade é imenso e de modo algum se restringe aos episódios lamentáveis de massacres conhecidos. Ele se manifesta até nas relações de trabalho. Quando as práticas ilegais nas relações trabalhistas são combatidas, os responsáveis enquadrados na lei, chamados à ordem, obrigados ao dever de respeitar o que a sociedade e o Estado convencionaram como o modo legal e legítimo dos vínculos de trabalho, a resposta vem sem qualquer pudor. Como se viu no massacre, em Minas Gerais, de um motorista e de fiscais que investigavam casos de escravidão.

E isso é apenas um caso extremo de atrevimento e de pouco caso pela lei e pelas autoridades. Acompanho a ocorrência da escravidão no Brasil desde os anos 1970, época em que só na Amazônia chegamos a ter 400 mil cativos. A situação melhorou muito desde que o presidente Fernando Henrique Cardoso reconheceu a persistência da escravidão e criou o Grupo de Repressão contra o Trabalho Forçado e preparou o Plano Nacional de Erradicação do Trabalho Escravo, que foi entregue ao presidente Luiz Inácio e vem sendo lentamente implementado. Mas ao longo dessa história tem havido episódios chocantes de inacreditável violência. Um dos casos, de pouco mais de 15 anos foi o do peão escravizado numa fazenda do Pará, que fugiu, foi capturado, humilhado na frente dos outros trabalhadores, morto, esquartejado e colocado no cocho para alimentação dos porcos da fazenda. Assim foi encontrado pela Polícia Federal que recebera denúncia de outro trabalhador fugido.

Os linchamentos não deixam por menos. A violência popular em muitas dessas ocorrências é espantosa. Num dos casos, no Rio, o jovem ladrão foi morto por seus vizinhos. O cadáver ficou durante horas na rua apreciado pelo populacho, na lenta assimilação da vingança. No Brasil, o linchamento modelo começa com o apedrejamento e termina com a queima da vítima, ainda viva. Um desses casos, envolvendo três ladrões numa localidade do Centro-Oeste, foi transmitido pela televisão no noticiário da noite, as vítimas se contorcendo no meio do fogo, pedindo a caridade de um tiro que lhes abreviasse o sofrimento.

Quando a defesa das instituições é feita pelo policial cumpridor da lei e cidadão, que felizmente há em grande número, respeitador dos direitos do outro, competente no exercício de sua profissão perigosa, podemos dormir em paz. Mas quando a civilidade é deixada ao léu das motivações da rua ou a defesa da lei e do direito é posta nas mãos de policiais que agem em nome próprio ou de grupos corporativos com interesses que escapam das razões de Estado, temos a podridão instalada no seio da sociedade e das instituições. A desordem regulando a ordem, a morte regulando a vida. A chacina destes dias apenas nos diz que estamos presenciando também a chacina das instituições.

Nota

[1] Publicado originalmente em *O Estado de S. Paulo*, Caderno Aliás, 3 abr. 2005, p. J3. No fim da noite de 31 mar. 2005, 30 pessoas foram assassinadas a tiros por homens fortemente armados, que estavam em dois carros e uma moto, no bairro da Posse, em Nova Iguaçu, no município de Queimados e nas proximidades da Rodovia Presidente Dutra, no Rio de Janeiro. Cf. "Chacinas no Rio matam 30 pessoas; PMs são suspeitos", UOL (*Agência Reuters*), 1º abr. 2005; "31 corpos são encontrados na Grande Rio", *Folha de S.Paulo*, Cotidiano, 1º abr. 2005.

SEGUNDA PARTE
REVELAÇÕES SOCIOLÓGICAS DA MORTE

A cultura funerária no Brasil

Um dos fatores que têm motivado debates e discussões sobre a morte, nos vários campos profissionais, é, sem dúvida, a nossa inabilidade atual para lidar com ela.[1] Está havendo uma clara perda cultural em relação à questão da morte. Se o mundo da razão tivesse se alicerçado de uma maneira clara e generalizada, nós não teríamos tanto sofrimento em relação à morte e tanta dificuldade para compreendê-la e administrá-la. Mas são justamente esses descompassos dos processos sociais e históricos, que não são nem lineares nem uniformes nem contínuos, que revestem os fatos e as ocorrências sociais das significações que desafiam nossa compreensão.

Nesta nossa América Latina pode-se dizer que historicamente tudo se fez pela metade. Numa sociedade como a brasileira, nós somos modernos, mas não tanto. Tudo chegou aqui incompleto, insuficiente e como tal permanece, numa dinâmica histórica peculiar e desafiadora. Somos um país numa espécie de transição permanente entre certezas antigas e novas. O que traz de fato muitos problemas e muitos desacertos à vida de todos nós. Nossa compreensão da vida tende a ser sempre incompleta e insuficiente. Temos necessidades como a de que modo proceder em relação à morte, mas já não sabemos o que se deve fazer numa ocasião assim. Temos a necessidade interior de fazer alguma coisa, que é expressão de um requisito social, mas não temos coisa alguma para aplacar essa necessidade.

O meio universitário é um lugar privilegiado para observar esse tipo de desencontro, porque lugar do pensamento coerente constantemente desafiado pelas incoerências, isto é, irracionalidades sociais. Há alguns anos, faleceu um notável professor da Universidade de São Paulo. Seguindo suas recomendações, foi levado para o Crematório da Vila Alpina para a cerimônia de cremação. Ele era um homem de esquerda, convictamente materialista, membro ilustre do Partido dos Trabalhadores. As pessoas ficaram ali sem saber o que fazer, naquele clima de incerteza que não há nas formas consolidadas e tradicionais de sepultamento.

A tecnologia da cremação, entre nós, que é de fato uma técnica social de tratamento e consumação do morto, ainda não produziu um rito próprio que lhe corresponda como negação de todo o aparato de significações das cerimônias funerárias do costume.[2] A implícita concepção da morte, nas cremações, não emergiu como elaboração simbólica do corpo destituído da função mediadora entre o profano e o sagrado, instrumento de um momento crucial do mundo cindido entre o aqui e o além. Vivem os coadjuvantes a incerteza do que fazer, conformando-se com mera repetição, sem sentido, do que sempre fizeram nos funerais.

Ali, na cerimônia que menciono, alguém colocou para tocar um CD com a "Internacional", cantada em espanhol. Mas havia uma sensação ruim de vazio, de falta de rito, de encerramento abrupto e meramente formal de uma vida. A situação foi salva por um frade, do mesmo partido, que se levantou e disse: "Olhem, de minha parte vou rezar um Pai Nosso, quem quiser que me acompanhe". Um número grande de pessoas identificadas com as mesmas convicções materialistas do professor não teve dúvida e entrou na reza.

Não estou questionando incoerências como essa, que são incoerências documentais, que nos ajudam a compreender melhor nossos dilemas. Mas é evidente que falta uma ponte vivencial entre esses antagonismos. As incongruências se estendem por vários âmbitos. Mário de Andrade, a figura emblemática da Semana de Arte Moderna, está sepultado no Cemitério da Consolação, em São Paulo, num túmulo cuja falta de estilo, cuja banalidade e cuja secura estética negam as convicções um dia defendidas pelo ilustre morto que ali se encontra. É uma sepultura conformista e esteticamente pobre em comparação com o comovente e exuberante túmulo de dona Olívia Guedes Penteado e de seu marido, ali perto, sobre o qual se ergue "Sepultamento", escultura de Victor Brecheret, densamente significativa de beleza e dor.

Por que essas coisas acontecem? Porque nós não sabemos lidar com a morte. Nós avançamos e nos tornamos, num certo sentido, acentuadamente modernos em vários setores da vida, mas permanecemos no geral atrasados em relação a esse tema tabu. Abolimos parcialmente os rituais, mutilamos a linguagem simbólica da nossa relação com o que vem depois da vida, dizemos que nada há depois daqui, mas não temos certeza. Em nome dessa falta de certeza, abolimos condutas e procedimentos como se tivéssemos certeza. É essa incerteza que pede os ritos substitutivos para essa renúncia, ritos que não criamos nem sabemos criar. É verdade que nossos cemitérios, especialmente nas grandes cidades, têm inúmeras provas de busca de um caminho de diálogo com a morte através da arte. Mas essa não é a regra.

Nossas dificuldades se manifestam, também, numa certa banalização da morte. Fico incomodado com a folclorização da morte, com a sua carnavalização, como se diz. Esse é um fato muito complicado. Quando organizei o Segundo Seminário sobre a Morte e os Mortos na Sociedade Brasileira, na USP,[3] foi preciso encontrar uma sala bem maior porque havia dez vezes mais interessados do que havíamos previsto: em vez de cinquenta, havia quinhentos. Nunca vi tanta gente interessada na morte. No evento, apareceu um senhor que me perguntou: "O senhor sabe quem está organizando isso aí?". Respondi-lhe: "Sou eu". Então, ele me disse: "Eu queria conversar com senhor. Eu vim lá do fim da Zona Leste, eu vi no jornal que ia ter esse seminário. Olha, com essas coisas não se brinca".

Ele tinha visto, no corredor de acesso à sala do seminário, uma exposição de fotografias de um fotógrafo lá do Maranhão, Murilo Santos, sobre práticas funerárias. Ficou profundamente incomodado com aquilo, com o que lhe pareceu transferir o assunto da morte para um cenário que não era ritualmente apropriado. Isso lhe parecia um desrespeito. É claro que o seminário que organizei não tinha nenhum intuito de folclorização ou de carnavalização da morte. É evidente que além de nossas resistências para enfrentar a incógnita da morte, estamos cercados por uma cultura funerária que cerceia o trato da morte no território da razão.

Notei que no último dia deste Moitará que debate a morte haverá um ritual de encerramento e transformação. Trata-se de uma tentativa de inventar um rito numa benevolente perspectiva racional. Gostaria de sugerir que pensássemos esse ritual como uma prática séria em face dos circunstantes, cuja concepção da morte ainda não foi dilacerada pela razão e pelo utilitarismo. Sugiro que se recolha todos esses símbolos de morte, que estão colocados aqui: as várias mortalhas, as toalhas, as flores, as velas, os tocos de velas. Cada um pegaria uma dessas peças e a levaria para um lugar bem aberto, bem visível, especialmente para que os funcionários deste hotel, se quiserem, possam ver o que vamos fazer, os cuidados autoprotetivos que vamos tomar, a remoção simbólica da morte do cenário em que foi tratada e invocada. Isso tudo seria queimado, em silêncio. Não é preciso fazer nenhum comentário, nem dizer nada. Assim, de fato seria feito o sepultamento simbólico dos resíduos finais deste Moitará, o enterramento de seus restos mortais.

Esse procedimento é fundamental para as pessoas que ficam. Porque nós vamos embora, voltaremos para nossas casas. Para nós isso é puramente simbólico. Mas eu pagaria para ficar aqui até o fim da semana que vem para ver os efeitos da presença desses símbolos na vida e no sentimento das pessoas que trabalham aqui. Convém fazer uma espécie de purificação ritual e simbólica do ambiente para a proteção das pessoas que não estão participando da reunião. É uma sugestão que faço, justamente em nome da experiência que tenho tido com essa questão da morte, que é sempre mais complicada do que nós pensamos.

Muitas pessoas veem semelhança ou proximidade entre a morte e o Carnaval. Penso que há e que não há. Culturalmente, em nossa sociedade, existe certa proximidade entre uma coisa e outra porque o Carnaval antecede justamente o ciclo funerário do catolicismo popular, o da paixão e morte de Cristo, a Quaresma. Na verdade, o Carnaval não é tão carnal assim, como o imaginamos. O Carnaval tem uma relação dialética com a morte. Ele é o antecedente, a contradição da morte. Perdemos muitas vezes de vista esse vínculo contraditório e lidamos apenas com o que é externo e aparente, o que esvazia o significado da morte.

Max Weber, um dos fundadores da Sociologia, faz num de seus livros curta e objetiva referência à morte na sociedade contemporânea: o homem moderno morre cheio de angústia, porque seu horizonte existencial é definido pelo primado da ideia de progresso, de infinitude. Portanto, morrer é uma anomalia no mundo moderno, inesperada e indesejável. Para o homem contemporâneo, diferente do que acontece com o camponês, vivemos numa espécie de *motu continuo*. Não há mais ciclos naturais, intermitências, não há mais rupturas. O tempo parece evoluir linearmente na direção do infinito, de uma vida eterna na modernidade.

Tendemos a pensar a questão da morte como uma coisa estranha, uma invasão da nossa certeza de interminabilidade da vida. Nossa concepção da morte é oposta à dos camponeses, que desde quando "se entendem por gente" têm como única e fundamental certeza a da morte. Por isso, os camponeses vivem e morrem como árvores: nascem, crescem, frutificam e morrem, sem a tremenda angústia da incerteza própria da morte urbana. Ao mesmo tempo, são membros de uma comunidade, que se estende por gerações, na certeza de que anos depois da morte alguém se lembrará de rezar por eles e haverá sempre quem há de lembrar das lições que os antigos deixaram. Para eles, a morte não é um esquecimento, como é para nós que vivemos do lado de cá das muralhas da razão.

Um segundo ponto importante é o de que, para refletir sobre a morte no Brasil, temos que levar em conta algumas características da cultura e da sociedade brasileiras, mesmo que à primeira vista não tenham relação evidente com o tema da morte. De início, como sugestão de prudência interpretativa, eu descartaria a já batida concepção das contribuições culturais das "três raças" e "das três culturas" para a formação da sociedade brasileira e dos nossos modos de ser.

Nenhum desses "grupos de origem" é real e substantivo. A categoria "branco" constitui aqui enorme diversidade de culturas. O mesmo se deve dizer em relação ao "negro" e sua diversidade de tradições culturais e de línguas. Coisa que também se repete em relação ao "índio". Convém não esquecer de que a cultura portuguesa e católica da Contrarreforma tinha por missão destruir as culturas nativas e as culturas dos ínfimos, dos subjugados, dos cativos. E o fez com grande competência. Mesmo quem se pretende "negro" e quem se pretende "índio" expõe apenas a máscara cultural de algo cuja substância em boa parte se perdeu. Não é casual que as "três raças" sejam, hoje, fundamentalmente desempenho teatral em desfile de Carnaval colonizado pelos brancos e brancos ricos. Portanto, no essencial, nossa cultura funerária é em boa dose uma cultura católica tradicionalista. É nesse marco que se pode compreender nossas concepções sobre a morte e nossas atitudes em relação a ela.

A sociedade dominante em nossa formação, a sociedade portuguesa, era na nossa origem, e continuou sendo por vários séculos, uma sociedade estamental. Cada estamento, cada camada social, era densamente peculiar em relação às outras, havendo entre elas poucas convergências, como se fossem sociedades diferentes. Com a mestiçagem aqui no Brasil, essa diferenciação se complicou: uma estrutura social estamental se sobrepôs a uma estrutura social étnica, o que tornou mais complexos ainda os mecanismos sociais e culturais de afastamento e interdição de relacionamentos entre diferentes grupos. A mestiçagem foi, no fundo, criação de uma numerosa categoria de párias, de inclassificáveis, sem lugar social preciso e horizonte cultural definido.

Essas diferentes categorias sociais e diferentes grupos sociais tinham concepções e tradições próprias em relação à morte e em relação aos rituais que deveriam ser praticados sempre que alguém falecesse. Os próprios brancos e católicos praticavam diversas modalidades de diferenciação funerária. Sendo todos em princípio sepultados nas igrejas, menos os suicidas e os escravos, os mais abastados eram sepultados nas proximidades do Santíssimo Sacramento e os menos abastados ou os pobres ficavam distantes do altar-mor. A distribuição dos defuntos no interior das igrejas criava uma geografia funerária simbólica, visualmente proposta nas alegorias de uma pintura barroca, onde normalmente se vê os mais favorecidos muito próximos de Deus, auxiliados nessa proximidade pelos santos de sua devoção. Aí os pobres aparecem como coadjuvantes, testemunhas da caridade cristã dos grandes. Os testamentos do período colonial confirmavam essa concepção barroca da morte, nas recomendações de missas e nas doações para a presença de pobres nos funerais da nobreza, dos limpos de sangue e de fé. As descrições coloniais da morte e do tenebroso transe, como era chamada, são intensamente imagéticas, o que permite visualizar com nitidez as suas diferenciações sociais, mesmo que a partir de uma matriz cultural comum.

Ainda no final do século XIX e já na República, o almirante Tamandaré, herói nacional – o gaúcho Joaquim Marques Lisboa (1807-1897) –, dispunha em testamento como desejava que fosse realizado o seu funeral. Pediu o mais completo despojamento na veste, no féretro, no sepultamento e no jazigo. Dispensou as honras militares a que tinha direito para que não viesse a ter o que o imperador D. Pedro II, a quem servira, não tivera em sua morte no exílio. E declarou:

> Exijo que se não faça anúncios nem convites para o enterro de meus restos mortais, que desejo sejam conduzidos de casa ao carro e deste à cova por meus irmãos em Jesus Cristo que hajam obtido o foro de cidadãos pela lei de 13 de maio. Isto prescrevo como prova de consideração a esta classe de cidadãos em reparação à falta de atenção que com eles se teve pelo que sofreram durante o estado de escravidão, e reverente homenagem à Grande Isabel Redentora, benemérita da Pátria e da Humanidade, que se imortalizou libertando-os.[4]

Mesmo expressando a modernidade da grande e decisiva transição do trabalho escravo para o trabalho livre, Tamandaré quis ser enterrado como os antigos, prescrevendo em seu testamento as mesmas concepções alegóricas dos testamentos da época da fundação do Brasil.

Nas populações indígenas do passado e do presente, há também significativas diferenças na concepção e no trato da morte entre os distintos grupos tribais. Grupos tupi tinham e têm o costume de enterrar seus mortos dentro de casa, no mesmo lugar em que tinham sua rede. Já os bororo praticam o duplo sepultamento. Aparentemente, nos dois séculos iniciais da Conquista, brancos e mestiços estavam informados por costumes tribais no trato de seus mortos. Fernão Dias Paes, o "Caçador de Esmeraldas", que era da vila de São Paulo, morreu de malária em território da futura Minas Gerais, durante sua expedição, no século XVII. Os que o acompanhavam usaram técnicas indígenas parecidas com as dos bororo, relativas ao duplo sepultamento, para descarná-lo e trazer seus restos mortais, seus ossos, de volta e sepultá-lo junto ao altar-mor da igreja de São Bento, de que era benfeitor. Os ianomami comem os seus mortos. Fazem uma pasta de banana onde colocam as cinzas do morto e a comem. Enterram os mortos dentro de si mesmos. São culturas funerárias completamente diferentes entre si. Fica impossível, portanto, falar de uma contribuição "indígena" para a cultura funerária brasileira da atualidade. Até porque tais costumes foram rapidamente recobertos pelas formalidades de que se valeu o sincretismo para impor a fé dominante.

Isso vale também para os africanos. Não há "o africano", mas uma variedade de culturas e grupos étnicos africanos trazidos para o Brasil na trata de escravos negros. Diferentes grupos animistas e grupos muçulmanos foram trazidos para as grandes fazendas. Assim como ocorreu em relação aos povos indígenas inimigos, cuja conflitividade foi compreendida e manipulada pelos caçadores de escravos, também na África grupos tribais inimigos entre si, ou povos de reinos diferentes, empenharam-se na captura e venda de seus contrários aos traficantes brancos. Os negros da África foram os principais auxiliares da escravização dos próprios negros.

Essa diversidade conflitiva não parece ter criado um tipo étnico comum nem uma cultura que se pudesse chamar de propriamente "negra", o que também não impediu os brancos de dialogarem com as culturas africanas na convivência entre senhores e escravos. No século XVIII, um monge do Mosteiro de São Bento, em São Paulo, pagou a um pai de santo da Fazenda de São Bernardo para que removesse o quebranto, o banzo, dos escravos, uma forma de doença e mesmo de morte para a qual os brancos não tinham remédio. E, por via das dúvidas, no parto de cada escrava, o bebê recebia no seu enxoval uma peça de baeta vermelha, para ser usada como fralda, um preventivo contra o mortal mau-olhado.

Num outro plano, e na mesma linha do significado dessa persistência, a resistência do negro ao cativeiro foi mais significativa na recusa silenciosa da cisão de sua pessoa pela religião católica e, mais tarde, pelos valores próprios da sociedade capitalista, o que não quer dizer que todo negro o fez. Bastide, numa pesquisa sobre sonhos com três diferentes grupos de negros e de graus de negritude, no Brasil, observou que apenas num grupo majoritariamente feminino, de fiéis de seitas africanas de Xangô, "pertencentes à classe baixa" do Recife, "a estrutura da percepção ou da significação das imagens", no teste de Rorschach, "permaneceu africana". Para eles, "o sonho não constitui uma realidade à parte", não só porque por meio deles se comunicam com o mundo mítico e as divindades, um mundo que é também o dos mortos. Não há aí separação entre o dia e a noite, entre a luz e a sombra.[5]

A diversidade de sujeitos do processo histórico brasileiro e das contribuições que deram para a formação de uma cultura brasileira, que de fato não é uma cultura harmônica e de convergências, teve influências variadas no que podemos hoje, com menores relutâncias do que no passado, chamar de cultura funerária.

Os missionários católicos, ao chegarem ao Brasil, não encontraram uma sociedade organizada e abrangente. Encontraram diferentes sociedades tribais, com uma razoável diversidade de costumes. Os portugueses não encontraram uma sociedade que tivesse a organização social que eles conheciam e com a qual sabiam lidar. A unidade territorial dessa diversidade social foi invenção política de Portugal, construída com as sobras sociais e culturais do contato, com aquilo que não foi destruído, com o que não foi filtrado e descartado, pelos portugueses. Isso aconteceu não só no Brasil. As cartas de Cristóvão Colombo aos reis da Espanha, narrando detalhes de seu encontro com as populações indígenas da América e as "conversações" que com elas teve, são cômicas narrativas de ingênuo desencontro entre sociedades e culturas.

Para ajustar a realidade humana que encontraram aos propósitos da Conquista, que eram propósitos econômicos e religiosos, os portugueses tiveram que inventar uma sociedade, instituir um sistema de exploração econômica, introduzir o trabalho em grupos sociais que não conheciam o trabalho como forma de exploração do ser humano pelo ser humano, disseminar formas físicas, mas também culturais, de dominação e disciplina. Para isso, com o decisivo apoio dos missionários, os portugueses adaptaram das culturas nativas o que puderam e destruíram repressivamente o que não puderam adaptar.

A repressão sistemática contra a antropofagia ritual dos índios da costa foi apenas um dos episódios da criação de uma cultura da morte substitutiva, constituída a partir da concepção de vida e pecado do catolicismo da Contrarreforma. Os índios que eram antropófagos comiam o inimigo não como alimento físico, mas como alimento ritual e simbólico, modo como o vencedor incorporava a força do vencido. Cronistas e testemunhas do século XVI assinalaram que os que, vencidos na guerra, estavam condenados ao pasto ritual de seus adversários insurgiam-se contra a interferência dos missionários que procuravam resgatá-los e salvar-lhes a vida, o que de fato os desonraria. Convém ter em conta que a comunhão cristã é antropofagia ritual e simbólica, em que o crente come o corpo e bebe o sangue de Cristo.

O combate à antropofagia teve como consequência a supressão de uma concepção de morte em que o inimigo morto, ao ser comido, era integrado física e simbolicamente à comunidade dos vencedores. Não tinha, portanto, as características mortais da concepção de inimigo da cultura católica europeia. A antropofagia era forma de sepultamento interior do morto adversário, do mesmo modo que o morto tupi, sepultado no interior da casa clânica, permanece imortalmente presente na estrutura simbólica de sua sociedade. Os missionários introduziram no lugar dessas práticas a concepção do morto insepulto, do banimento dos mortos, do seu abandono, como instrumento de uma concepção de culpa que tornou possível assegurar na estrutura da sociedade colonial a poderosa figura do mediador religioso que manipula as relações entre os vivos e os mortos, entre o profano e o sagrado.

Mesmo o catolicismo que nos foi legado pelo trabalho missionário dos tempos iniciais da Colônia não era propriamente o catolicismo popular dos próprios colonos. Dou o exemplo da devoção a São Gonçalo de Amarante. Em Portugal, São Gonçalo era e é o patrono casamenteiro das velhas, mas também das prostitutas. Além disso, é um santo da fertilidade. Seu culto, na Igreja de Amarante, às margens do rio Tâmega, é um culto fortemente erótico, centrado no consumo ritual do falo. Até hoje, na festa do santo, as padarias locais vendem pães de ló e bolos em formato de pênis. A dança de São Gonçalo, entre nós, praticamente ficou reduzida a uma dança penitencial dos reumáticos e dos candidatos a violeiros, já que o santinho português tocava viola e com esse instrumento aparece nos altares e nas celebrações. O puritanismo contrarreformista castrou o santo, depurou a crença. Converteu o que era simbolização da fertilidade e da vida em simbolização da morte, do corpo infecundo. Fez o mesmo com outros elementos culturais que discrepavam dos valores e orientações do sisudo catolicismo trazido para a Colônia.

O catolicismo instituiu a dualidade das pessoas. Nossa cultura é uma cultura dual. Nós estamos divididos. Somos um ser social dividido. Esse ser dividido foi criado pelo trabalho missionário, que nos trouxe a duplicidade das metades que se temem, se opõem e até mesmo se repudiam. Desse modo, uma parte do nosso ser tem medo da outra, o vivo tem medo do morto. Nós nos tememos por conta dessa fratura. O nosso eu é um eu dividido, unificado pelo medo.

Por isso, nossa cultura é uma cultura de almas penadas, de almas do outro mundo. Não é da nossa cultura, por exemplo, falar em fantasmas. Na nossa cultura não existem fantasmas. O fantasma é importado de outras culturas, através da mídia. Vampiros não existem na nossa cultura. Nada disso é nosso. Tudo isso é importado, como o sanduíche do McDonalds, a Coca-Cola, o Melhoral e tantas coisas mais. São os elementos culturais que se instalam na superfície da vida social, porque reprodutíveis e descartáveis, destinados ao consumo e à manipulação ideológica do apetite, da sede e da doença. Não tem nenhum sentido para nós. Se quisermos entender as dimensões profundas da nossa mente e da nossa mentalidade coletiva, temos que buscar os fatores culturais fundantes, os impasses instalados histórica e duradouramente nas nossas orientações de vida, como os que mencionei anteriormente. Em nossa cultura, o que existe mesmo é a alma penada, a contrapartida da alma salva, que por isso não pena. Essa é a referência para uma reflexão consequente sobre o lugar da morte em nossos medos, em nossas esperanças, em nossos cuidados de viventes preocupados com a mediação da morte em nossa vida social.

A morte está presente de vários modos em nossa sociedade, também naqueles âmbitos da vida social que parecem distantes desse tema. Assim como os missionários católicos empenharam-se em modificar a concepção indígena de casa coletiva, para no lugar instituir a casa da família nuclear, difundiram também uma cultura residencial em que a arquitetura da casa é simbolicamente apoiada em medidas profiláticas, preventivas, em relação à morte. Em nossa cultura popular, essa edificação simbólica decorre da distinção entre morte e morto, entidades distintas entre si, embora relacionadas, cada qual com um tempo próprio. O tempo da morte recobre o tempo do morto, mas dele se diferencia porque é o tempo do morrer, um tempo que se manifesta, até ritualmente, muito antes da própria morte, nos procedimentos que a cultura prescreve em relação aos que vão morrer. Esse tempo se manifesta, também, depois da morte, nas prescrições rituais de trato do corpo e da alma do morto e de trato da relação entre os mortos e os vivos.

Luís da Câmara Cascudo faz referências ao simbolismo uterino da casa, que se torna visível nos procedimentos rituais de trato do corpo do morto. Esses procedimentos são desencadeados no reconhecimento da duplicidade do ser e no reconhecimento de que a morte rompe o duplo, separa o corpo e a alma. O trato do corpo é físico: amortalhar, velar, promover o funeral, sepultar. O corpo é mortal e sua existência se encerra no sepultamento. A alma, porém, é imortal e de algum modo mantém uma relação interativa com os lugares e as coisas que foram do morto e a mantém com os restos mortais, no pressuposto da ressurreição da carne. O trato dela é ritual. Esta é a razão pela qual, das sombras da morte, o morto pode assombrar os vivos, no seu apego às coisas que são suas e não morreram com ele. Há grupos tribais, no Brasil, que ainda sepultam com os mortos as coisas materiais que lhes pertenceram. Até mesmo objetos que a economia de mercado nunca destruiria em consequência da morte do dono, como o rádio ou a máquina de costura, são sepultados com aquele de quem eram. Com isso, esses indígenas não reconhecem a ruptura que a cultura católica nos legou. Por outro lado, como se vê em tribos tupi, o morto não é privado de seu canto, não é separado de sua casa e de sua família, pois sepultado no mesmo lugar em que tinha sua rede de dormir. Se em casos assim o trato indígena do morto procura␣conciliá-lo com os vivos, como membro que continua sendo de sua comunidade, já os brancos fazem exatamente o contrário, desenvolvendo ações que assegurem o banimento do morto e solidifiquem a barreira simbólica que separa vivos e mortos. Portanto, no caso dos brancos e de todos os aculturados pelo catolicismo e também por outras religiões cristãs, a providência que preserva a unidade do ser não tem cabimento, permanecendo a duplicidade viva do morto.

Por esses motivos, desde o nascimento se institui ao redor da pessoa uma geografia do antagonismo da vida com a morte. Sua principal indicação está na distribuição das camas em relação à porta de sair da casa. Onde essa cultura ainda é forte, sempre se evita que o pé da cama fique voltado para a porta de saída da casa. Na casa uterina de nossa cultura, a porta de saída simboliza a vagina. No velório, o morto deve ficar com os pés voltados para a porta de saída, ao mesmo tempo em que as janelas da casa devem ficar fechadas, a casa na penumbra, já que sua alma será atraída pela luz da saída. Do mesmo modo, no enterro, o morto deve sair com os pés para fora, o inverso da posição de nascimento, uma proclamação ritual da oposição de vida e morte. Essa é a razão, também, de que não se varra a casa à noite nem se jogue para fora, à noite, o cisco de varrição, mesmo feita durante o dia. Mas é a razão ainda para que se varra a casa de dentro para fora imediatamente após a saída do corpo, no enterro. Como é a razão pela qual os que forem ao enterro limpem cuidadosamente os pés antes de entrarem nas casas, na volta. E é também a de que as mulheres não ajudem a carregar o caixão do morto. Sendo fonte da vida, sua relação com a morte é antagônica e seu corpo deve ser preservado desse contato. Obviamente, há variações dessas práticas e progressivos esquecimentos, o que nem sempre permite identificar na íntegra os elementos dessa cultura.

O grande problema nessa cultura do medo é que a alma fique dentro da casa. O grande medo é que a alma se perca no caminho do morto ao lugar da morte, que é o cemitério, e permaneça indevidamente no mundo dos vivos. É por isso, também, que em alguns lugares ainda se cumpre um ritual – nos sete dias depois da morte – que é a reza doméstica noturna, no cômodo em que são fechadas todas as janelas e portas, colocando-se velas em vários pontos da casa, deixando-se apenas um ponto desguarnecido de luz. Se, por acaso, a alma se perdeu dentro da casa, partirá no sétimo dia, quando o fel do cadáver se rompe, e iniciará sua travessia, o seu tenebroso transe. Para que, por essas luminosas indicações, encontre a saída e o rumo, e não fique dentro da casa nem junto à família.

Outro dado significativo em nossa cultura funerária é a prática de colocar a vela na mão do moribundo. Não faz muitos anos, acompanhei pessoalmente a história de um posseiro muito pobre lá do norte do Mato Grosso, José Vieira Rodrigues.[6] Eu o conheci lá no extremo norte do Araguaia. Ele tinha um tumor na sola de um dos pés. Pisou num estrepe na roça e aquilo inflamou. Com ajuda da Igreja Católica, foi para Cuiabá, onde o operaram, extirpando o tumor. Mas sugeriram que viesse para São Paulo, para acompanhamento do caso no Hospital do Câncer. Vinha periodicamente e ficava em minha casa durante os exames. Numa das vezes em que estive no hospital, ele estava no mesmo quarto que um senhor que era fumante inveterado, com um câncer na garganta, já em fase terminal. Esse senhor morreu diante de "seu" Zé Rodrigues. Quando "seu" Zé viu que seu colega de quarto estava entrando em agonia, pediu a uma enfermeira que trouxesse vela para colocar na mão do doente. Ela olhou o moribundo e disse: "Ah, não se preocupe, ele está morrendo. Não há mais nada para ser feito". Então, José Rodrigues pegou a caixa de fósforos do fumante e começou a acender fósforos, um atrás do outro, e a colocá-los na mão dele. Acendeu a caixa todinha de fósforos até ele acabar de morrer. Porque não fazer isso significava condenar aquele homem à escuridão eterna. A luz é um instrumento importante na cultura funerária porque ajuda no tenebroso transe, como diziam os antigos. Essa passagem pelo corredor escuro da morte até o destino dos mortos é a escuridão que aprisiona os mortos. Por que os nossos cemitérios estão cheios de ciprestes? Porque cipreste, na cultura funerária, é uma planta que produz muita sombra, é uma forma de segurar os mortos no refúgio que lhes pertence.

Os médicos sempre poderão dizer que o hospital não foi feito para as pessoas morrerem. Daí essa indiferença em relação a costumes e tradições. Eles têm completa razão. O hospital é para vencer a morte. Foi em consequência dessa realidade que surgiu em alguns países o movimento dos "hospices", lugares para morrer, em que os desenganados podem até mesmo viver com a família, que para lá se muda, tratados apenas com medicação para aliviar a dor, tentativa de assegurar-lhes uma morte o mais próxima da morte natural.

No âmbito do processo de morrer, há vários componentes simbólicos que são indicativos da riqueza de conteúdos da nossa cultura funerária. A morte se inscreve no destino de cada um e tem o seu tempo certo. No entanto, há os que morrem antes do tempo, um tema forte na cultura missionária do século XVI. Ainda hoje, morrer antes do tempo cerca o morto de atenção especial. Em nossos cemitérios, com facilidade vemos túmulos sobre os quais se ergue uma coluna partida. Quando vai se ver, é túmulo de jovem, informação simbólica de que se trata de alguém que morreu antes do tempo.

Morrer antes do tempo tem um conjunto de implicações. O morto fica esperando o dia da morte que estava assinalada para ele. Ele não tem lugar na geografia que separa os vivos dos mortos. Entra no terreno perigoso da indefinição, da desordem simbólica. Da mesma forma, o sujeito que morre depois do tempo, invade uma esfera da existência transcendental que não é a dele. Por isso, até o século XVIII, pelo menos, foi comum a ação dos especialistas em ajudar a bem morrer. Eram chamados para convencer o moribundo a não resistir à morte, o que ocorria nos casos de agonia lenta.

Além dessas questões, não se deve esquecer da questão do corpo, o corpo do morto. A cultura brasileira é profundamente marcada pela presença de duas modalidades de corpos de mortos: o corpo santo e o corpo seco. Esse tema trata da questão da integridade do corpo. A questão da corrupção, do apodrecimento do corpo, inscreve-se nas necessidades próprias de uma cultura em que a morte é um momento no caminho da ressurreição. Devolver o corpo à terra é pagar uma dívida, cumprir uma obrigação, pois o corpo é pó e ao pó deve tornar. Não há ressurreição sem morte. Mas há a exceção do corpo santo. O corpo santo é o corpo que não se desfaz, beneficiado pelo reconhecimento antecipado de seu pertencimento ao âmbito do sagrado. O sagrado não está nem pode estar sujeito à corrupção e à deterioração. Lembro-me de uma controvérsia desse tipo no momento do sepultamento de uma tia, cujas mãos, como é costume, estavam enlaçadas pelo rosário. Várias pessoas alertaram para o impedimento de sepultar o objeto sagrado com a morta. Para resolver a dúvida, o coveiro verificou o rosário e constatou que nele não havia o costumeiro crucifixo, sentenciando, então, que podia permanecer com ela. "O rosário é da morta e não do santo", sentenciou como especialista nesses mistérios.

No outro extremo das referências simbólicas sobre o corpo, há o corpo seco. O corpo seco é o corpo do morto recusado pela terra. Quando era menino e morava na roça, num eucaliptal no meio do caminho da escola distante, diziam as crianças que havia um corpo seco, a cova aberta, o morto-vivo, nem morto nem vivo. Não adiantava sepultá-lo, que ele aparecia fora da terra. Por ali, as crianças passavam aterrorizadas e em silêncio.

Diziam as crianças e os adultos que o corpo seco é o corpo do sujeito que, por ter batido na mãe ou por ter desrespeitado a mãe, foi recusado pela terra. A terra, ao recusá-lo, impede que ele apodreça e fecha-lhe, portanto, o caminho da ressurreição da carne. É um corpo que geme, como se estivesse vivo. Mas não pode se mover, não pode sair do lugar, porque está morto. Está, portanto, no território perigosamente sem definição entre os vivos e os mortos.

Os mortos permanecem entre nós de vários modos. Na cidade de São Paulo há até mesmo um culto popular comovente, que é o culto das almas, muito difundido pelo Brasil inteiro. Em São Paulo, ele é praticado na igreja de Santa Cruz das Almas e dos Enforcados. Fica atrás do Fórum, na Praça da Liberdade. No século XIX, era onde ficava a forca.

Ainda relacionada com o tema do corpo há a questão do corpo fragmentado. Um item significativo da prática do linchamento na sociedade brasileira, como se viu em capítulos anteriores, é o da peculiaridade da imposição da morte ao punido pela multidão. É ela uma forma de vingança coletiva reparatória e compensatória, mais do que mero castigo. Há uma sociabilidade transitória e peculiar nos linchamentos que os tornam particularmente relevantes para a compreensão sociológica de uma sociedade como a nossa. A elaborada crueldade que pode ser encontrada na prática do linchamento nos fala de uma cultura da morte que é também uma cultura do corpo e nos fala da punição do corpo, em certas circunstâncias, como documento vivo da persistência estrutural e social do castigo nesta sociedade. Quando ocorre do processo de linchamento se dar de maneira completa, com todos os seus componentes, vai da perseguição à vítima até sua mutilação e sua extinção na fogueira, não raro a ela submetida ainda viva. Diferentes modalidades de mutilação no processo de linchamento são altamente simbólicas e expressivas da importância do castigo infligido a certas partes do corpo como uma espécie de escrita punitiva, que além da morte deve deixar uma mensagem sangrenta e destrutiva.

No Brasil, um grande número de linchamentos mostra a evidente intenção de punir a vítima aqui e no além, punir o corpo e punir a alma. Essa duplicidade do ser, que mencionei antes, manifesta-se de vários modos diante de nós, sempre que essa duplicidade de algum modo, geralmente involuntário, é posta em questão.

Notas

[1] Palestra de abertura do XVIII Moitará, reunião anual da Sociedade Brasileira de Psicologia Analítica, Campos do Jordão (SP), 26 nov. 2004. Publicado originalmente sob o título de "Anotações do meu caderno de campo sobre a cultura funerária no Brasil", em Marcos Fleury de Oliveira e Marcos H. P. Callia (orgs.), *Reflexões sobre a morte no Brasil*, São Paulo, Paulus, 2005, pp. 73-91 (texto revisto e ampliado).

[2] Já tive oportunidade de participar de duas cerimônias funerárias na Inglaterra e observar que ali se estabeleceu um rito razoavelmente solene, no crematório, para a entrega do caixão para a cremação, seguida sempre de uma recepção da família aos acompanhantes em casa ou em local em que o morto teve função social relevante. A rapidez do que é propriamente o ato de cremar é contrabalançada por uma demora ritual das duas cerimônias em sequência e locais distintos, que reveste o funeral do decoro equivalente ao que o sepultamente tradicional já teve.

[3] Fui organizador e coordenador do Primeiro e do Segundo Seminário Interdisciplinar sobre "A Morte e os Mortos na Sociedade Brasileira", realizados no Departamento de Ciências Sociais da Faculdade de Filosofia, Letras e Ciências Humanas da Universidade de São Paulo, respectivamente em 22 e 23 nov. 1982 e em 3 e 4 de nov. 1983.

[4] Testamento do Almirante Tamandaré. Disponível em: <http://br.ask.com/wiki/Joaquim_Marques_Lisboa?lang=pt&o=2801&ad=doubleDownan=apnap=ask.com#Testamento_do_Almirante_Tamandar.C3.A9>. Acesso em: 17 out. 2014.

[5] Cf. Roger Bastide, "Sociologia do sonho", em Roger Caillois e G. E. Bom Grunebaum (orgs.), *O sonho e as sociedades humanas*, Rio de Janeiro, Francisco Alves, 1978, pp. 142-3.

[6] Durante os anos em que foi paciente do Hospital do Câncer, em São Paulo, em suas vindas do Mato Grosso e quando não estava internado para exames ou tratamento, José Vieira Rodrigues foi hóspede de minha família, em minha casa. Encontramos no tema da morte, que muito o preocupava, um dos raros assuntos comuns de conversação. Preocupado com o risco de morrer longe de casa e da família, privado dos ritos que no sertão cercam o moribundo, tratou de me instruir para o caso de que o inesperado acontecesse. Suas explicações completaram as informações que a vida me dera na roça e no subúrbio num tempo em que a doença e a morte eram cercadas de cuidados extremos na observância de costumes que faziam a ponte ritual e simbólica entre a vida e a morte e o depois da morte. Na elaboração dos três capítulos que constituem esta segunda parte do livro, as lições de José Vieira Rodrigues me foram decisivas para o apropriado conhecimento da cultura da morte entre nós, em particular como referência para compreender sociologicamente os linchamentos, variante trágica do tenebroso transe. Sou a ele imensamente agradecido pelo que me ensinou a esse respeito.

Tempo e espaço
nos ritos fúnebres da roça

"Seu" José Rodrigues, citado no capítulo anterior, era um posseiro maranhense que, na época da primeira versão deste artigo, vivia no norte do Mato Grosso, na região do Araguaia, num povoado cuja população há anos lutava pela terra.[1] Trata-se do povoado de Santo Antônio do Rio das Mortes. Foi meu hóspede, em São Paulo, nas várias vezes em que passou por consultas, exames e tratamento no Hospital do Câncer, em São Paulo. Numa de nossas conversas, ele me contou, pacientemente, como as pessoas nascem, o que os adultos, mulheres e homens, devem fazer e fazem para trazer seus filhos à vida, os filhos de seus filhos e, até, os filhos dos companheiros, compadres, amigos e vizinhos. E, ao me falar da vida, ele me ensinou, também, que as pessoas ao nascerem, já nascem com o dia certo para morrer. Dizendo isso, baixou o tom da voz e, quase sussurrando, passou a me falar da morte.

No sertão, a vida é assim, ligada à morte pelo umbigo, vida e morte juntas e opostas. Ao se falar da vida, não se pode deixar de falar da morte, porque são uma coisa só. O que se pode fazer é opor os tons de voz que se usa para falar, para que a mesma fala, ao reconhecer a unidade da vida e da morte, não desconheça, também, que uma é contrária à outra. Assim como o tom de voz distingue a fala sobre a vida da fala sobre a morte, há outros recursos culturais que o povo do sertão utiliza para distinguir com toda a clareza aquilo que socialmente pertence à morte daquilo que socialmente pertence à vida.

Essas distinções estão fortemente baseadas na certeza, de "seu" José Rodrigues, de que, ao nascer, cada um já carrega consigo o destino de sua morte, o tempo certo de morrer. É esse fato que permite entender toda a complexidade e variedade dos ritos fúnebres na roça, que obriga cada pessoa a conhecer procedimentos, rezas, interdições necessários a que se situe diante da morte, a dos outros e de sua própria. A vida natural decorre entre o nascimento e a morte no tempo certo. O rompimento desse ciclo natural representa um perigo não só para aquele que deixa de cumpri-lo, mas também para toda a sociedade.

As pessoas não podem, ou não devem, morrer nem *antes* nem *depois* do tempo. A hora da morte deve ser a hora que é *destinada* à morte. Por isso, no campo, *os ritos relativos à morte são ritos de tempo*. São ritos para evitar que a pessoa morra *antes do tempo* e são, também, ritos para evitar que a pessoa morra *depois do tempo*. Todos os cuidados que os vivos têm no tratamento do morrente e do morto, que serão analisados mais adiante, parecem destinados a evitar a contaminação dos sobreviventes pela morte. Portanto, destinados a evitar, culturalmente, que o destino próprio e natural do vivo passe a se determinar pela morte e pelo morto, que já está fora da natureza, inserido na ordem do sobrenatural. Nesse arranjo, há uma relação conflitiva e de força entre a natureza e a cultura. "Seu" José Rodrigues me esclareceu que o tempo de morrer chega para aquelas pessoas que já não podem trabalhar, já estão velhas, *já fizeram o que tinham que fazer*. Como lembra Weber, analisando Tolstói, falando de Abrão e dos camponeses, estes morriam (e morrem) "'velhos e plenos de vida', pois que estavam instalados no ciclo orgânico da vida, porque esta lhes havia ofertado, ao fim de seus dias, todo o sentido que podia proporcionar-lhes e porque não subsistia enigma que eles ainda teriam desejado resolver".[2] O povo da roça mobiliza concepções culturais, procedimentos rituais, crenças, rezas, para que a natureza cumpra o seu ciclo de nascimento-crescimento-envelhecimento-morte, para que o homem viva e morra como a árvore do campo. A natureza se transfigura, assim, em produto da cultura.

Quem morre antes do tempo fica à espera do tempo certo para receber sua sentença. Essa é uma situação de extremo perigo, porque é a situação da alma que não está no seu lugar, nem na ordem dos vivos nem na ordem dos mortos, nem é uma coisa nem é outra coisa – é o morto não assimilado pelo mundo dos mortos e que, por isso, ameaça o mundo dos vivos. Um dos costumes mais significativos e dramáticos da sociedade colonial brasileira era justamente o costume que o povo tinha de vigiar a execução dos condenados à forca para, em caso da corda se romper três vezes, requerer ao ouvidor a libertação do réu, pois se tratava de sinal de sua inequívoca inocência.[3] Portanto, sinal de uma morte antes do tempo e, por isso, injusta. Um dos cultos populares mais ricos e arraigados da cidade de São Paulo, em nossos dias, é o culto das almas, que se realiza todas as segundas-feiras na Igreja de Santa Cruz dos Enforcados, no Largo da Liberdade, antigo Largo da Forca. Esse culto rememora a injustiça de que foi vítima Francisco José das Chagas, o Chaguinhas, envolvido numa rebelião militar em Santos. Condenado à forca em 1821, foi executado naquele largo. Embora por três vezes o baraço se rompesse, não atendeu o ouvidor o requerimento do povo, determinando que o laço de um boiadeiro fosse usado para dar fim à vida do réu.[4] Essa violação permaneceu na memória popular e deu lugar à construção da capela e ao culto das almas. Todas as segundas-feiras, dia das almas do Purgatório, centenas de velas são ali acesas para iluminar, justamente, os que morreram antes do tempo ou os que morreram sem luz, ou os que não se encontram no lugar definitivo dos mortos, perdidos no tenebroso transe.

Do mesmo modo, há ritos para impedir que as pessoas morram *depois do tempo*. No sertão do Rio das Mortes, no Mato Grosso, existem os especialistas na quebra da oração ou, quando há padre, é ele chamado para, com oração muito forte, quebrar a oração do moribundo que, apegado a seu santo, se recusa a morrer. Henry Koster, o viajante que também foi senhor de engenho em Pernambuco e que conheceu diretamente nossos ritos fúnebres rurais, conta um caso desse tipo. Um sacristão de igreja atendia, com os ritos próprios, um agonizante inquieto e aflito. Às palavras rituais, juntava esta reprimenda: "Morra, e deixe de bobagens!".[5]

O momento da agonia pode se constituir, pois, num momento de grande conflito entre o moribundo e os circunstantes – aquele resistindo à morte e estes empenhados em fazê-lo morrer. Tais conflitos, entretanto, constituem uma anomalia. José Nascimento de Almeida Prado, que fez preciosos registros sobre a morte na região caipira do sul do estado de São Paulo, muito facilitados por sua condição de médico de roça, menciona reiterados casos de pacientes idosos que reagiam indignados à tentativa de fazê-los viver mais tempo ou à insinuação de que ainda viveriam muito tempo.[6] É comum encontrar-se informações sobre a serena aceitação da morte e o cumprimento dos rituais de "bem morrer". Koster menciona uma dessas práticas. Quem ajuda a bem morrer diz continuamente a palavra "Jesus", repetida, também continuamente, pelo agonizante, enquanto possa fazê-lo.[7] Almeida Prado menciona mesmo os casos de premonição da morte, às vezes até meses antes do desenlace.[8]

Esses são casos em que o morto é cercado de grande respeito, como se ele tivesse triunfado sobre a própria morte. Na verdade são casos em que o morto assume uma dupla condição – de um lado a condição de morto, uma condição antagônica ao vivo, já que de fato os ritos para evitar a contaminação da morte, para evitar morrer antes ou depois do tempo e para ajudar a bem morrer, são ritos dos vivos e não dos mortos. São os vivos que administram a morte, que tentam submetê-la a seu controle. Mas o que prevê e aceita a própria morte, de outro lado, se situa numa relação antagônica à morte, se situa na ordem dos vivos e da vida, porque embora vítima da morte é, também, senhor dela, senhorio que de fato pertence à sociedade. A premonição da morte reduz a margem de incerteza e de indecisão do morrer, pois por meio dela o vivo demarca previamente a certeza de seu próprio fim. Ele também *se* ajuda a bem morrer, se compõe com aqueles que, ao tratarem da morte e dos moribundos, ajudam a sociedade a controlar e domesticar a morte.

A hora da morte é um momento de grande tensão e muito conflito. É nela que se trava a grande batalha entre Deus e o Diabo, entre o Bem e o Mal, entre a salvação e a perdição. Assim, o empenho dos circunstantes em ajudar a bem morrer e a resistência do moribundo constituem apenas um aspecto secundário da batalha maior e decisiva, não vá a relutância de quem morre pôr a perder sua alma.

As rezas dos que ajudam a morrer e do próprio moribundo parecem ter a finalidade de ocupar os sentidos de quem morre durante esse momento de perigo – os olhos, o ouvido, a boca, lugares por onde pode entrar a salvação ou a danação. A prática, assinalada por Koster, do circunstante dizer a palavra "Jesus", repetida pelo agonizante,[9] enquanto pudesse, até morrer, tinha por objetivo ocupar a boca e o ouvido de quem morria para que o demônio não se aproveitasse desse momento de fragilidade para possuí-lo. Almeida Prado assinala que os agonizantes da roça muitas vezes têm visões nesse momento – alguns têm a visão do céu, outros têm a visão de Satanás.[10] O próprio moribundo, portanto, pode ver aspectos da guerra que se trava ao seu redor entre aqueles poderes antagônicos que ali estão em busca de sua alma. Esse momento é, pois, simbolicamente denso tanto para os circunstantes quanto para quem morre.

Em grande parte, a urgência para que a morte se consume no tempo certo, para que não se retarde, decorre da necessidade de selar os sentidos do moribundo com as coisas de Deus. Durante séculos, a canonização do padre Anchieta teria ficado pendente devido a um fato desses em que ele se envolveu. Frei Vicente do Salvador, o historiador franciscano do século XVII, que teve contacto direto com pessoas que conviveram com Anchieta, conta como este teria se envolvido na morte do herege calvinista Jean Cointa, Senhor des Boulez (ou João de Bolés). Depois de árduo esforço, o jesuíta teria conseguido convencer o réu a abjurar a heresia e a confessar-se. Tendo, assim, reduzido-o à eficácia da graça, teria se angustiado diante da ineficiência do carrasco que executava mal o seu ofício e tardava em executar o réu. Ensinou-lhe, pois, a manejar o baraço para que o réu morresse logo, antes que se arrependesse da confissão feita.[11]

É também por causa dessa batalha, que se trava na agonia, que na roça é preceito não permitir que o moribundo fique só. Há sempre alguém para acompanhá-lo, pelo menos duas pessoas. Os trabalhadores estrangeiros, de origem camponesa, que vieram para o Brasil nas últimas décadas do século XIX, que organizaram as primeiras sociedades de mútuo socorro, das quais nasceu o sindicalismo brasileiro, também costumavam ter em seus estatutos determinações expressas no sentido de que o enfermo, sobretudo o enfermo grave, tivesse durante a noite a companhia de um outro trabalhador.[12] Essa também parece ser a razão pela qual a morte fora da casa de morada era e é vista com muita apreensão, como se fosse um acontecimento fora de ordem, fora da ordem natural das coisas.

A história que mencionarei mais adiante, de "seu" José Rodrigues, paciente do Hospital do Câncer, que recusou a amputação da perna doente aqui, em São Paulo, por temer estar sem ela no dia da ressurreição dos mortos, lá no Mato Grosso, nos fala de duas coisas: de um lado, do vínculo da pessoa com um lugar, aquele em que vive sua família, um lugar de referência no ponto de desencontro/encontro de vida e morte, o lugar de sua vida e também o lugar de seu morrer. De outro lado, nos fala da necessidade da integridade do corpo no momento da morte. E nos fala, sobretudo, de que no momento do morrer a alma se liberta do corpo ao qual pertencia, para inversamente submetê-lo no momento da ressurreição. A morte é, portanto, o início de um processo de inversão de domínio, mais do que de um processo de separação de corpo e alma. Tudo o que concorre para essa separação constitui um perigo. Os cuidados com o morrer referem-se, pois, à necessidade de assegurar a salvação da alma, exposta a extremo perigo no momento da morte, e de assegurar que o morto ressuscitará dos mortos. Referem-se, também, à necessidade de assegurar a integridade do corpo, para que a alma nele se reconheça no Dia do Juízo e se restabeleça a unidade do ser rompida pela morte. Aparentemente, o pecado e a perdição se expressam na falta desse reconhecimento, no desencontro entre corpo e alma. A mutilação pela mão do homem conduz à perdição se não desejada nem acompanhada ritualmente. E também o desenraizamento e a solidão. A casa é, nesse sentido, mais do que habitação: ela é o lugar que assegura a reprodução do vínculo do homem com o sagrado na unidade de corpo e alma.

Além disso, a morada é o lugar do morrer porque é também, socialmente, o lugar da família, dos vizinhos, dos amigos, daqueles que podem ajudar uma pessoa a bem morrer e que podem pôr em prática os ritos funerários indispensáveis à proteção da casa e da família. A solidão do agonizante o expõe ao perigo da perdição, que de fato é um perigo não só para quem morre, mas sobretudo para quem a ele sobrevive.[13] Essa parece ser uma das razões porque nossas estradas e caminhos estão povoados de santa-cruzes e de capelinhas-das-almas, erigidas nos lugares em que houve suicídios, homicídios ou mortes por acidente – na verdade, mortes fora do tempo e mortes desamparadas, fora do lugar. A salvação e o destino, depois da morte, na tradição sertaneja e brasileira, não constituem um problema pessoal e privado de quem morre. Constituem uma preocupação e um direito social dos vivos. Os ritos de agonia mostram com clareza que, embora o moribundo seja socialmente importante, sua vontade íntima não o é, a menos que coincida com a vontade social, que, aliás, lhe foi ensinada ao longo da vida. Sua vontade prevalece unicamente na disposição das coisas deste mundo, mas de modo algum pode ele tomar decisões que afetem ou modifiquem as concepções sociais sobre o outro mundo. De certo modo, o moribundo mergulha socialmente numa espécie de estado de menoridade.

O caráter social da morte parece ter sido, durante a Colônia e o Império, o responsável pelo fato de que durante a agonia a casa do moribundo se tornasse um lugar público, e nas regiões sertanejas ainda é assim.[14] A passagem do sacerdote e seu acólito, conduzindo o Santíssimo Sacramento para o agonizante, constituía de fato um convite para que as pessoas o acompanhassem, conhecidos ou desconhecidos da família, à casa do moribundo, onde entravam livremente até o quarto em que jazia, para rezar e acompanhar o desenlace.[15] Do mesmo modo, nos lugares mais modestos, onde não havia possibilidade de conduzir o Santíssimo, era e é costume, casa aberta, convidar os passantes a entrarem, os "irmãos das almas".[16]

Não tenho indicações suficientes, mas há indícios de que, além do Maligno, de Satanás e dos Santos e Anjos que cercam o agonizante, há também a própria Morte – como entidade e figura – figurada, às vezes, como moça ou caveira.[17] Mas desconfio também que a figuração da Morte, como entidade e figura distinta e neutra em relação aos representantes do céu e do inferno, se desenvolve no Brasil, no período imperial, nos centros mais urbanizados e não na roça. O costume de fechar portas e janelas, o silêncio e o temor nas ruas quando da passagem do enterro, parecem mais urbanos que rurais. Parecem, também resultado de uma transformação na concepção da morte que, entretanto, não cabe analisar neste trabalho.[18]

Independentemente de haver ou não, na concepção sertaneja, uma entidade neutra responsável pela consumação da morte, a morte e o morrer divorciam a *alma* e o *corpo*; abrem, assim, a possibilidade e a realidade de suas ordens distintas e combinadas – a ordem material do corpo e a ordem simbólica da alma. Abrem o tempo da espera do Dia do Juízo, quando alma e corpo se reconciliarão na ressurreição. Os ritos que se seguem imediatamente ao desenlace – e desenlace significa justamente a separação dessas duas entidades antes enlaçadas – são complexos elaborados que tentam dar conta da existência, a partir do momento da morte, de duas realidade distintas e, ao mesmo tempo, relacionadas entre si.

Assim como *os ritos da agonia são ritos de tempo*, são de tempo os ritos do morrer, *os ritos relativos ao morto são ritos de espaço*. É o que, no meu modo de ver, diferencia a morte e o morto. Uma das primeiras providências é a reza para separar a alma do corpo.[19] Tudo indica que a alma tem imensas dificuldades para encontrar o seu lugar próprio. Frei Vicente do Salvador falava da morte como "tenebroso transe",[20] passagem escura, sombria, modificação no estado da pessoa. Nos momentos finais da vida, a vela de cera virgem, jamais usada e que queimará até o fim, para jamais voltar a ser usada, porque pertence ao morto, destina-se a alumiar esse passo sombrio, o mundo das sombras das almas, alumiar o caminho, para que a alma nem permaneça nem deixe de encontrar o caminho do mundo próprio das almas.[21] O desenlace separa a alma do corpo e, ao mesmo tempo, *opõe a alma ao corpo*, porque este, sendo coisa física, permanece no mundo dos vivos, como coisa material. Essa oposição é simbolizada pela oposição da *luz* (que aparece associada à vida, ao som, ao movimento) *à sombra* (que aparece associada à morte, ao silêncio, à paralisação).

A luz, que é dos vivos e da vida, é a doação dos vivos aos mortos, é o meio que os vivos utilizam para controlar e orientar a alma, para afastá-la da casa, para conduzi-la do lugar dos vivos ao lugar dos mortos. A vela acesa tem por isso uma importância fundamental nos ritos funerários sertanejos. É através da luz que os vivos manipulam a relação entre a ordem material do corpo e a ordem simbólica da alma. É através da luz, portanto, que os vivos têm o controle da morte.

Há um grande conjunto de cuidados que são tomados na relação com o morto e no deslocamento do corpo. O primeiro deles diz respeito ao afastamento da família. Após as despedidas e bênçãos, a família é praticamente afastada do moribundo e do corpo.[22] Daí em diante, o tratamento do morto, desde a lavagem até o sepultamento, é incumbência de estranhos, nunca de parentes próximos.

Após lavado e vestido, o corpo deve ser tirado do quarto para a sala *da frente* da casa, o cômodo que dá para a rua e para a saída principal da casa. Deve ser tirado com os pés para a frente, em direção à porta, precedido por alguém que conduz a vela acesa. O velório deve ser feito de modo que o corpo fique com os pés em direção à porta e a cabeça em direção ao interior da casa. Luiz da Câmara Cascudo observa que a posição do morto na casa é o inverso da posição de nascimento,[23] sendo a casa, portanto, uma figuração do útero. Esse é, provavelmente, o costume mais comum e generalizado em todo o país. Encontrei referências a ele no Mato Grosso, em São Paulo e no oeste de Santa Catarina. No sul, a informante mencionou, ainda, a direção do fluxo do rio mais próximo rumo à foz e ao mar como referência para a posição do corpo e dos pés do morto. Uma significativa sobrevivência, nos confins do Brasil, do mito grego de Caronte, que transportava os mortos pelo rio Aqueronte para o Hades, as profundezas. A posição do corpo do morto é oposta à posição do corpo do vivo. As camas onde as pessoas dormem devem ter a cabeceira voltada para a porta da rua e os pés para dentro da casa. Mesmo em nossas cidades, onde o sentido desses ritos já desapareceu completamente, a forma de distribuição dos móveis e de colocação das camas ainda obedece, no geral, a essa antiga regra cabocla, embora as pessoas já não saibam por quê.

No que diz respeito aos vivos, esse é um modo de não atrair a morte. No que diz respeito aos mortos, é um modo de evitar que a alma permaneça na casa, e com ela a morte. A alma deve acompanhar o corpo, embora separada dele.

As restrições ao envolvimento intenso da família nos funerais definem-se claramente por sua relação com a casa. Durante o velório, a família recolhe-se a um cômodo diferente daquele em que o morto está sendo velado, *dentro* da casa. Quando sai o enterro, os parentes mais próximos quando muito vão até a porteira, mas não vão até o cemitério. Maiores restrições alcançam as mulheres e as crianças. Uma mulher jamais ajudará a carregar o caixão ou a rede de um homem morto; isso é tarefa de homens adultos. Tudo sugere que a morte é domínio masculino. A relação de evitação entre a mulher e o corpo do morto aparentemente previne que ela se contamine com aquilo que lhe é antagônico. A mulher, uterina, encerra o princípio da vida, a vitalidade do gênero humano. A mera proximidade em relação ao morto parece comprometer e destruir essa vitalidade. Via de regra, os donos do corpo, pais e mães, não saem da casa acompanhando o defunto. O princípio vital está contido não só no útero, mas também no sangue dos progenitores. Relações vivas não devem se mesclar com relações mortas.

Entre a família e o morto se estabelece uma relação de oposição, tanto na relação real entre os parentes e o corpo, quanto na relação simbólica entre a família e a alma do defunto. Aquela representa a vida, a relação social de produção da vida. O corpo morto, ao contrário, não só está morto mas contém a morte, representa a morte. Ele pode contaminar os vivos aos quais fora apegado pelo nascimento, os que não têm com ele uma relação de estranhamento ou mesmo de distanciamento de sangue. Se não houver a separação ritual própria do velório e do funeral, ele pode contaminar os vivos, atrair a morte sobre eles. Não são poucas as histórias na roça a respeito de mortos que retornam para buscar seus parentes mais queridos e é desse modo que se explica a coincidência da morte próxima de pessoas aparentadas, especialmente se de pessoas que viviam na mesma casa. Daí um conjunto de práticas de purificação dos lugares e das pessoas envolvidos nos ritos fúnebres.

É crença comum que o que toca o morto ao morto pertence.[24] Como já mencionei antes, numa região ainda de forte presença da cultura caipira, na Bragantina, em Pinhalzinho, no estado de São Paulo, assisti certa vez a uma disputa à beira da cova sobre o destino que se devia dar ao rosário que, seguindo o costume, envolvia as mãos da morta, minha tia. Entendiam alguns que ele devia ser enterrado com ela. Já outros entendiam que o terço devia ficar enlaçado na cruz do túmulo, entre os quais estava o coveiro, invocando sua experiência e seu conhecimento do assunto. Foi uma discussão tensa, porque todos temiam cometer um erro irreparável e danoso. A disputa se fazia entre os que achavam que o terço pertencia à morta e os que achavam que o terço pertencia ao santo. Verificou-se, finalmente, que no terço faltava o crucifixo, levando então à conclusão unânime de que o terço "era da morta" e que devia ser sepultado com ela. "O terço é dela", foi a expressão que ouvi do coveiro, evitando-se claramente empregar seu nome de batismo ou designá-la como morta, tratando-a como terceira pessoa, indício também de indefinição num momento claramente liminar.

O morto tem, portanto, o poder de contaminar aquilo que o toca e o poder de se tornar dono das coisas que o tocam. Embora tenha ocorrido o desenlace e a separação entre a alma e o corpo, a alma, que é de fato a representação da morte, permanece no mesmo espaço, ainda que duplicado – o espaço físico do morto e o espaço simbólico da morte. Por isso mesmo, toda pessoa que entra no recinto do velório tem o cuidado de aspergir água benzida sobre o defunto, desenhando uma cruz, com um galho de alecrim. O alecrim tem tradicionalmente o poder de, com seu perfume, afastar as almas. Por meio dele, o visitante não "benze o defunto"; simplesmente se benze a si mesmo, "prende" a alma no seu lugar, junto ao corpo, para que ela também não contamine as outras pessoas. Estamos em face, na verdade, de uma dupla e distinta possibilidade de contaminação: a visível do corpo e a invisível da alma. Tudo é feito para atar o morto à sua morte.

Tirado o corpo de dentro da casa, com os pés para a frente, para que a alma o acompanhe, para livrar a casa e a família da morte, é preciso varrer imediatamente o cisco. Isso se faz enquanto a comitiva ainda está à vista. Mas o mais importante é que o cisco deve ser varrido pela porta da frente e nunca pela porta de trás, de dentro.[25] Essa varrição é oposta à varrição normal da casa, que se faz da porta da frente para a porta do fundo. Para dentro se varre aquilo que se quer que fique e supõe-se que agindo assim não se varre a sorte, a fortuna. Para fora se varre aquilo que se quer que se vá, no caso a morte – restos de flores, terra, pó, tudo que possa ter sido contaminado pelo corpo do morto. A casa caipira e cabocla tem, portanto, dois desenhos superpostos – o da sua arquitetura real, das paredes, portas e janelas; e o da arquitetura simbólica das interdições e das direções de entradas e saídas. Nas regiões caipiras ainda é possível encontrar velhas casas de pau a pique cuja porta da frente tem uma cruz pintada – uma porta que só se abre para o bem, pois a cruz afasta as almas penadas, o coisa-ruim e o mal.

O sentido de direção oposto do morto em relação aos vivos, que se estabelece na casa a partir do momento da morte, se completa com a abertura de portas e janelas da sala onde se faz o velório, enquanto o resto da casa permanece fechado, na penumbra. A luz indica a direção para a alma, a direção de saída.

Mesmo durante o féretro, há cuidados a serem tomados com o corpo, para que ele não contamine quem o carrega. Quem tira o defunto de dentro da casa, mesmo que substituído no caminho do cemitério por outra pessoa, é também quem deve entrar com ele no cemitério. Por outro lado, os carregadores devem revezar-se, segurando uma alça do caixão de cada vez. É para fechar o corpo do defunto dentro de um quadro imaginário, de modo a definir o que é lado de dentro e lado de fora, o que é o lado do morto e o lado do vivo. Qualquer engano na observância dessa ordem pode incluir o vivo no interior do espaço do morto, o que pode atrair a morte sobre ele. No cemitério, a terra deve ser jogada primeiro do lado dos pés e depois do lado da cabeça, de modo que, prendendo primeiro os pés, a alma não se afaste do lugar de sepultamento, não vá assombrar os outros, isto é, fazer-lhes sombra, tirá-los da luz e da vida.

Na noite do mesmo dia em que ocorre o sepultamento e no dia seguinte à morte, começa uma novena na casa em que morreu a pessoa, no recinto em que se fez o velório e de onde saiu o corpo. Cada noite se reza uma reza forte em três dos quatro cantos da sala, de modo que fique aberto simbolicamente um dos cantos para que saia a tentação, para que a alma saia, se por acaso se extraviou.[26] Essa novena é, na verdade, um rito para completar a descontaminação da casa e da família e livrá-la da morte. Se o morto deixa viúva jovem e sem filhos, esta não retorna à casa dos pais antes que se cumpra esse novenário de purificação em relação à morte. É significativo que esse ritual de purificação da casa se estenda à viúva, ao corpo da viúva, tratado, assim, como parte da casa. Essa é uma boa indicação de que no imaginário camponês a casa é uma coisa viva, uterina, como observou Luís da Câmara Cascudo, centrada por isso no corpo e na pessoa da mulher.

Basicamente, a obediência a certa ordem no lidar com o corpo é uma forma de lidar com a alma, de afastá-la da casa e da família, de fazer com que ela acompanhe o corpo e se recolha ao seu espaço, que é o do cemitério. O território benzido do cemitério, do campo santo, como se diz ainda em muitos lugares, o sepultamento no sagrado, como diziam os antigos e diz ainda hoje o povo do sertão, não é apenas um modo de proteger as almas para a ressurreição e o juízo final. É também um modo de definir-lhes um lugar particular e apropriado, de impedir que ocupem o lugar e o espaço dos vivos.

Tudo indica que os ritos de descontaminação do espaço e de cerceamento espacial da morte são ritos destinados a impedir que o sobrenatural se sobreponha ao natural. São ritos de restituição da vida ao seu ciclo natural, destinados a impedir que a morte possua a vida e a garantir que os vivos tenham algum controle sobre a morte.

A sucessão dos ritos de tempo pelos ritos de espaço, por seu lado, parece indicar que o último suspiro, ao separar a alma do corpo, ao instituir uma dupla ordem – a da morte e a do morto – abre também um intervalo no tempo, a paralisação do tempo. Esse intervalo de tempo paralisado, que corresponde ao período de purificação do espaço e de condução da alma ao seu destino e ao seu lugar, em algumas regiões parece circunscrito ao período da novena e em outras, ao que vai até o sétimo dia, quando o fel do morto rebenta e, então, a alma inicia sua viagem. Penso que um grande acontecimento histórico como o da Guerra do Contestado, ocorrido no sertão catarinense, de 1912 a 1916, envolve na sua compreensão o problema da paralisação do tempo. Duglas Teixeira Monteiro registra que a Guerra ocorreu num espaço e num tempo míticos. Faltaria acrescentar que, em parte, o caráter mítico do tempo decorria do fato de que se tratava do tempo da morte e, portanto, de um tempo paralisado, que começa com o massacre dos Pares de França, no caminho de Palmas, em novembro de 1912, pela polícia do Paraná.[27]

Findos os ritos de purificação e de demarcação do espaço circunscrito da morte, ensinada à alma do morto, com a luz dos vivos, que o seu lugar é o lugar dos mortos, pode-se dizer então que a paz dos mortos é a paz dos vivos, que lhes restitui o tempo, a luz, o som, a História.

Notas

[1] Estas notas constituem uma tentativa de sistematizar observações de campo, registros esparsos das minhas cadernetas de pesquisa, referências ocasionais contidas em livros de viajantes, cronistas, historiadores, sociólogos, material, enfim, que não diz respeito especificamente à morte. Desde o meu tempo de estudante do curso de Ciências Sociais, na Faculdade de Filosofia, Letras e Ciências Humanas da Universidade de São Paulo, tenho o hábito de visitar demoradamente os cemitérios das localidades que percorro quando faço pesquisa. Os monumentos funerários são ainda o documento iconográfico mais importante para se conhecer, num primeiro momento, a estrutura e a história da sociedade local. Os seguintes trabalhos constituíram para mim uma referência fundamental: Philippe Ariès, *História da morte no Ocidente*,

trad. Priscila Vianna de Siqueira, Rio de Janeiro, Francisco Alves, 1977; Philippe Ariès, *O homem diante da morte*, trad. Luiza Ribeiro, Rio de Janeiro, Francisco Alves, 1981/1982, v. 2; Jean Ziegler, *Os vivos e a morte*, trad. Áurea Weissenberg, Rio de Janeiro, Zahar, 1977. Pela proximidade cultural maior com a realidade camponesa do Brasil, considero imprescindível o livro de Luigi M. Lombardi Satriani e Mariano Meligrana, *Il Ponte di San Giacomo – L'ideologia della morte nella società contadina del Sud*, Milano, Rizzoli Editore, 1982. Esta é uma versão revista e ampliada de trabalho publicado originalmente em José de Souza Martins (org.), *A morte e os mortos na sociedade brasileira*, São Paulo, Hucitec, 1983, pp. 258-69.

[2] "... a morte é ou não é um acontecimento que encerra sentido? Sua resposta é a de que, para um homem civilizado, aquele sentido não existe. E não pode existir, porque a vida individual do civilizado está imersa no 'progresso' e no infinito e, segundo seu sentido imanente, essa vida não deveria ter fim. Com efeito, há sempre possibilidade de novo progresso para aquele que vive no progresso: nenhum dos que morrem chega jamais a atingir o pico, pois que o pico se põe no infinito. Abrão ou os camponeses de outrora morreram 'velhos e plenos de vida' pois que estavam instalados no ciclo orgânico da vida, porque esta lhes havia ofertado, ao fim de seus dias, todo o sentido que podia proporcionar-lhes e porque não subsistia enigma que eles ainda teriam desejado resolver. Podiam, portanto, considerar-se satisfeitos com a vida. O homem civilizado, ao contrário, colocado em meio ao caminhar de uma civilização que se enriquece continuamente de pensamentos, experiências e de problemas, pode sentir-se 'cansado' da vida, mas não 'pleno' dela. Com efeito, ele não pode jamais apossar-se senão de uma parte ínfima do que a vida do espírito incessantemente produz, ele não pode captar senão o provisório e nunca o definitivo. Por esse motivo a morte é, a seus olhos, um acontecimento que não tem sentido. E porque a morte não tem sentido, a vida do civilizado também não tem, pois a 'progressividade' despojada da significação faz da vida um acontecimento igualmente sem significação." Cf. Max Weber, *Ciência e política: duas vocações*, trad. L. Hegenberg e O. S. da Mota, São Paulo, Cultrix, 1970, p. 31.

[3] Cf. Frei Vicente do Salvador, *História do Brasil, 1500-1627*, Belo Horizonte/São Paulo, Itatiaia/Edusp, 1982, p. 168.

[4] Cf. Paulo Cursino de Moura, *São Paulo de outrora*, 3. ed., São Paulo, Martins, 1954, pp. 91-7; Leonardo Arroyo, *Igrejas de São Paulo*, 2. ed., São Paulo, Companhia Editora Nacional, 1966, p. 295; Antonio Egídio Martins, *São Paulo antigo*, São Paulo, Conselho Estadual de Cultura, 1973, pp. 85-6.

[5] Cf. Henry Koster, *Viagens ao Nordeste do Brasil*, 2. ed., trad. Luís da Câmara Cascudo, Recife, Secretaria de Educação e Cultura, 1978, p. 309.

[6] Cf. José Nascimento de Almeida Prado, "Trabalhos fúnebres na roça", *Revista do Arquivo Municipal*, v. CXV, São Paulo, jul./set. 1947, p. 12.

[7] Cf. Heny Koster, op. cit., p. 82.

[8] Cf. José Nascimento de Almeida Prado, op. cit., pp. 13 e 17.

[9] Cf. Henry Koster, op. cit., p. 82.

[10] Cf. José Nascimento de Almeida Prado, op. cit., p. 12.

[11] Cf. Frei Vicente do Salvador, op. cit., p. 167. Não obstante, em 2014, o papa Francisco declarou Anchieta santo. As versões sobre a história de Bolés são várias, uma de que foi para Lisboa e de lá enviado a Goa, onde teria sido condenado como herege e morto.

[12] Cf. *Livro de Atas da Società di Mutuo Soccorso "Principe di Napoli di San Gaetano (1892-1911)*, ms., passim.

[13] Em grande parte, as irmandades dos irmãos das almas, dos alimentadores das almas, dos penitentes, ainda hoje existentes em muitas regiões do país, estão dedicadas a fazer penitências por aqueles que morreram afogados, no deserto, na prisão, ou seja, dos que morreram na solidão. Cf. Alceu Maynard Araújo, *Cultura popular brasileira*, 2. ed., São Paulo, Melhoramentos, 1973, p. 145 e ss.; Alceu Maynard Araújo, *Folclore nacional*, v. III, 2. ed., São Paulo, Melhoramentos, s.d., p. 63; Mello Moraes Filho, *Festas e tradições populares do Brasil*, São Paulo/Belo Horizonte, Edusp/Itatiaia, p. 158.

[14] Eu me encontrava num povoado do norte do Mato Grosso quando ocorreu a morte, já esperada, de antiga moradora, conhecida parteira do lugar. Sobre ela pesava a suspeita de relacionamento incestuoso com um compadre, que conheci, seu vizinho, por sua vez suspeito de ter se tornado, por isso mesmo, lobisomem. Isso, aliás, me foi dito por um dos moradores logo depois que o conheci. Como se sabe, em nossa cultura camponesa, a relação sexual entre compadres é considerada incestuosa, daí resultando que a mulher se torne mula sem cabeça e o homem se torne lobisomem. Portanto, figuras altamente impuras e certamente intocáveis. Aparentemente, a agonia e a morte, no que a quem morre se refere, parecem suspender temporariamente a intocabilidade da pessoa. Praticamente, todo o povoado parou para ajudar na preparação da morta, no velório e no enterro. A impureza não impedia que aquela senhora fosse a principal responsável pelos partos do lugar, o que se explica pelo fato das pessoas nascerem pagãs e, portanto, também elas impuras, embora inocentes, impureza que o exorcismo que precede o batismo se encarrega de remover.

[15] Aluísio Azevedo, em *O Cortiço*, descreve uma cena de condução do Santíssimo Sacramento a um moribundo, em que esse aspecto fica evidente.

[16] Ainda hoje é forte a presença das Irmandades de Irmãos das Almas e seus densos ritos em várias regiões do Brasil, especialmente no Nordeste e no Centro-Oeste. Cf. José de Souza Martins, "A noite dos penitentes", *Zum – Revista de Fotografia*, n. 3, Instituto Moreira Salles, out. 2012, pp. 124-8.

[17] Isso ocorreu no subúrbio de São Paulo, em 1944, com minha prima, que estava muito doente. Esgotados os recursos médicos, uma benzedeira, que foi trazida à casa, viu num espelho uma caveira, sinal, segundo ela, da presença da Morte.

[18] Penso que, no caso brasileiro, a figuração da morte como entidade neutra na relação entre o bem e o mal está relacionada com o desenvolvimento de uma concepção romântica da vida e da morte. Essa concepção está configurada em cemitérios antigos, da segunda metade do século XIX, como o Cemitério da Soledade, em Belém (Pará), o Cemitério de Santo Amaro, em Recife, o Cemitério da Consolação, em São Paulo, e o Cemitério da Santa Casa, em Bananal, São Paulo. Sobre o Cemitério da Consolação e seus monumentos funerários, cf. José de Souza Martins, *História e arte no Cemitério da Consolação*, São Paulo, Secretaria da Cultura/Prefeitura de São Paulo, 2008.

[19] Cf. José Nascimento de Almeida Prado, op. cit., p. 18.

[20] Cf. Frei Vicente do Salvador, op. cit., p. 301.

[21] Cf. José Nascimento de Almeida Prado, op. cit., p. 18.

[22] Cf. Alceu Maynard Araújo, *Folclore nacional*, cit., p. 60, v. III; José Nascimento de Almeida Prado, op. cit., pp. 20 e 63.

[23] Cf. Luís da Câmara Cascudo, *Dicionário do folclore brasileiro*, Brasília, Instituto Nacional do Livro, 1972, p. 199; Alceu Maynard Araújo, op. cit., p. 58.

[24] Cf. Luís da Câmara Cascudo, op. cit., p. 199.

[25] Cf. Alceu Maynard Araújo, *Medicina rústica*, São Paulo, Companhia Editora Nacional, 1961, p. 224; Alceu Maynard Araújo, *Folclore nacional*, cit., p. 57, v. III; José Nascimento de Almeida Prado, op. cit., p. 65; Alceu Maynard Araújo, "Alguns ritos mágicos", *Revista do Arquivo Municipal*, v. CLXI, São Paulo, Departamento de Cultura, 1958, p. 87.

[26] Cf. José Nascimento de Almeida Prado, op. cit., pp. 68 e 71.

[27] Cf. Duglas Teixeira Monteiro, *Os errantes do novo século*, São Paulo, Livraria Duas Cidades, 1974, p. 11; José de Souza Martins, "Dominação e expropriação: o messianismo na resistência política do subalterno", *Roteiro*, ano II, n. 5, Fundação Educacional do Oeste Catarinense, Joaçaba, 1981, pp. 7-17.

A dialética do corpo no imaginário popular

Fiquei intrigado com o telefonema da assistente social do Hospital do Câncer para lá comparecer e providenciar a remoção de "seu" Zé Rodrigues, internado na véspera para uma operação.[1] Aparentemente, "seu" Zé recusara-se a ser operado. Melhor que eu fosse lá com urgência e conversasse com o médico.

Eu conhecera "seu" Zé Rodrigues alguns anos antes, na casa do bispo Dom Pedro Casaldáliga, onde ele e eu estávamos hospedados. Foi na época de minha pesquisa, na região amazônica, sobre os conflitos na frente de expansão. Ele era um dos "enfrentantes" que lideravam os posseiros do povoado de Santo Antônio do Rio das Mortes, pressionados por uma grande empresa para que deixassem a terra que ocupavam há muito.

Enquanto conversávamos, sentados em nossas redes, no alpendre da casa, reparei que havia um tumor grande na sola de um de seus pés. "Pisei num estrepe quando estava roçando o mato", explicou-me. "Daí a ferida arruinou, começou a crescer e ficou desse jeito."

Por iniciativa do pessoal da Prelazia de São Félix, foi enviado a Cuiabá e lá operado. A biópsia, porém, revelou que o tumor era maligno. Melhor ir para São Paulo, sugeriram os médicos, operar de novo, ver se não havia ficado ainda algo do tumor, apesar de removida quase inteiramente a planta do pé, refeita por meio de um enxerto. E assim foi feito. Por meio de um médico que era pai de uma das agentes de pastoral da Prelazia, "seu" Zé foi encaminhado ao Hospital do Câncer e examinado. Passou a receber tratamento sob cuidados da equipe de um imunologista que se tornaria famoso, o dr. Drauzio Varela. Posseiro muito pobre de uma região paupérrima, "seu" Zé Rodrigues teve daquela equipe e do Hospital tratamento exemplar.

Ficaria em observação, sob tratamento em seu próprio povoado, lá na beira do rio das Mortes, retornando a São Paulo, periodicamente, para exames. Coube a mim a responsabilidade de enviar-lhe a cada quinze dias, eventualmente com ajuda de amigos, as ampolas do BCG oncogênico, que poderia impedir a expansão da doença. Foram anos de empenho de uma verdadeira cadeia de solidariedade para assegurar que "seu" Zé continuasse vivo, se possível trabalhando e participando da justa luta pela terra dos moradores de seu povoado. A cada 15 dias eu ia ao Instituto Butantã, comprava as vacinas, acomodava-as numa caixa de isopor com gelo e ia para o aeroporto de Congonhas despachar o pacote para Goiânia pela Vasp. Em Goiânia, outro amigo de "seu" Zé abria a caixa, colocava gelo novo e a redespachava pela Votec no aviãozinho que diariamente fazia a rota do Araguaia. Na Ilha do Bananal, junto à aldeia de Santa Isabel do Morro, dos índios karajá, a caixa era recolhida por outro amigo de "seu" Zé e levada de barco para São Félix do Araguaia, um pouco acima. Lá, uma religiosa da Prelazia, a irmã Irene, colocava novo gelo e outro barqueiro levava a caixa a Santo Antônio, muitas horas rio acima, no rio das Mortes, afluente do Araguaia. A vacina tinha que ser tomada diariamente.

Passados vários anos, um dia veio um recado esquisito. "Seu" Zé não estava mais tomando as vacinas. À medida que elas lhe chegavam regularmente, a cada duas semanas, ele as jogava fora. Um curandeiro lhe havia prometido cura completa e definitiva em troca de quase tudo que possuía, que era muito pouco – alguns poucos bagulhos de casa e pouquíssimo dinheiro. Preparou-lhe umas garrafadas, tomadas no lugar da vacina. Em poucos meses, vários tumores começaram a aparecer na perna afetada. Receoso porque consciente de que abandonara o tratamento sem dizer a ninguém do grupo de apoio, nem aos médicos, "seu" Zé não veio a São Paulo. Foi a Brasília, no meio do caminho, hospedou-se na Contag (Confederação Nacional dos Trabalhadores na Agricultura) e procurou ali o Hospital de Base. Feitos os exames, telefonaram-me para dizer que os médicos haviam recomendado encaminhamento urgente ao Hospital do Câncer em São Paulo. Pediam que eu fosse recebê-lo na rodoviária na manhã seguinte e que o encaminhasse imediatamente à equipe que o atendia. No mesmo dia da chegada, "seu" Zé foi internado. Para desalento do dr. Drauzio Varela e dos outros médicos, que haviam posto tanto cuidado na preservação de sua saúde e no prolongamento de sua vida, a doença havia se espalhado. Após novos exames, a equipe concluiu que havia uma possibilidade de contê-la mediante a amputação da perna.

Na mesa de operação, "seu" Zé deu-se conta de que algo grave ia acontecer. Desde o começo de suas vindas a São Paulo tinha dificuldade para entender o que as pessoas diziam, ele era um caboclo maranhense que falava um português praticamente perfeito, arcaico, sem erros, como é costume no sertão de sua terra.

Devem ter lhe falado em amputação, que ele não sabia o que era. Desconfiou, porém, do que se tratava quando, na mesa de operação, viu a preparação dos instrumentos cirúrgicos. Quis saber o que ia acontecer. O cirurgião explicou-lhe, então, que precisava cortar-lhe a perna. Assustado, "seu" Zé recusou. O médico ainda tentou convencê-lo de que depois receberia uma perna mecânica e poderia viver normalmente. Não adiantou. Mandou, então, levá-lo de volta ao quarto e pediu ao serviço social para que chamasse um parente ou responsável para convencê-lo ou removê-lo, se não houvesse jeito.

Quando cheguei, acompanhado de um amigo dele e meu, o Carlão, foi-nos explicado que ele não podia ficar no Hospital ocupando uma vaga, quando havia uma fila de pessoas na porta esperando uma oportunidade de tratamento. Fomos falar com ele. Explicamos de novo o que ia acontecer, que depois da amputação, com a perna mecânica, ele poderia até voltar a trabalhar. "O senhor está com medo, seu Zé?" "Não", disse-nos ele. "Então por que o senhor não deixou que o médico fizesse a operação?" "Porque ele não soube me responder uma pergunta", explicou, acabrunhado. "E qual é a pergunta?" Fixou-nos no rosto, entre assustado e resignado, e disse quase em voz baixa: "No Dia do Juízo, eu vou ressuscitar lá no Mato Grosso e minha perna vai ficar aqui em São Paulo?". Embatucamos. Pedimos um tempo a ele e ao médico. Íamos procurar quem entendesse do assunto. Saímos atrás de um padre ou uma freira que pudesse dizer uma palavra sensata e fundamentada a respeito. Todos os esclarecimentos eram filosóficos. "Seu" Zé, porém, estava firme na sua convicção. Ele aprendera acima de qualquer dúvida, pois estava lá no Credo Apostólico: "Creio na ressurreição da carne...", do mesmo modo que "Creio em Deus Pai, todo poderoso...".

Não houve jeito. "Seu" Zé foi retirado do Hospital e enviado para sua casa no Mato Grosso, depois da remoção dos tumores e dos cuidados pós-operatórios necessários. No jornal *O Estado de S. Paulo*, Drauzio Varela publicou um longo artigo sob o título de "A perna do Sr. José Vieira Rodrigues".[2] Tecia justas considerações sobre os anos de esforços para manter "seu" Zé vivo e com a saúde possível. Mas, para ele, acostumado a salvar vidas, era incompreensível e inaceitável que todo aquele empenho tivesse se perdido nos meandros das relações sociais e dos desencontros de um mundo tão distante das possibilidades da medicina e da dedicação dos médicos. Seu desencanto e sua frustração não eram menores do que os meus e de todos os que por tanto tempo criaram e mantiveram uma rede de apoio para assegurar a vida do paciente. O artigo era um desabafo. Mas para "seu" Zé Rodrigues era incompreensível que alguém pudesse não compreender a sacralidade do corpo: mais importante do que a vida terrena era a vida eterna. E mais importante do que a saúde física do corpo era a incolumidade eterna do corpo.

Meses depois, "seu" Zé Rodrigues foi levado de Santo Antônio para o pequeno hospital da Ilha do Bananal porque estava muito mal. Quando se deu conta de que se avizinhava a hora derradeira, pediu para ser levado de volta para casa. Várias vezes, em minha casa, pedira-me, se por acaso ficasse evidente que poderia morrer, que o enviasse de volta ao Mato Grosso, pois queria morrer em casa, no meio da família.

Colocado no pequeno barco que sua comunidade, com grandes sacrifícios, havia comprado para emergências, o *Nossa Senhora da Esperança*, deslizou rio acima com amigos e parentes que o acompanhavam de volta à família e à casa. Navegou a noite toda e morreu de madrugada, minutos antes do barco atracar no pequeno porto do povoado de Santo Antônio do Rio das Mortes.

Para "seu" Zé Rodrigues, o corpo era um *corpo carnal e simbólico* ao mesmo tempo, uma dádiva de Deus, um bem a ser zelado, o templo do Espírito Santo. Nessa concepção, o corpo do homem não pertence ao homem. Na Eternidade não há lugar para os corpos mutilados, para os corpos desfigurados pela mão do homem. Com o tempo fui colhendo outras informações sobre esse mundo complexo, imaterial, que define para o corpo vivo apenas a fração fragmentária e terrena do tempo da vida, minúsculo momento de uma espera, a do gozo da eternidade.[3] Os suicidas e os assassinados ficarão apartados de Deus, porque morrem antes do tempo, porque sua vida, obra do Criador, foi interrompida por mão humana, uma espécie de profanação. Para expressar essa marginalização, de muitos modos são também simbolicamente apartados no imaginário das religiões populares. Os propositalmente mutilados também. Numa pesquisa que faço sobre linchamentos no Brasil, encontrei um bom número de casos de mutilação infligida à vítima pelos linchadores como forma de impor-lhe condenação eterna e irremediável, verdadeiros ritos sacrificiais cumpridos em nossas ruas, supostamente apenas lugares de passagem de todos, todos os dias. Duas práticas não são raras: furar ou arrancar os olhos ou, então, queimar o corpo ainda vivo da vítima. Ou o terror da escuridão eterna ou a consumação eterna, a impossibilidade da reconstituição do corpo no dia do Juízo Final, o dia da sentença definitiva. O morto ausente não receberá sua sentença, vagará eternamente na escuridão da morte. O mundo simbólico em que o corpo realiza sua eternidade e sua vitalidade é o mundo da luz, o que está vedado a quem não tem os olhos e não necessariamente a quem não tem a visão.

Esse corpo simbólico passa por metamorfoses já em vida. Os cuidados rituais com o corpo carnal são, na verdade, cuidados rituais com o corpo simbólico, a realidade dupla e dialética da corporeidade do homem. Mas a morte e a separação da alma em relação ao corpo constituem momentos particularmente graves na transformação da pessoa. Não só é necessário que o corpo seja ajudado a se libertar dos lugares dos vivos, como a casa, como é necessário encaminhá-lo de modo ritualmente correto para o lugar dos mortos, para que sobreviva na eternidade, para que nela encontre a sua imortalidade. Nesses passos, é necessário que a terra consuma o corpo para que alma se liberte. Do contrário, se a terra recusar o corpo, então é a danação. Lembro-me de que, quando menino, morando na roça, tinha que atravessar uma área arborizada e sombria quando ia ou voltava da escola: 16 quilômetros de caminhada através de fazendas, sítios e chácaras. Nesse local, diziam as outras crianças, havia um *corpo-seco*. Era o corpo de alguém que definhara, nem vivia nem morrera, e permanecia insepulto numa cova aberta, por conta das maldades que fizera, uma múmia viva. Luís da Câmara Cascudo explica que é o corpo do "homem que passou pela vida semeando malefícios e que seviciou a própria mãe".[4] É o corpo expelido da terra, por ela recusado. O corpo seco é a antítese irremediável do *corpo-santo* na dialética da eternidade, fato que ganha sentido na contraposição do corpo incorruptível, que a terra não comeu porque corpo santo e santificado, mas que o acolheu. Nas exumações, os corpos íntegros são reconhecidos como indício de santidade, que se sobrepõe ao pecado original e aos pecados veniais. São os corpos dos escolhidos de Deus.

A centralidade do corpo persiste mesmo onde concepções modernas das relações sociais dominam os processos interativos e, supostamente, também o imaginário. Em 1983, lembro bem que foi num Primeiro de Maio, participei de uma reunião de estudos com trabalhadores boias-frias, homens e mulheres, cortadores de cana-de-açúcar, na região de Jaboticabal, no interior de São Paulo. Nessa época eu estava muito envolvido, do mesmo modo que alguns outros professores universitários de várias regiões do país, na realização de cursos para trabalhadores rurais, muitas vezes pessoas que nunca tinham ido à escola e que nem mesmo sabiam ler e escrever, no que chamávamos de Unipop (Universidade Popular e Itinerante).

Naquela reunião, um dos objetivos era o de aprofundar a compreensão do que é a exploração do trabalho, porque todos se consideravam explorados. Quando se procurava saber por que assim se consideravam, não poucos diziam que eram explorados pelo dono do armazém da cidade que lhes vendia os gêneros de que precisavam para viver: o salário não sobe e a mercadoria sobe de preço, diziam. Falavam-me, portanto, da dimensão fenomênica da exploração, sua forma mais elementar, mais visível e mais escamoteadora. Para eles, a exploração não se dava nas relações de trabalho. Não compreendiam, portanto, que a exploração é, na sociedade atual, o modo como o homem é privado daquilo que produz e, em consequência, o modo como se aliena e se descobre a si mesmo como estranho, socialmente produzido pela coisa que produziu.

Antes que se chegasse a essa constatação, ainda na fase em que cada um expunha seu próprio modo de interpretar o assunto, lá no meio do grupo levantou-se uma senhora jovem, cortadora de cana, e explicou-me: "Eu sei que sou explorada porque quando faço amor com meu marido, meu corpo dói. Meu corpo dói quando lavo roupa ou cozinho para minha família. Ele não dói quando estou cortando cana lá no canavial para a usina. Meu corpo já não é meu: é do canavial e do patrão".

A dimensão antropológica dessa formulação filosófica feita por uma trabalhadora braçal não pode ser ignorada: ela nos fala de uma "consciência de classe" que se constitui pela mediação do corpo e de uma concepção tradicional e sagrada da corporeidade do ser humano. Historiadores europeus, como Thompson, já chamaram nossa atenção para a importância do propriamente antropológico e tradicional na luta pelos direitos sociais e mesmo pelos direitos civis. Entre nós, o tema foi deixado de lado, porque nossas instituições tradicionais sempre foram supostamente frágeis e nem subsistiram. A persistência do corpo, porém, na sua dialética de corpo carnal e simbólico, como mediação fundante da consciência social, está em toda a parte. Ela é a referência revolucionária da universalidade do homem no contraponto crítico e contestador à coisificação da pessoa e à exploração do homem pelo homem na mediação das coisas. Até hoje não nos perguntamos por que as demandas sociais por serviços de saúde em nosso país e por que os temas do bem-estar do corpo são tão fortes e tão centrais nas reivindicações sociais e políticas do povo. Para as nossas esquerdas iluministas importa apenas o corpo da classe e não a classe do corpo.

Notas

[1] Versão revista de texto publicado na revista *Sexta Feira – Antropologia, Artes, Humanidades*, n. 4, São Paulo, Hedra, primavera 1999, pp. 46-54.
[2] Cf. Drauzio Varela, "A perna do sr. José Vieira Rodrigues", *O Estado de S. Paulo*, 31 mar. 1985, p. 53.
[3] Além das significações ao corpo atribuídas na morte, há outras a ele associadas. Cf. Margo Glantz, "Las políticas del cuerpo: el divino e el demoniaco", *Historia y Grafia*, n. 1, ano 1, México, Departamento de Historia de la Universidad Iberoamericana, 1993, pp. 167-72.
[4] Cf. Luís da Câmara Cascudo, *Dicionário do folclore brasileiro*, 3. ed., Brasília, Instituto Nacional do Livro, t. I, 1972, p. 295.

TERCEIRA PARTE
QUESTÃO DE MÉTODO

A notícia de jornal na pesquisa sociológica sobre linchamentos
(Crítica das fontes dos dados)

Este trabalho trata fundamentalmente dos casos de linchamento e tentativas de linchamento ocorridos no Brasil em 1997. Esse foi um ano de transição no tipo de documentação utilizável em minha pesquisa sobre esse tema. Não obstante sua crescente ocorrência, o linchamento é crime que só aos poucos vem sendo reconhecido aqui como fenômeno social peculiar e significativo, revelador do que esta sociedade é. Sua quase invisibilidade tem tolhido a produção de evidências de sua ocorrência e dificultado documentá-lo.

No rol de casos dos vários anos cobertos pela pesquisa, faço um recorte cronológico para avaliar a consistência e as peculiaridades da notícia de jornal como fonte de informação sobre o tema. Creio que é útil à melhor compreensão da proposta de pesquisa que venho realizando um apanhado das características do conjunto do levantamento realizado em relação a um período de pouco mais de meio século. O objetivo do levantamento é a organização de um banco de dados que sirva como referência para estudos sobre diferentes aspectos da justiça de rua. Aqui basicamente o que pretendo é expor o modo como referido banco de dados é constituído a partir do noticiário dos jornais e algumas dificuldades e problemas para lidar sociologicamente com esse tipo de fonte. Em termos mais amplos, a pesquisa se baseia na reciclagem sociológica das notícias sobre linchamentos.

O banco de dados é alimentado diariamente com informações procedentes de jornais de todas as regiões do país. Essa foi a fonte escolhida porque não há outra fonte de informação regular e consistente sobre o tema. As fontes alternativas são muito precárias. De um lado, há os boletins de ocorrências das delegacias de polícia. Mesmo que fosse possível percorrer *todos* os municípios brasileiros (ou uma amostra probabilística deles), ainda restaria a dificuldade de que apenas uma parte dos linchamentos é definida como tal nos documentos policiais. Muitas vezes, até por imposição legal, os linchamentos são classificados como homicídios, tentativas de homicídio ou agressões de autoria indefinida. Em parte porque nas delegacias não se trabalha com o que se poderia chamar de figura de *sujeito coletivo de delito*, que é o sujeito dos linchamentos. Tentativas de outros pesquisadores de lidar com esse tipo de dado têm levado a um número de ocorrências inferior ao que é noticiado pelos jornais e que o sociólogo classificaria como linchamento numa revisão crítica da informação.

Por outro lado, os registros policiais limitam-se ao delito propriamente dito. Os dados e opiniões sobre as circunstâncias dos linchamentos, muitas vezes de maior interesse sociológico do que os registros da polícia, quando aparecem, são divulgadas exclusivamente no noticiário dos jornais. Nos Estados Unidos, o país com a mais larga história de linchamentos, só foi possível construir séries razoavelmente completas dessas ocorrências, para um longo período, com base nas notícias da imprensa. Esses são os dados básicos de referência hoje disponíveis para qualquer estudo histórico, sociológico e antropológico que se queira fazer a respeito do tema naquele país. Mesmo para os estudos de caso, esse banco de dados é ali a referência primária.

A presente pesquisa vem se desenvolvendo em quatro frentes de trabalho. Como se trata da formação de um banco de dados, as informações contidas neste texto abrangem o conjunto dessas frentes, embora a referência principal seja a das ocorrências de 1997.

Um núcleo original de dados foi constituído com base em registros diários, a partir de notícias de jornal, recortadas por mim, de junho de 1978 a dezembro de 1994. Esse procedimento continua até hoje, mas de maneira não sistemática. Nessa fase, os casos foram seguidos através dos jornais *O Estado de S. Paulo* e *Folha de S.Paulo* e, ocasionalmente, um ou outro jornal do Rio de Janeiro ou de outras regiões a que tive acesso aleatoriamente. Foi a sistematização de umas poucas centenas de casos desse primeiro núcleo que sugeriu a conveniência de um monitoramento mais amplo dessa modalidade de comportamento coletivo, envolvendo maior número de periódicos das várias regiões do país, a partir de 1° de janeiro de 1995.

Um segundo núcleo de dados passou a ser organizado a partir dessa data. Com um auxílio da Fundação de Amparo à Pesquisa do Estado de São Paulo, foi possível subscrever os serviços da empresa Lux Jornal, especializada em recortar notícias de jornais, diariamente, por tema, procedentes das diversas regiões do país. Trata-se de empresa com antiga e respeitada tradição no ramo. O contrato com o Lux Jornal previa localização e recorte do noticiário sobre linchamento em todas as regiões. Quando da subscrição dos serviços da empresa, no final de 1994, lá estive para verificar que definições essa rubrica suscitava nos encarregados de coleta do material. Essas definições mostraram-se satisfatórias, mas informações e esclarecimentos adicionais foram fornecidos aos encarregados de fazer a leitura e seleção das notícias. A pequena diferença que há entre as definições do próprio pessoal da coleta e a adotada na pesquisa é a de que os recortadores incluíam nos pacotes a mim enviados diariamente recortes sobre casos de chacinas e, às vezes, casos de execuções praticadas por justiceiros. Esses casos eram descartados. Não considero essas ocorrências casos de linchamento, pois falta nelas a espontaneidade própria do comportamento de multidões grandes e pequenas. Durante três anos, os recortes do Lux Jornal tornaram-se a mais importante fonte de abastecimento do banco de dados: em 1997, as informações sobre 84,6% dos linchamentos e tentativas de linchamento chegaram a mim através desse serviço.

Uma terceira fonte é o recurso que utilizo semanalmente de rastrear, pela internet, desde 1994, os arquivos de jornais estratégicos para o levantamento, os que dispõem de índice remissivo. Rastreei os arquivos de *A Tarde* (Salvador), da *Folha de S.Paulo*, de *Notícias Populares* (São Paulo) e da *Agência Estado* (São Paulo). A principal finalidade inicial desse rastreamento foi a de avaliar e verificar o trabalho realizado pelo Lux Jornal, para que eu pudesse ter alguma referência crítica em relação àquela modalidade de coleta de dados. O uso da rede internet de modo algum substituiu a coleta realizada pelo Lux Jornal, pois a maioria dos jornais ainda não dispunha de arquivos indexados e sistemáticos sobre todos os assuntos. Mas foi um recurso da maior importância quando se pode, como neste caso, confrontar as indexações de jornais também monitorados pela empresa de recortes ou, então, localizar jornais que noticiam casos de linchamento (como, então, *Notícias Populares*), porém não incluídos na pesquisa do Lux Jornal. Apenas 10% das notícias de linchamento publicadas por *Notícias Populares* foram recortadas pela empresa; os outros 90% foram localizados no arquivo do jornal por meio da internet. Desde o início do contrato com essa empresa, utilizei esse meio para situar a qualidade do serviço e para ter alguma ideia das eventuais limitações desse recurso numa pesquisa deste tipo.

Um quarto núcleo de referência é constituído pelo exame retrospectivo das coleções de alguns jornais paulistanos, de janeiro de 1945 a dezembro de 1979. Foram utilizadas as coleções existentes na Biblioteca Municipal Mário de Andrade, no Departamento do Arquivo do Estado e no Centro Cultural São Paulo.

Esse trabalho foi feito pela bolsista de iniciação científica Cláudia de Arruda Bueno, então aluna do curso de Ciências Sociais da Faculdade de Filosofia, Letras e Ciências Humanas da Universidade de São Paulo. Ela recebeu uma bolsa para desenvolver um programa de treinamento em reciclagem de notícias de jornal para uso na pesquisa sociológica, dada pela Pró-Reitoria de Pesquisa da USP. Uma primeira bolsa foi concedida para o ano de 1996-1997 e uma segunda para 1997-1998. A bolsista recolheu 580 notícias sobre 500 casos de linchamentos e tentativas no período indicado, complementando as informações para a década de 1970, quando o levantamento do próprio pesquisador foi aleatório.

Em consequência, o banco de dados foi substancialmente aumentado. No dia 31 de dezembro de 1997, ele era constituído de 1.593 casos, abrangendo continuadamente pouco mais de meio século dessas ocorrências no Brasil, de que presumivelmente participaram 543 mil pessoas. O quadro 5 mostra como o recurso da internet e, sobretudo, do Lux Jornal, elevou substancialmente o número de informações e de ocorrências registradas. Além disso, essas duas fontes elevaram o número de notícias sobre cada caso. Entre 1991 e 1993, em que o banco de dados foi alimentado quase que exclusivamente por informações colhidas por mim, a média foi de 1,22 recortes por caso. Entre 1994 e 1997, período em que usei como fontes o Lux Jornal e a internet, a média de recortes por caso foi de 1,83. Ou seja, além de triplicar o número de casos registrados a cada ano, esses novos meios elevaram em 50% a quantidade de informações disponíveis para cada ocorrência.

Os quatro procedimentos adotados frequentemente se superpõem. Mesmo assim, em 1997, 32% das notícias vieram exclusivamente através do Lux Jornal, 4,6% exclusivamente por meio da internet e 1,8% exclusivamente através da minha coleta. Lux Jornal se superpôs a outras fontes em 48,1% das notícias; a internet se superpôs em 10,6% delas; e os meus recortes se superpuseram a 2,9% das notícias de outras fontes (vide quadro 8).

O quadro 9 nos mostra as proporções em que a superposição de notícias, coletadas por meios entre si distintos, permitiu confrontar e avaliar a eficácia desses meios na localização de informações sobre ocorrência de linchamentos. Mais da metade dos casos noticiados e localizados por meio da internet não teve notícias fornecidas pelo Lux Jornal. Em pequena parte porque na internet acesso uma agência de notícias. Muitas vezes, a notícia é distribuída pela agência para todo o Brasil, mas não é publicada pelos jornais. Porém, apenas 15,4% dos casos de linchamentos e tentativas cujas informações foram incorporadas ao banco de dados não foram recolhidos pelo Lux Jornal.

No conjunto, em 1997, foram colhidas informações em 34 diferentes periódicos (quadro 3). Com exceção do *Diário do Grande ABC*, todos os jornais monitorados no período pelo Lux Jornal são jornais das capitais dos estados e do Distrito Federal. E, obviamente, não são todos os jornais de cada capital. Isso ajuda a entender por que esse serviço não abrange a totalidade das ocorrências. Mesmo assim, a lista dos jornais acompanhados é variável, isto é, a lista do quadro 3 não é fixa. Embora haja jornais que têm noticiado linchamentos e não estejam incluídos na verificação regular que a empresa faz (como é o citado caso de *Notícias Populares*), seguramente há outros periódicos examinados diariamente que, por não terem publicado notícias a respeito, não aparecem no arrolamento desse ano. De todos os jornais regularmente acompanhados pelo Lux Jornal para esta pesquisa, não aparecem arrolados nesse ano o *Diário da Tarde* (Belo Horizonte) e *O Estado de Mato Grosso* (Cuiabá). Em outros anos, notícias sobre linchamentos têm sido colhidas em suas páginas diversas vezes. Tomo esse fato como indicação de que o número de jornais lidos na busca de notícias de linchamentos é maior do que o da listagem desse ano.

Embora ainda predominem casos cujas notícias foram publicadas nos jornais do Sudeste do país (59,3% dos casos), especialmente São Paulo e Rio de Janeiro, o atual sistema de coleta de recortes dá melhor distribuição regional das fontes e das ocorrências. Ainda que os jornais do Nordeste publiquem quase que exclusivamente notícias locais ou regionais sobre linchamentos, jornais de outras regiões têm publicado notícias de linchamentos de várias regiões do país. Os jornais do Norte e do Centro-Oeste também se interessam quase que exclusivamente por essas ocorrências quando elas se dão na própria região. O mesmo acontece quanto a São Paulo, com *Notícias Populares* e o *Diário Popular*. No entanto, há uma boa coleção de jornais que publicam notícias das várias regiões e não raro é possível encontrar num jornal de Vitória notícia de linchamento na Bahia que não foi publicada em jornal de Salvador. *A Crítica*, de Manaus, se interessa por linchamentos ocorridos nas várias regiões. O mesmo acontece com *A Gazeta*, de Vitória, o *Correio Braziliense*, do Distrito Federal, a *Folha de S.Paulo*, o *Jornal da Tarde* (de São Paulo), o *Jornal do Commercio*, do Rio de Janeiro, e *O Estado de S. Paulo*. Isso fica mais claro nos quadros 6 e 7. Nos jornais do Norte, 72,8% das notícias são sobre linchamentos ocorridos na própria região Norte. Nos jornais do Nordeste, 95% das notícias são sobre linchamentos no Nordeste. Nos jornais do Sudeste, 67,9% delas são sobre linchamentos na própria região. Nos do Sul e do Centro-Oeste, 40% e 41,2%, respectivamente, são sobre linchamentos nas próprias regiões. Nas duas últimas regiões, o número de casos noticiados é pequeno, o que parece dar-lhes a característica de ocorrência anômala, não importando onde tenha ocorrido. Daí a aparência de um regionalismo menor. Na mesma linha seria possível situar não poucas notícias de linchamentos ocorridos em outros países, como o México ou alguns países africanos, no período recente, em que houve um grande número de linchamentos de pessoas que se supunha ter, através de feitiçaria, o poder de fazer encolher o pênis dos homens que cumprimentassem.

Nos quadros 10 e 11, comparo a relevância das fontes para obtenção de informações sobre as diferentes regiões. No Sudeste, 80,1% dos casos foram noticiados em jornais monitorados pelo Lux Jornal. No Nordeste, essa proporção sobe para 81,5%, e no Norte a totalidade dos casos de linchamento incorporados ao banco de dados chegou ao meu conhecimento unicamente através do Lux Jornal.

Na comparação específica entre as cidades de Salvador e de São Paulo, as duas cidades brasileiras com maior incidência de linchamentos, novamente fica evidente a importância do Lux Jornal na coleta desses dados. Respectivamente, 80% e 84% dos casos chegaram ao banco de dados através desse serviço. Mas fica evidente, também, que mesmo nessas cidades com maior número de ocorrências, mais e melhor noticiadas por jornais locais, respectivamente 20% e 16% dos casos chegaram ao meu arquivo por outros meios. São porcentagens altas.

No conjunto, fica evidente que nem todos os linchamentos chegam ao conhecimento da imprensa ou de qualquer outro meio que os registre como o que são. Ou porque a linha editorial do jornal não os inclui em sua pauta ou porque de fato a primeira fonte, que é o registro policial, os define como homicídio ou tentativa. Apesar dos meios de comunicação eficientes hoje disponíveis até em remotas regiões do país, ainda há demora na chegada de informações sobre esse tipo de ocorrência às agências de notícias ou à redação dos grandes jornais. Mesmo assim, apesar do crescimento do número absoluto de ocorrências do Sudeste no banco de dados, a proporção dos casos do Sudeste no conjunto do país cai de 86,5% na década de 50 para 46.4% na década de 90. Enquanto isso sobe a proporção dos casos ocorridos no Norte e no Nordeste e oscilam um pouco, com tendência a crescer, as porcentagens dos casos do Sul e do Centro-Oeste (quadros 1 e 2).

Volto a esclarecer que o arrolamento da totalidade dos casos ocorridos no país, num período determinado, daria ao banco de dados uma relevância maior do que a que terá em face, justamente, dessas óbvias dificuldades para cobrir e arrolar todas as ocorrências. *Entretanto, o objetivo principal de sua constituição é outro. Meu interesse é o de poder fazer estudos qualitativos sobre esse tipo de violência, tendo, porém, como referência, sua possível intensidade e variedade.* Justamente a precariedade das fontes e a impossibilidade de organizar um arquivo completo recomendam a formação de um acervo quantitativamente extenso de ocorrências. Desse modo, fica assegurada a maior representatividade possível da diversidade de traços culturais presentes em cada caso. O material disponível é incompleto não porque não abranja todas as ocorrências (embora muito provavelmente abranja a maioria delas), mas porque, em cada caso, não abrange todos os seus componentes. No limite, um linchamento é constituído por relativamente extensa variedade de características e de momentos da ação. Mas nem todas as características e nem todos os momentos da ação estão presentes em cada linchamento ou tentativa.

Não são muitos os casos do noticiário que contêm todas as informações que seriam necessárias para preencher a extensa ficha de indagações que utilizo para analisar e classificar o material que recebo. Hoje essa ficha tem 175 campos que correspondem, em linguagem quantitativa, a 120 variáveis. Essa extensão, aparentemente quantitativa (mas, também, qualitativa), tem por objetivo viabilizar o que se poderia chamar de um cadastramento etnográfico dos linchamentos, de modo que a enorme variedade de características das diferentes ocorrências possa ser retida e examinada comparativamente. A referência do estudo não é primariamente o caso, mas *a sociedade numa certa circunstância, a sociedade que lincha*: a diversidade de valores e orientações de conduta que ganham visibilidade *parcial* em cada caso de linchamento. É nesse sentido que apenas o conjunto mais numeroso possível de casos do banco de dados pode assegurar uma ampla e diversificada informação a respeito. A maioria dos elementos constitutivos e próprios do linchamento não se torna visível com as informações normalmente registradas pelas fontes que podem ser consultadas. A enorme variedade desses elementos é que no conjunto permite ao pesquisador reconstituir a complexa estrutura do linchamento e a complexidade dos processos sociais em cujo interior os linchamentos ocorrem.

O objetivo da quantidade neste caso não é (ou não é principalmente) a descoberta de padrões de linchamentos. Poderia eventualmente ser. Mas desde o começo da organização do banco de dados, antes mesmo da formalização do projeto da pesquisa, já era evidente a pouca repetitividade dos casos no que se refere aos detalhes que possam ter relevância para o estudo dos significados dessas ocorrências. Numa orientação teórica que não é a que vai ser adotada nesta pesquisa, talvez se pudesse pensar na construção de tipos-ideais que ajudassem a desvendar o sentido sociológico da variedade enorme de diferenças que há nos casos arrolados. Mas isso implicaria limitar a compreensão da variedade das ocorrências àquilo que pudesse constituir o núcleo lógico do tipo de referência na definição dos tipos-ideais.

Já está claro, nesta pesquisa, que grupos de casos são, na verdade, coleções de fragmentos de um padrão que certamente está presente em todos eles ou na maioria deles, mas que os próprios observadores primários (testemunhas, policiais e jornalistas) registraram e mencionaram fragmentariamente, omitindo aspectos e circunstâncias que não pareciam ter relação com o caso, embora possam ser de grande importância no estudo sociológico do problema. Às vezes "tenho sorte" quando um caso é noticiado por um número proporcionalmente grande de jornais e a partir de diferentes fontes de informação (como o caso do linchamento de um pai de santo, na Bahia, que analiso mais adiante). Aumenta aí a probabilidade de que o detalhe sociologicamente relevante apareça numa das notícias publicadas. Em princípio, esse detalhe tem estado presente em 11,4% dos casos; com maior clareza em 4% deles. É possível que essa proporção se eleve a uns 28% dos casos no cruzamento de indicações não tão claras quanto às constantes de itens mais precisos.

Periodicamente, o material já codificado e transferido para a ficha computacional é integralmente revisto à luz de novas indicações qualitativas decorrentes do acúmulo de dados e do adensamento das informações. Aspectos dos linchamentos que pareciam puramente acidentais há alguns anos, quando foi iniciado o banco de dados, foram se revelando consistentes e essenciais para a compreensão do tema. À medida que se acumulam informações nos campos qualitativos da ficha, ainda não codificados nem submetidos a acompanhamento sistemático e específico, novas características dos casos passam a compor novos campos e novas variáveis. Isso aconteceu com as queimas de vítimas dos linchamentos, muitas vezes ainda vivas. Durante muito tempo, essa característica de algumas ocorrências foi anotada nos campos destinados a registros qualitativos e extensivos das fichas. Quando a informação se adensou e começou a pedir uma etnografia do ritual de queima das vítimas, campos específicos foram introduzidos na ficha para uma verificação sistemática. Em consequência dessas ampliações, em 1993-1994 a ficha passou a ter 72 campos, mais do que o dobro da ficha original, que tinha 32 campos.[1] Em 1994-1995, passou a ter 100 campos e 71 variáveis. Em 1995-1996, chegou a 147 campos e 89 variáveis. Em 1997, passou a 175 campos e 120 variáveis, quase seis vezes a extensão da ficha original. Atualmente, a ficha tem 189 campos e o número de registros subiu para 2.028 casos. Quando essas mudanças ocorrem, todo o material é inteiramente revisto para sua adaptação ao novo formato da ficha e novas anotações são acrescentadas.

Além das mudanças e ampliações na ficha, há mudanças, também, no *Manual* de referência elaborado e utilizado para definição e preservação de critérios de classificação dos dados e definição das variáveis.[2] No início da pesquisa, esse instrumento tinha pouco menos de cinco páginas. A versão mais recente, de janeiro de 1998, a décima primeira, tem 210 páginas. Sua utilidade está em assegurar codificações uniformes para a grande diversidade de características de cada campo considerado, de modo que fique assegurado também o elenco de sutis diversidades de um caso para outro.

Posso citar como exemplo dessa diversidade as características dos participantes dos linchamentos por sua proximidade ou distância em relação à vítima causadora da ação violenta. Eles estão classificados em quatro grandes grupos (dos mais próximos aos mais distantes). O grupo dos mais próximos se subdivide em oito subgrupos e o primeiro subgrupo se divide, ainda, em oito diferentes modalidades de distância e relacionamento. O segundo subgrupo está dividido, por sua vez, em 29 modalidades de relacionamento. O primeiro subgrupo do quarto grupo, o das multidões propriamente ditas, divide-se em 150 categorias de distância e relacionamento. É evidente, portanto, que nesta pesquisa a acumulação quantitativa de dados não se completa com procedimentos também quantitativos destinados à configuração de agrupamentos abstratos e homogêneos, em que traços peculiares são diluídos em categorias e classificações mais abrangentes. Ao contrário, como foi dito antes, a acumulação quantitativa de casos tem por principal objetivo o inventário da mais ampla diversidade possível de características do acontecimento, das vítimas e dos participantes. Ou seja, a análise do material passa por uma etnografia minuciosa, de modo que o pesquisador possa trabalhar com as singularidades (e seus significados), e não com as generalidades abstratas de grandes tipos médios ou com a lógica redutora de tipos padronizados.

Evidentemente, como se verá, a mediação jornalística da informação omite características dos casos, o que prejudicaria seriamente a análise sociológica baseada num número pequeno de casos ou exclusivamente na informação de jornal. Por isso, o projeto previu a realização de alguns *estudos de caso* com base em trabalho de campo no próprio local das ocorrências. Esses casos foram selecionados, no banco de dados, dentre os mais indicativos da complexa diversidade de elementos culturais neles presentes. As pesquisas de caso foram realizadas no sertão da Bahia, no interior de São Paulo e no oeste de Santa Catarina.

É importante assinalar que o problema básico com o material de jornal, nos casos de linchamento que estou analisando, não é principalmente a interferência de definições subjetivas dos jornalistas e dos depoentes na informação sobre cada detalhe do caso. Os casos em relação aos quais há mais de uma notícia procedente de fontes entre si diversas confirmam que é pequeno o risco de desencontros. No geral, todos eles partem do registro da ocorrência policial. Alguns se limitam a ele. Outros, porém, procuram participantes, testemunhas e, quando possível, vítimas para obter informações adicionais e até para conferir os dados da polícia. O erro mais comum, mesmo assim numericamente insignificante, é o da anotação do nome da vítima com grafia diferente em registros diferentes, especialmente no caso de nomes raros ou de nomes de origem estrangeira. Mas esse dado é irrelevante na análise: serve apenas para evitar duplicação de fichas, na suposição de que nomes diferentes indicam casos diferentes. Os dados essenciais geralmente coincidem. Mesmo pequenas variações na anotação de idades (do linchado ou de sua vítima), geralmente de um ano para mais ou para menos, em nada afeta a interpretação, pois o problema é diluído quando se trabalha com categorias etárias, como estou fazendo: crianças, jovens, adultos e idosos.

O único erro incontornável, para as décadas mais recuadas, é o do dia da semana da ocorrência. Uma indagação original da pesquisa era relativa aos dias da semana de maior incidência de casos e os de menor incidência. De fato, na década de 1980 os casos, embora aleatórios do pequeno arquivo de então, sugeriam que havia um dia de pico, a quarta-feira, numa curva normal crescente até esse dia e decrescente depois. À medida, porém, que o número de casos foi aumentando e abrangendo um período mais amplo, o desenho da curva começou a se modificar acentuadamente: ora a tendência se concentrava no meio dos dias de trabalho, ora num dos dias de descanso, ora surgiam dois picos, um num dia de semana e outro num dia de descanso.

Tomando como referência, ano a ano, o período de 1990 a 1997, a visualização gráfica das oscilações dos linchamentos e tentativas por dia da semana fica assim:

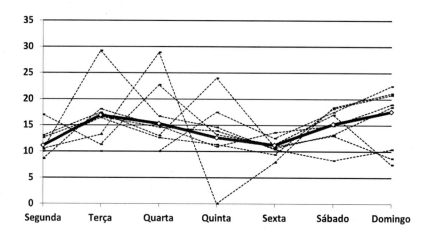

O interesse pelo dia tinha e tem a ver com o caráter provavelmente ritual de muitos linchamentos. Mas essas variações extremas sugerem que o dado é instável e tem pouco valor na análise pretendida. Mesmo assim, a linha cheia e negra da média desenha uma ondulação que é tendencialmente seguida pelas linhas pontilhadas dos diferentes anos. Portanto, ao mesmo tempo que a desigual distribuição das ocorrências sugere uma dificuldade, a tendência para a média, que também fica visível, mantém a "tentação" de sustentar a hipótese de que há fatores de linchamentos que estão relacionados com o dia da semana. Ou, sobretudo, que há dias na semana, como segunda e sexta-feira, em que o número de ocorrências se mantém homogeneamente baixo.

Claro que há um conjunto de outros fatores a considerar, inclusive os conjunturais que, de fato, podem em diferentes épocas, de diferentes modos, afetar os dias com maior probabilidade de linchamento. Penso, por exemplo, que as festas móveis, como o Carnaval e a Semana Santa, podem ter influências na ocorrência ou não ocorrência de linchamentos.

O principal fator de perturbação para validar o uso desse dado é o tempo que decorre entre o linchamento e a publicação da notícia e a potencial possibilidade de engano na determinação do dia preciso da ocorrência. Na década de 1940, os jornais indicavam com precisão, no início da notícia, o lugar de sua origem, a data e, quando coubesse, a agência de notícias ou o correspondente que a redigira e enviara à redação. Assim, era possível saber em que dia do mês e da semana de fato ocorrera o linchamento. Nos anos 1970 e 1980, os jornais suprimiram essa informação, deixando o leitor sem saber a data exata da ocorrência. Uma boa evidência da tentativa de evitar que o leitor se desse conta de que o jornal estava publicando notícia "velha", com mais de um dia e, às vezes, vários dias mais tarde, é que quando se trata de acontecimento na própria cidade de publicação de jornal, vem o esclarecimento: "Fulano foi linchado ontem" ou "Fulano foi linchado anteontem à noite". Quando é notícia que vem do interior ou de outro Estado, raramente há referência ao dia exato da ocorrência para fazer o leitor supor que se trata de notícia "fresca".

Além de problemas desse tipo, mais do que *interferência subjetiva* na elaboração da notícia, há *interferência ideológica*, derivada da linha editorial do jornal. Periodicamente, quando ocorre algum linchamento na Bahia noticiado pelo jornal *A Tarde*, a principal fonte desse tema, verifico através da internet o que a respeito publicou outro jornal de Salvador, o *Correio da Bahia*. A maioria dos casos noticiados pelo primeiro jornal não é noticiada pelo segundo. Em 1997, um único caso que foi noticiado pelos dois jornais apareceu como "linchamento" no primeiro e como "violência" no segundo. O jornal *O Estado de S. Paulo*, dos grandes o que mais publica notícias dessas ocorrências em todo o Brasil, é claramente muito cauteloso no noticiário policial. Mas, aparentemente, dá atenção aos casos de linchamento pelo mesmo motivo que dá atenção a outros casos de comportamento das multidões e de protesto popular, como os saques e as depredações (que também acompanho de maneira não sistemática). A velha tradição positivista desse jornal parece indicar que esses são sintomas de anomia, de problemas sociais. É como se por meio deles o jornal estivesse se referindo ao estado de saúde da sociedade, o que é diferente do sensacionalismo puramente policial, e às vezes mórbido, de *Notícias Populares*. Mesmo *A Tarde*, de Salvador, parece ter uma preocupação de inspiração similar à de *O Estado de S. Paulo*: frequentemente o jornal menciona que aquele é o enésimo linchamento do ano na Bahia, como a alertar para a elevação da tensão social. Na mesma ordem de definições, há também, não raro, referência ao bairro da ocorrência como um bairro de maiores ou de menores problemas sociais.

Como se vê, há uma a dinâmica clara na própria elaboração das notícias sobre linchamentos, que introduz mudanças no modo de noticiar esse tipo de ocorrência. Essa dinâmica não está presente unicamente no transcorrer do tempo, como se pode observar na comparação entre grupos de casos de épocas diferentes. Ela está presente, também, na diferença de motivos e de procedimentos que distinguem linchamentos ocorridos em Salvador dos linchamentos ocorridos em São Paulo ou no Rio de Janeiro. Está presente, ainda, nas motivações desiguais, das redações de jornais, para publicar ou não uma notícia de linchamento ou, também, no critério que adotam para decidir o que da notícia completa querem divulgar. Essa diversidade está sendo considerada e avaliada, do mesmo modo que a diversidade dos quatro núcleos inicialmente apontados em relação ao modo como as ocorrências chegam ao banco de dados que estou organizando.

*
* *

Examinei em detalhe dez notícias de um mesmo linchamento ocorrido no segundo dia de janeiro de 1998, em Salvador (Bahia), todas enviadas pelo serviço de recortes do Lux Jornal, para dar indicações de como é feita a avaliação das fontes que utilizo na pesquisa. De 160 casos de linchamento e tentativas ocorridos em 1997, 108 estão contidos num único recorte cada e 52 deles estão relatados em grupos que variam de 2 a mais de 10 recortes sobre um único caso. A abundância de recortes, neste segundo grupo, não significa uma grande variedade de fontes de informação e, portanto, uma boa diversidade de perspectivas jornalísticas registrando um mesmo fato. Enquanto me foram enviados 308 recortes no período, a diversidade cai para 206 quando se faz o registro pelo número de fontes: 128 casos foram informados por uma única fonte; 22 por duas fontes; 6 por três fontes e 4 por quatro fontes.

Fonte aqui significa que pode ter havido um referencial comum, como o boletim de ocorrências da delegacia de polícia (e essa é uma fonte). Mas significa também que o jornalista recorreu a outros informantes, procurou pessoas, entrevistou testemunhas, vizinhos e circunstantes. Significa, ainda, fonte específica de veiculação da notícia. Uma notícia de linchamento veiculada pela *Agência Estado* é considerada, no banco de dados, fonte diversa da notícia veiculada pela *Agência Folhas*. Embora haja óbvias superposições de informações nos dois casos, como nomes dos protagonistas, endereços, motivos etc., cada uma dessas fontes elabora sua própria versão da ocorrência. No geral, no que diz respeito a esta pesquisa, as fontes têm sido complementares entre si. É muito raro, embora possa acontecer, que uma versão seja tão discrepante em relação a outra que cada uma poderia ser considerada descrição de caso diferente do da outra versão.

Comparando os vários recortes sobre um único caso, é possível conhecer quando o registro jornalístico original é diferente de outro registro igualmente original e quando é apenas reprodução de informação distribuída por agência de notícias. Ou, nos casos mais evidentes, o texto é mera reprodução de um texto matriz ou, muitas vezes, é versão reduzida desse texto, mediante supressão de sentenças ou parágrafos. O importante, pois, é a diversidade de fontes e não o número de recortes.

Tomei como referência, para analisar o modo como a informação circula e o modo como é elaborada ou reelaborada, o referido caso de linchamento ocorrido na Bahia. A ocorrência foi tomada ao acaso, porque estava à mão e poderia constituir um bom exemplo do que quero mostrar: a pouca diversidade das informações mesmo quando o número de notícias sobre um caso é grande e a facilidade com que pequenas substituições de palavras podem alterar completamente o teor da informação. Identifiquei o que, em princípio, estou considerando três fontes distintas de elaboração e difusão da notícia: a fonte *A Tarde*, a fonte *Folhas*, a fonte *Agência Estado*. Numa sucessão de três dias, uma das versões foi publicada em jornais de diferentes estados brasileiros, do Nordeste, do Sudeste e do Sul. Nessa sucessão de três dias, o mesmo fato passou por redefinições sociologicamente importantes, à medida em que a sumária identificação biográfica da vítima deslocou sua imagem de um estereótipo positivo para outro, negativo.

Nas citações que faço neste texto, quando a informação da notícia original da sequência foi suprimida na reprodução, o trecho suprimido aparece riscado. Quando houve encurtamento e adaptação de um trecho do texto, esse trecho está em negrito. Quando se fez necessário manter para confronto o texto substituído, esse texto está reproduzido entre colchetes e em itálico.

A primeira notícia publicada foi a do jornal *A Tarde*, no dia 3, e aparentemente essa foi a matriz das reelaborações das agências noticiosas.

> *A Tarde* (Salvador, BA), 3 de janeiro de 1998
> **Pedreiro vítima de linchamento**
>
> O pedreiro Tomaz de Aquino Alves, 58 anos, foi a primeira vítima de linchamento na Bahia. O fato aconteceu na localidade de Caboto. Policiais da delegacia de Candeias informaram que Tomaz foi violentamente espancado após ter agredido a golpes de facão os vizinhos Elenilson da S. Menezes e Valdete A. da Silva.
>
> Tomaz foi medicado no hospital da cidade e em seguida encaminhado à delegacia, onde se sentiu mal e morreu. Uma filha da vítima, que ontem à tarde estava no Instituto Médico-Legal Nina Rodrigues para liberar o corpo do pedreiro, relatou que o seu pai foi selvagemente espancado após ter os braços amarrados com arame farpado, como se fosse um marginal.
>
> Ela disse que mesmo cabendo à polícia o papel de investigar, vai ajudar no que for possível para tentar levantar os nomes das duas pessoas que amarraram o seu pai para que o massacrassem. "Ele não era marginal e nem viciado. Não bebia, não fumava e era uma pessoa de bem. Pelo que tive conhecimento até o presente momento, meu pai foi agredido inicialmente com xingamentos. Quando revidou, o vizinho tentou atingi-lo com uma foice. Ele se defendeu e com essa mesma arma lesionou as duas pessoas. Foi dominado e espancado", contou em tom de indignação.
>
> Os parentes estavam revoltados com os médicos do Hospital Ouro Negro por eles terem dado alta ao pedreiro, que veio a morrer na delegacia de Candeias, após ser apresentado pelos soldados Costa, Rangel e Bulcão. Ontem, no fim da tarde, o corpo de Tomaz de Aquino Alves foi removido para ser sepultado em Candeias.

Uma segunda sequência de notícias apareceu no dia seguinte nos jornais do grupo *Folha de S.Paulo*:

> *Folha de S.Paulo* (São Paulo, SP), 4 de janeiro de 1998
> **Polícia da Bahia apura causas de linchamento**
>
> A delegacia de Candeias (BA) abriu inquérito ontem para apurar as causas do linchamento do pedreiro Tomaz de Aquino Alves, 58. Ele foi morto com socos, pontapés e pauladas por cerca de 30 pessoas, segundo a polícia. O policial Antônio Costa disse que o pedreiro teria discutido com vizinhos.

> *Folha da Tarde* (São Paulo, SP), 4 de janeiro de 1998
> **Polícia investiga linchamento na BA**
>
> A delegacia de Candeias (BA) abriu inquérito ontem para apurar as causas do linchamento do pedreiro Tomaz de Aquino Alves, 58. O pedreiro foi morto na tarde de anteontem com socos, pontapés e pauladas por cerca de 30 pessoas, segundo a polícia.

No quadro seguinte, risco o que foi suprimido na segunda notícia em relação à primeira.

> **Polícia da Bahia apura causas de linchamento**
>
> A delegacia de Candeias (BA) abriu inquérito ontem para apurar as causas do linchamento do pedreiro Tomaz de Aquino Alves, 58. Ele foi morto com socos, pontapés e pauladas por cerca de 30 pessoas, segundo a polícia. ~~O policial Antônio Costa disse que o pedreiro teria discutido com vizinhos.~~

A esse primeiro conjunto de notícias do segundo dia após a ocorrência vou chamar de "Sequência pedreiro", porque foi a referência utilizada pelos jornais para estabelecer a primeira identidade da vítima do linchamento. Ao conjunto seguinte, do terceiro dia do noticiário, vou chamar de "Sequência pai de santo", porque foi o identificador então utilizado para definir a vítima. A notícia mais completa foi publicada em dois jornais de fora da Bahia: um do Espírito Santo e outro do Rio Grande do Norte. A única diferença entre os dois é a junção de parágrafos da notícia no segundo que estavam separados no primeiro. E a diferença do título.

A Gazeta (Vitória, ES), 5 de janeiro de 1998
Pai de santo é linchado por multidão na Bahia

CABOTO (BA) – O pai de santo Tomás Alves, de 58 anos, foi vítima de linchamento na Bahia. A polícia baiana apurou que Alves foi espancado e morto por uma multidão, depois de ferir a golpes de foice e facão os vizinhos Valdete Silva e Helenilson Menezes, em Caboto, região metropolitana de Salvador. Segundo a delegada Eliane Tourinho Alves, o pai de santo discutiu com Valdete e o filho dela, Helenilson, por causa de um suposto roubo de uma carteira com cédulas que pertenceria a um parente da vítima de linchamento. "Disseram a ele que Helenilson tinha sido o autor do furto", disse a delegada. "Ele resolveu então procurar o suspeito por conta própria."

Ao abordar o vizinho na tarde de sábado, Alves descontrolou-se e começou a brigar, usando um facão e uma foice para atingir Helenilson e Valdete. Alertados pelos gritos de socorro, os vizinhos passaram a perseguir o pai de santo, que foi alcançado e terminou agredido a socos, golpes de pedras e pedaços de madeira pela multidão. Os policiais militares chegaram tarde, mas ainda levaram Alves para o hospital, onde foi medicado. Transferido para a delegacia a fim de prestar depoimento, o pai de santo morreu no trajeto, em consequência dos ferimentos. No terreiro de Caboto, dedicado a Oxóssi (orixá dos caçadores, representado nas macumbas por um arco atravessado de flecha), a morte de Alves interrompeu o ritual de "sacudimento", no qual os adeptos do candomblé se submetem no início de cada ano, curiosamente para garantir a proteção do santo.

Tribuna do Norte (Natal, RN) 5 de janeiro de 1998
Pai de santo é linchado e morto na Bahia

CABOTO (BA) – O pai de santo Tomás Alves, de 58 anos, foi vítima de linchamento na Bahia. A polícia baiana apurou que Alves foi espancado e morto por uma multidão, depois de ferir a golpes de foice e facão os vizinhos Valdete Silva e Helenilson Menezes, em Caboto, região metropolitana de Salvador. Segundo a delegada Eliane Tourinho Alves, o pai de santo discutiu com Valdete e o filho dela, Helenilson, por causa de um suposto roubo de uma carteira com cédulas que pertenceria a um parente da vítima de linchamento. "Disseram a ele que Helenilson tinha sido o autor do furto", disse a delegada. "Ele resolveu então procurar o suspeito por conta própria."

Ao abordar o vizinho na tarde de sábado, Alves descontrolou-se e começou a brigar, usando um facão e uma foice para atingir Helenilson e Valdete. Alertados pelos gritos de socorro, os vizinhos passaram a perseguir o pai de santo, que foi alcançado e terminou agredido a socos, golpes de pedras e pedaços de madeira pela multidão.

Os policiais militares chegaram tarde, mas ainda levaram Alves para o hospital, onde foi medicado. Transferido para a delegacia a fim de prestar depoimento, o pai de santo morreu no trajeto, em consequência dos ferimentos.

No terreiro de Caboto, dedicado a Oxóssi (orixá dos caçadores, representado nas macumbas por um arco atravessado de flecha), a morte de Alves interrompeu o ritual de "sacudimento", no qual os adeptos do candomblé se submetem no início de cada ano, curiosamente para garantir a proteção do santo.

Nas notícias publicadas em outros jornais, com base nessa matriz, houve variáveis supressões da parte final. Todos os outros jornais eliminaram a parte com a informação de que no terreiro de Caboto, dedicado a Oxóssi, a morte do pai de santo interrompeu o ritual do "sacudimento" de que participam os adeptos do candomblé no início de cada ano. Eliminaram, portanto, o alto significado cerimonial da morte sacerdotal no candomblé e consequentemente suprimiram o significado de uma hierarquia de valores sociais da mais alta importância sociológica para definir o seu lugar social e para situar a grave anomalia do modo como sua morte se deu. Limitaram-se, portanto, a utilizar o estereótipo de pai de santo no sentido depreciativo e, até certo tempo, policial que desqualifica a vítima da violência e a insere num universo de marginalidade suspeita. Aliás, na "Sequência pai de santo", mesmo com esse complemento, é esse o estereótipo que prevalece. Em oposição à "Sequência pedreiro", em que a vítima é definida por sua profissão e, portanto, pelos valores positivos do trabalho na consciência dominante e branca. Nela tem voz sua filha que, significativamente, destaca as qualidades éticas do pai:

> "Ele não era marginal e nem viciado. Não bebia, não fumava e era uma pessoa de bem. Pelo que tive conhecimento até o presente momento, meu pai foi agredido inicialmente com xingamentos. Quando revidou, o vizinho tentou atingi-lo com uma foice. Ele se defendeu e com essa mesma arma lesionou as duas pessoas. Foi dominado e espancado", contou em tom de indignação.

Como se pode ver nas transcrições a seguir, a condição de pai de santo perde a dimensão sacerdotal que lhe é própria, presente nas duas primeiras notícias dessa sequência, e transforma-se num rótulo, numa definição estereotipada. Mas, significativamente, não se faz presente a palavra da filha da vítima, presente na primeira sequência, palavra que livrava a vítima das definições estereotipadas e depreciativas. De certo modo, na segunda sequência há um equivalente laico do processo de demonização das situações inquisitoriais.

Os desdobramentos dessa reorientação valorativa repercutem em várias das notícias em que se suprime tudo que possa indicar a possível inocência de Tomás e sua reação defensiva diante da agressão armada. Literalmente, várias das notícias tiram a foice das mãos dos vizinhos, mãe e filho, que o teriam agredido, e a colocam nas mãos do pedreiro que se defendia, apresentando-o como agressor precipitado e violento, que agia movido por simples suspeita e por ouvir-dizer. Uma completa inversão da versão original e alternativa praticada unicamente com o uso do lápis vermelho das redações, no intuito de encurtar a informação e adaptá-la ao espaço disponível. Assinalo que não se trata de uma reinterpretação da notícia, de uma reelaboração com base na diversidade de evidências contrárias entre si. Trata-se de uma simples mutilação da informação com base na "lógica da tesoura". Mas essa mutilação é preciosa informação sobre a ideologia que prevalece nas redações em casos assim.

Vejamos a sequência:

> *Hoje em Dia* (Belo Horizonte, MG), 5 de janeiro de 1998
> **Pai de santo é linchado e morto pelos vizinhos**
>
> CABOTO (BA) – O pai de santo Tomás Alves, de 58 anos, foi vítima de linchamento na Bahia. A polícia baiana apurou que Alves foi espancado e morto por uma multidão, depois de ferir a golpes de foice e facão os vizinhos Valdete Silva e Helenilson Menezes, em Caboto, região metropolitana de Salvador. Segundo a delegada Eliane Tourinho Alves, o pai de santo discutiu com Valdete e o filho dela, Helenilson, por causa de um suposto roubo de uma carteira com cédulas que pertenceria a um parente da vítima de linchamento. "Disseram a ele que Helenilson tinha sido o autor do furto", disse a delegada. "Ele resolveu então procurar o suspeito por conta própria."
>
> Ao abordar o vizinho na tarde de sábado, Alves descontrolou-se e começou a brigar, usando um facão e uma foice para atingir Helenilson e Valdete. Alertados pelos gritos de socorro, os vizinhos passaram a perseguir o pai de santo, que foi alcançado e terminou agredido a socos, golpes de pedras e pedaços de madeira pela multidão. Os policiais militares chegaram tarde, mas ainda levaram Alves para o hospital, onde foi medicado. Transferido para a delegacia a fim de prestar depoimento, o pai de santo morreu no trajeto, em consequência dos ferimentos. ~~No terreiro de Caboto, dedicado a Oxóssi (orixá dos caçadores, representado nas macumbas por um arco atravessado de flecha), a morte de Alves interrompeu o ritual de "sacudimento", no qual os adeptos do candomblé se submetem no início de cada ano, curiosamente para garantir a proteção do santo.~~

Diário de Pernambuco (Recife, PE), 5 de janeiro de 1998

Notas

Pai de santo é linchado

CABOTO (BA) – O pai de santo Tomás Alves, de 58 anos, foi vítima de linchamento na Bahia. A polícia baiana apurou que Alves foi espancado e morto por uma multidão, depois de ferir a golpes de foice e facão os vizinhos Valdete Silva e Helenilson Menezes, em Caboto, região metropolitana de Salvador. Segundo a delegada Eliane Tourinho Alves, o pai de santo discutiu com Valdete e o filho dela, Helenilson, por causa de um suposto roubo de uma carteira com cédulas que pertenceria a um parente da vítima de linchamento. "Disseram a ele que Helenilson tinha sido o autor do furto", disse a delegada. "Ele resolveu então procurar o suspeito por conta própria." **Ao abordar Valdete, o pai de santo partiu para a agressão e os vizinhos passaram a persegui-lo.** [*Ao abordar o vizinho na tarde de sábado, Alves descontrolou-se e começou a brigar, usando um facão e uma foice para atingir Helenílson e Valdete. Alertados pelos gritos de socorro, os vizinhos passaram a perseguir o pai de santo, que*] foi alcançado e terminou agredido a socos, golpes de pedras e pedaços de madeira pela multidão. ~~Os policiais militares chegaram tarde, mas ainda levaram Alves para o hospital, onde foi medicado. Transferido para a delegacia a fim de prestar depoimento, o pai de santo morreu no trajeto, em consequência dos ferimentos. No terreiro de Caboto, dedicado a Oxóssi (orixá dos caçadores, representado nas macumbas por um arco atravessado de flecha), a morte de Alves interrompeu o ritual de "sacudimento", no qual os adeptos do candomblé se submetem no início de cada ano, curiosamente para garantir a proteção do santo.~~

Zero Hora (Porto Alegre, RS), 5 de janeiro de 1998

BAHIA

Pai de santo é linchado

CABOTO (BA) – O pai de santo Tomás Alves, de 58 anos, foi vítima de linchamento na Bahia. A polícia baiana apurou que Alves foi espancado e morto por uma multidão, depois de ferir a golpes de foice e facão os vizinhos Valdete Silva e Helenilson Menezes, **filho dela**, em Caboto, região metropolitana de Salvador. Segundo a delegada Eliane Tourinho Alves, o pai de santo discutiu com Valdete e o filho dela, Helenilson, por causa de um suposto roubo de uma carteira com cédulas que pertenceria a um parente da vítima de linchamento. "Disseram a ele que Helenilson tinha sido o autor do furto", disse a delegada. "Ele resolveu então procurar o suspeito por conta própria."

Ao abordar o vizinho na tarde de sábado, Alves descontrolou-se e começou a brigar, usando um facão e uma foice para atingir Helenilson e Valdete. Alertados pelos gritos de socorro, os vizinhos **o lincharam**. passaram a perseguir o pai de santo, que foi alcançado e terminou agredido a socos, golpes de pedras e pedaços de madeira pela multidão. Os policiais militares chegaram tarde, mas ainda levaram Alves para o hospital, onde foi medicado. Transferido para a delegacia a fim de prestar depoimento, o pai de santo morreu no trajeto, em consequência dos ferimentos. No terreiro de Caboto, dedicado a Oxóssi (orixá dos caçadores, representado nas macumbas por um arco atravessado de flecha), a morte de Alves interrompeu o ritual de "sacudimento", no qual os adeptos do candomblé se submetem no início de cada ano, curiosamente para garantir a proteção do santo.

O Estado de S. Paulo (São Paulo, SP), 5 de janeiro de 1998
Pai de santo é linchado por ferir vizinho na BA

SALVADOR – O pai de santo Tomás Alves, de 58 anos, ~~foi~~ **é a primeira vítima** de linchamento na Bahia **em 1998**. A polícia baiana apurou que Alves foi espancado **e morto** por uma multidão, depois de ferir a golpes de foice e facão os vizinhos Valdete Silva e Helenilson Menezes, em Caboto, região metropolitana de Salvador. Segundo a delegada Eliane Tourinho, **Alves** discutiu com Valdete **e seu filho,** Helenilson [*Menezes*], por causa de um suposto roubo de uma carteira ~~com cédulas~~ que pertenceria a um parente **do pai de santo.** ~~da vítima de linchamento. "Disseram a ele que Helenilson tinha sido o autor do furto", disse a delegada. "Ele resolveu então procurar o suspeito por conta própria."~~

~~Ao abordar o vizinho na tarde de sábado, Alves descontrolou-se e começou a brigar, usando um facão e uma foice para atingir Helenilson e Valdete. Alertados pelos gritos de socorro, os vizinhos passaram a perseguir o pai de santo, que foi alcançado e terminou agredido a socos, golpes de pedras e pedaços de madeira pela multidão. Os policiais militares chegaram tarde, mas ainda levaram Alves para o hospital, onde foi medicado. Transferido para a delegacia a fim de prestar depoimento, o pai de santo morreu no trajeto, em consequência dos ferimentos. No terreiro de Caboto, dedicado a Oxóssi (orixá dos caçadores, representado nas macumbas por um arco atravessado de flecha), a morte de Alves interrompeu o ritual de "sacudimento", no qual os adeptos do candomblé se submetem no início de cada ano, curiosamente para garantir a proteção do santo.~~

Jornal da Tarde (São Paulo, SP), 5 de janeiro de 1998
Pai de santo é linchado na Bahia

O pai de santo Tomás Alves, de 58 anos, foi **a primeira vítima** de linchamento na Bahia **em 1998**. **Ele morreu depois de ser** espancado por uma multidão. **O linchamento ocorreu depois que Alves feriu** ~~depois de ferir~~ a golpes de foice e facão os vizinhos Valdete Silva e Helenilson Menezes, **na localidade de** ~~em~~ Caboto, região metropolitana de Salvador. Segundo a delegada Eliane Tourinho, discutiu com Valdete Silva e Helenilson Menezes, por causa de um suposto roubo de uma carteira ~~com cédulas que pertenceria a um parente da vítima de linchamento. "Disseram a ele que Helenilson tinha sido o autor do furto", disse a delegada. "Ele resolveu então procurar o suspeito por conta própria."~~

~~Ao abordar o vizinho na tarde de sábado, Alves descontrolou-se e começou a brigar, usando um facão e uma foice para atingir Helenilson e Valdete. Alertados pelos gritos de socorro, os vizinhos passaram a perseguir o pai de santo, que foi alcançado e terminou agredido a socos, golpes de pedras e pedaços de madeira pela multidão. Os policiais militares chegaram tarde, mas ainda levaram Alves para o hospital, onde foi medicado. Transferido para a delegacia a fim de prestar depoimento, o pai de santo morreu no trajeto, em consequência dos ferimentos. No terreiro de Caboto, dedicado a Oxóssi (orixá dos caçadores, representado nas macumbas por um arco atravessado de flecha), a morte de Alves interrompeu o ritual de "sacudimento", no qual os adeptos do candomblé se submetem no início de cada ano, curiosamente para garantir a proteção do santo.~~

A "Sequência pedreiro" tem na base informações da polícia, mas principalmente o depoimento da filha da vítima, dado aos jornalistas no Instituto Médico-Legal. A "Sequência pai de santo" baseia-se exclusivamente nas informações obtidas da polícia. A primeira sequência contém detalhes sobre o ato de linchar, que revelam ação deliberada de pessoas determinadas e atos concretos, como o de amarrar e imobilizar a vítima com arame farpado. Nessa sequência, o linchamento aparece claramente como ação de grupo de vizinhança, com participantes com rosto definido, passíveis de identificação. Ação, portanto, numa escala diferente da escala da multidão irracional. Já a segunda sequência, ao se articular em torno de um estereótipo, leva à supressão dos elementos concretos do linchamento e o dilui em definições abstratas. Claramente, a notícia sugere aí que o sujeito do ato violento foi a multidão numerosa e anônima, coisa muito diversa do que provavelmente aconteceu.

Apesar desse contraste e das distorções, é o conjunto das sequências desencontradas que nos fornece as informações mais completas sobre o linchado, os causadores do linchamento e o embate de definições – o conflito – entre o linchado e sua família, de um lado, e os linchadores, de outro. Portanto, não se trata aqui de decidir qual informação é mais objetiva e mais verdadeira. A parcialidade de ambas é que nos fala da verdade do linchamento de Tomás de Aquino: aparentemente foi morto porque personificava um conflito – pai de santo/vizinhança; relações de autoridade/ relações de convivência. Sua própria família o definia como trabalhador. Seus vizinhos e assassinos o definiam como pai de santo. Não se trata de descartar os elementos subjetivos que acabaram configurando duas linhas de notícias a respeito do linchamento. Trata-se justamente de valorizá-los, resgatá-los, compreendê-los. O aspecto mais importante do desencontro das duas sequências do noticiário está no fato de que as notícias prolongam e completam o linchamento, pois são elas instrumentos da mutilação da identidade da vítima, mesmo quando uma é correta e outra, incorreta. A verdade do linchamento de Tomás de Aquino está justamente no conflito de versões a respeito da ocorrência. É aí que se encontra o significado sociológico do que aconteceu.

Apenas no conjunto dos recortes é que se pode reconstituir o mais completamente possível uma ocorrência. Todos os recortes das duas sequências indicam o nome e a idade da vítima do linchamento e a data de sua ocorrência. Só a "Sequência pedreiro" informa a profissão da vítima e contém informações sobre o seu caráter. E só a "Sequência pai de santo" informa esse traço de identidade como traço provavelmente negativo na avaliação e no relacionamento da vítima com seus vizinhos. Do mesmo modo, a segunda sequência omite informações sobre os participantes do linchamento, mas, essas informações estão, em detalhe, na primeira sequência: os participantes foram 30, sendo que dois amarraram Tomás de Aquino com arame farpado para que os demais o linchassem. A primeira sequência, além disso, nos informa indiretamente que era casado: boa parte das informações vem de uma entrevista de sua filha. Finalmente, a primeira sequência põe ênfase no linchamento propriamente dito e sua vítima. Já a segunda sequência põe a ênfase no conflito que antecedeu e motivou o linchamento. A primeira induz à condenação do linchamento; a segunda induz à condenação do linchado.

Anexos

I. Linchamentos e tentativas de linchamento, conforme a região e a década
(Números absolutos)

Região / Década	Norte	Nordeste	Sudeste	Sul	Centro-Oeste	Todas
1940	–	–	12	–	–	12
1950	2	5	96	5	3	111
1960	2	13	175	4	2	196
1970	9	24	151	14	3	201
1980	25	56	189	13	13	296
1990	73	252	360	42	49	776
Todos	*111*	*350*	*983*	*78*	*70*	*1.592*

II. Linchamentos e tentativas de linchamento, conforme a região e a década
(Porcentagens)

Região \ Década	Norte	Nordeste	Sudeste	Sul	Centro-Oeste	Todas (N = 100)
1940	–	–	100,0	–	–	12
1950	1,8	4,5	86,5	4,5	2,7	111
1960	1,0	6,6	89,4	2,0	1,0	196
1970	4,5	11,9	75,1	7,0	1,5	201
1980	8,4	18,9	63,9	4,4	4,4	296
1990	9,4	32,5	46,4	5,4	6,3	776

III. Periódicos utilizados como fontes sobre
casos de linchamentos e tentativas de linchamento em 1997

Jornal e localidade	Notícias
A Crítica (Manaus, AM)	7
A Gazeta (Vitória, ES)	5
A Tarde (Salvador, BA)	15
A Tarde Net (Salvador, BA)	14
A Tribuna (Santos, SP)	4
Correio Braziliense (Brasília, DF)	5
Correio da Bahia (Salvador, BA)	1
Diário Catarinense (Florianópolis, SC)	1
Diário Comércio e Indústria (São Paulo, SP)	2
Diário de Cuiabá (Cuiabá, MT)	1
Diário de Pernambuco (Recife, PE)	15

Diário do Grande ABC (Santo André, SP)	9
Diário do Grande ABC Net (Santo André, SP)	1
Diário do Nordeste (Fortaleza, CE)	7
Diário Popular (São Paulo, SP)	22
Folha da Tarde (São Paulo, SP)	6
Folha de S.Paulo (São Paulo, SP)	14
Folha de S.Paulo Net (São Paulo, SP)	14
Hoje em Dia (Belo Horizonte, MG)	3
IstoÉ (São Paulo, SP)	2
Jornal da Tarde (São Paulo, SP)	7
Jornal de Brasília (Brasília, DF)	6
Jornal do Brasil (Rio de Janeiro, RJ)	2
Jornal do Commercio (Rio de Janeiro, RJ)	3
Notícias Populares (São Paulo, SP)	1
Notícias Populares Net (São Paulo, SP)	9
O Dia (Rio de Janeiro, RJ)	9
O Estado de Minas (Belo Horizonte, MG)	1
O Estado de S. Paulo (São Paulo, SP)	28
O Estado do Paraná (Curitiba, PR)	3
O Fluminense (Niterói, RJ)	6
O Globo (Rio de Janeiro, RJ)	1
O Liberal (Belém, PA)	16
O Popular (Goiânia, GO)	3
Tribuna da Imprensa (Rio de Janeiro, RJ)	1
Tribuna do Norte (Natal, RN)	8
Zero Hora (Porto Alegre, RS)	1
Total	*253*

IV – Regiões de procedência das notícias sobre linchamentos e tentativas

Região	Notícias	%
Norte	23	9,1
Nordeste	60	23,7
Sudeste	150	59,3
Sul	5	2,0
Centro-Oeste	15	5,9
Total	253	100

V – Número de casos e número de notícias de jornal, conforme o responsável pela coleta, 1990-1997

Ano	Casos	Recortes	Recortes/caso	Lux Jornal	Internet	Pesquisa	Dossiê "Veja"*
1990	50	87	1,74	1	2	32	52
1991	55	72	1,31	2	–	70	–
1992	47	51	1,09	1	–	50	–
1993	42	54	1,29	2	1	51	–
1994	41	76	1,85	6	40	30	–
1995	154	267	1,73	218	24	25	–
1996	224	427	1,91	389	22	16	–
1997	160	288	1,80	220	51	17	–

(*) Coleção de recortes de jornal relativos a linchamentos ocorridos no estado da Bahia em 1990, organizada pela sucursal da revista *Veja*.

VI – Região de ocorrência do linchamento ou tentativa
conforme a região do jornal que a noticiou – 1997
(Números absolutos)

Região do Linchamento \ Região do jornal	Norte	Nordeste	Sudeste	Sul	Centro-Oeste	Total
Norte	16	–	5	–	2	23
Nordeste	4	57	34	2	7	104
Sudeste	–	2	104	1	1	108
Sul	1	–	3	2	–	6
Centro-Oeste	1	1	7	–	7	16
Total	22	60	153	5	17	257

VII – Região de ocorrência do linchamento ou tentativa
conforme a região do jornal que a noticiou – 1997
(Porcentagens)

Região do Linchamento \ Região do jornal	Norte	Nordeste	Sudeste	Sul	Centro-Oeste	Total
Norte	**72,8**	–	3,3	–	11,8	8,9
Nordeste	18,2	**95,0**	22,2	40,0	41,1	40,5
Sudeste	–	3,3	**67,9**	20,0	5,9	42,1
Sul	4,5	–	2,0	**40,0**	–	2,3
Centro-Oeste	4,5	1,7	4,6	–	**41,2**	6,2
Totais	100	100	100	100	100	**N = 257**

VIII – Origens das notícias de jornal de 1997 sobre linchamentos e tentativas

Fonte	% (N = 280)
Só Lux Jornal	32,0
Só internet	4,6
Só pesquisador	1,8
Lux e outras	48,1
Internet e outras	10,6
Pesquisador e outras	2,9

IX – Procedência das notícias de linchamentos e tentativas em 1997

Fonte	N	%
Só Lux Jornal	106	67,9
Só internet	16	10,3
Só pesquisador	7	4,5
Lux Jornal e internet	19	12,2
Lux Jornal e pesquisador	4	2,6
Internet e pesquisador	1	0,6
Lux Jornal, internet e pesquisador	3	1,9
Total	156	100

Notícias procedentes de	N	%
Lux Jornal	132	84,6
Outras fontes	24	15,4
Total	156	100

X – Procedência das notícias de linchamentos e tentativas, em 1997, conforme as regiões das ocorrências

Fonte dos recortes	Sudeste		Nordeste		Norte + Sul + Centro-Oeste	
	N	%	N	%	N	%
Lux Jornal	47	67,2	29	53,6	31	96,9
Internet	8	11,4	8	14,8	–	–
Pesquisador	5	7,1	2	3,7	–	–
Lux Jornal + internet	6	8,6	11	20,4	1	3,1
Lux Jornal + pesquisador	3	4,3	1	1,9	–	–
Internet + pesquisador	1	1,4	–	–	–	–
Lux Jornal + internet + Pesquisador	–	–	3	5,6	–	–
Total	70	100	54	100	32	100

Fonte	Sudeste		Nordeste		Norte + Sul + Centro-Oeste	
	N	%	N	%	N	%
Lux Jornal	56	80,1	44	81,5	32	100
Outras fontes	14	19,9	10	18,5	–	–
Totais	70	100	54	100	32	100

XI – Comparação da procedência das notícias de linchamentos e tentativas, em 1997, em Salvador e São Paulo

Fonte	Salvador N	%	São Paulo N	%
Só Lux Jornal	4	20	16	64
Só internet	4	20	3	12
Só pesquisador	–	–	1	4
Lux Jornal e internet	11	55	2	8
Lux Jornal e pesquisador	–	–	3	12
Internet e pesquisador	–	–	–	–
Lux Jornal, internet e pesquisador	1	5	–	–
Total	20	100	25	100

Notícias procedentes de	Salvador N	%	São Paulo N	%
Lux Jornal	16	80	21	84
Outras fontes	4	20	4	16
Totais	20	100	25	100

Notas

[1] *Campo* é um item do formulário a ser preenchido. Às vezes são necessários vários *campos* para definir uma variável. É o caso da data do linchamento. A data é uma variável, mas dia, mês e ano são campos. *Campo* é a designação de um item no programa computacional que está sendo utilizado, o DBase IV.
[2] Cf. José de Souza Martins, *Manual de códigos e critérios da pesquisa sobre linchamentos no Brasil*, cit.

O Autor

José de Souza Martins é um dos mais importantes cientistas sociais do Brasil. Professor titular aposentado de Sociologia e professor emérito da Faculdade de Filosofia, Letras e Ciências Humanas da Universidade de São Paulo (FFLCH-USP), foi eleito *fellow* de Trinity Hall e professor da cátedra Simón Bolívar da Universidade de Cambridge (1993-1994). É mestre, doutor e livre-docente em Sociologia pela USP. Foi professor visitante na Universidade da Flórida (1983) e na Universidade de Lisboa (2000). Foi membro da Junta de Curadores do Fundo Voluntário da ONU contra as Formas Contemporâneas de Escravidão (Genebra, 1996-2007). Professor *Honoris Causa* da Universidade Federal de Viçosa, doutor *Honoris Causa* da Universidade Federal da Paraíba e doutor *Honoris Causa* da Universidade Municipal de São Caetano do Sul. Autor de diversos livros de destaque, ganhou o prêmio Jabuti de Ciências Humanas em 1993 – com a obra *Subúrbio* –, em 1994 – com *A chegada do estranho* – e em 2009 – com *A aparição do demônio na fábrica*. Recebeu o prêmio Érico Vannucci Mendes do Conselho Nacional de Desenvolvimento Científico e Tecnológico (CNPq), em 1993, pelo conjunto de sua obra, e o prêmio Florestan Fernandes da Sociedade Brasileira de Sociologia, em 2007. Pela Contexto, publicou os livros *A sociabilidade do homem simples*, *Sociologia da fotografia e da imagem*, *Fronteira*, *O cativeiro da terra*, *A política do Brasil lúmpen e místico*, *A Sociologia como aventura* e *Uma Sociologia da vida cotidiana*.